신경림의
시인을 찾아서

신경림의
시인을
찾아서

1998년 10월 20일 1판 1쇄
2009년 8월 5일 1판 38쇄
2022년 4월 5일 2판 13쇄

지은이 신경림
펴낸이 신명철
펴낸곳 (주)우리교육
등록 제 313-2001-52호
주소 03993 서울특별시 마포구 월드컵북로 6길 46
전화 02-3142-6770
팩스 02-6488-9615
홈페이지 www.urikyoyuk.modoo.at

*이 책의 내용을 쓰고자 할 때는 저작권자와 출판사의 허락을 받아야 합니다.
*잘못된 책은 바꾸어 드립니다.
*책값은 뒤표지에 있습니다.

ⓒ 신경림, 1998
ISBN 978-89-8040-931-0 03810

이 도서의 국립중앙도서관 출판시도서목록(CIP)은 e-CIP 홈페이지(http://www.nl.go.kr/ecip)에서 이용하실 수 있습니다.(CIP 제어번호:CIP2010000461)

신경림의
시인을 찾아서

우리교육

| 책앞에

 '시인을 찾아서'의 첫 권을 낸 지 12년이 되었다. 그 사이 둘째 권도 내고, 다시 첫째 권과 둘째 권을 합친 합본도 내었으며 그 반응도 예상을 뛰어넘는 것이었지만, 나는 반드시 기뻤다고만은 말할 수 없다. 그 사이 우리 시의 환경이 더욱 열악해지면서, 시는 독자들로부터 외면을 당하고 시집은 시장에서 천덕꾸러기가 되어가고 있기 때문이다. 물론 여기에는 감정과 사상을 표현할 다양한 매체가 옛날에는 상상도 못했을 정도로 개발되어 있고 사람들이 접할 수 있는 엔터테인먼트가 사방에 널려 있는 데다, 시대는 속도와 결과에만 높은 가치를 두면서 질주하고 있다는 요인이 있다. 이런데도 시가 옛날처럼 제왕적 독점적 위치에서 독자와 만날 것을 기대하는 것은 아나크로니즘에 지나지 않겠지만, 이 광경을 시인들이 뒷짐 지고 보고만 있다는 것은 맞지 않는다는 생각은 아무래도 바꿀 수가 없다. 시가 이 시대가 추구하는 가치와 다르기 때문에 거꾸로 이 시대의 모순과 왜곡을 정확히 꿰뚫어 볼 수 있는 점도 있지 않을까 생각되기도 한다.
 동어반복이 되겠으나 시가 독자들로부터 외면당하는 데는 부분적으로 시인에게 책임이 있다는 점은 간과되어서는 안 된다. 무책임한

말장난은 더 말할 것도 없겠으나, 가령 독자와의 소통을 아예 포기하고 아무런 열쇠도 주지 않은 채 내면이라는 골방으로 들어가 처박힌다면 독자가 어떻게 그 시를 좇아가며 사랑할 수 있겠는가. 또한 시를 곰곰이 읽고 시를 바르게 이해하게 하는 데는 관심도 없는, 도식적이고 관념적인 시 교육(문학 교육)도 그 책임에서 벗어나기 어렵다. 실제로 시험 문제 위주로 시를 공부한 학생이 시라면 넌더리를 내면서 멀어지는 예를 나는 여러 번 보았다. 이 글은 이런 점을 다소나마 극복해 보자는 데 목적이 있었다. 과연 이 의도가 얼마나 살았는지 자신할 수가 없지만 나는 이 일을 포기할 생각은 없다.

  세상이 아무리 바뀌어도, 가치관이 어떻게 달라지든, 사람들의 마음에서 아름답고 순수하고 참된 것을 찾는 뜻이 없어지지 않는 한 시는 존재를 이어갈 것이고, 세상의 중심에 서 있기도 계속할 것이다.

2010. 1. 14.

신경림

| 초판 여는글

　우리나라 사람들처럼 시를 좋아하는 국민도 많지 않을 것이라는 소리들을 흔히 한다. 겉만 보면 일단 맞는 소리다. 시집이 1백만 부 가까운 베스트셀러가 되는 나라는 우리나라밖에 없을 것이다. 하지만 베스트셀러가 되었다는 시집을 살펴보면, 다 그런 것은 아니겠지만, 시가 많이는 읽히지만 올바르게 읽히는 것 같지는 않다. 물론 올바르게 읽히는 것이 어떤 것이냐고 따져 묻는다면 꼭 집어 대답할 말은 없다.
　같은 시일지라도 백 사람이 백 가지로 읽을 수 있다는 조금은 무책임한 말도 은근히 호소력을 가지고 있을 터이다. 그렇더라도 좋은 시와 나쁜 시는 분명히 구별이 있고, 기왕에 시를 좋아하는 사람들이 좋은 시를 찾아 읽을 수 있다면 얼마나 더 즐겁게 읽을 수 있겠는가 하는 생각에서, 나는 몇 차례 독자가 시에 쉽게 다가갈 수 있는 해설서 비슷한 글을 썼었다. 그러면서 깨달은 것은 어떤 면에서 감정의 확대라 할 수 있는 시를 가장 잘 이해하려면 그 시인이 어떤 환경에서 자랐고, 어떤 조건 아래서 살았으며, 그 시를 쓸 당시 무슨 생각을 하고 있었는가를 알아야 한다는 것이었다. 여기에 모은 글들은 이런 생각을 가지고 이미 우리 시사에서 고전이 된 시들의 현장을 찾아다니면서 쓴 글이다.
　나는 이 기행을 하면서 많은 것들을 배웠다. 목월의 향토색 짙은 밝은 색깔의 이미지가 무엇에 연유하는가도 알았으며, 영랑의 맑은 노래가 어떻게 생성되었는가도 알았다. 또 어떤 시인의 어느 부분이 과장되고 어느 부분이 축소되었는가도 확인했다. 이 동안에 어느 면 닫혀 있던 내 시관도 많이 수정되었다. 나는 시를 새롭게 공부한다는 느낌으로 이 기행을 하는 동안 늘 들떠 있었다. 시를 이렇게 재미있게 읽을 수도 있구나, 새삼스럽게 감탄하기도 했다.

이 글을 쓰면서 나는 내 시관만을 고집하지는 않았다. 가령 그 시에 대한 작자의 의견이 있으면 서슴지 않고 독자에게 알렸으며 다른 평자의 의견도 많이 참작했다. 그러면서도 한 시인 한 시인의 평전적 성격에서 벗어나 서로 유기적으로 조합되어 우리 시의 한 경관景觀이 되게끔 노력했다.

특히 기행을 하는 동안 중·고교에서 문학을 담당하고 있는 현직 교사들과 더러는 동행을 하고 더러는 술자리를 함께하면서 들은 의견도 많이 반영했다. 그들이 학교의 시 교육이 안고 있는 문제점을 제기한 점이 글을 쓰는 데 크게 도움이 되었다. 유감인 것은 이 기행을 작고 시인으로 그쳤다는 것이다. 기회가 있으면 살아 있는 시인의 시의 현장을 찾아가는 작업도 할 작정이다.

이 책이 시를 재미있게 읽고 싶어 하는 분, 학교에서 시를 가르치는 교사들, 그리고 시를 배우는 학생들에게 도움이 되기를 바란다.

1998년 초가을에

차례

책앞에 …… 4

초판 여는글 …… 6

정지용 〈향수〉와 〈다알리아〉의 이미지 …… 11

조지훈 멋과 지조 …… 27

신석정 목가적인 참여시인 …… 43

김종삼 내용 없는 아름다움 …… 59

신동엽 민족적 순수와 반외세 …… 75

박용래 눈물과 결곡의 시인 …… 93

박봉우 조국이 곧 나의 직업 …… 109

임 화 역사의 격랑 속에 침몰한 혁명시인 …… 123

권태응 헐벗은 아이들의 가슴에 별을 심은 시인 …… 141

이육사 변형된 자화상 ― 초인 …… 157

오장환 낭만과 격정의 민중시인 …… 171

김영랑 쓸쓸함과 애달픔 …… 185

이한직 우수와 허무 …… 199

윤동주 하늘과 바람과 별 …… 213

박인환 근원을 알 수 없는 슬픔과 외로움 …… 227

한용운 사랑의 시인, 민족의 시인, 구원의 시인 …… 243

백 석   눈을 맞고 선 굳고 정한 갈매나무 …… 257

신동문 삶을 통한 시의 완성 …… 273

유치환 남성적 그리움과 호방한 울부짖음 …… 291

박목월 자연, 생활, 향토 …… 307

김수영 앞을 향하여 달리는 살아 있는 정신 …… 325

천상병 순진무구한 어린아이의 마음과 눈 …… 341

정지용

〈향수〉와 〈다알리아〉의 이미지

삼동내 — 얼었다 나온 나를
종달새 지리 지리 지리리……

왜 저리 놀려대누.

어머니 없이 자란 나를
종달새 지리 지리 지리리……

왜 저리 놀려대누.

해바른 봄날 한종일 두고
모래톱에서 나 홀로 놀자.

— 〈종달새〉

白鹿潭詩集

1970년대 중엽 유신 독재의 서슬이 시퍼렇던 시절, 내게 즐거움이 있었다면 오직 뜻 맞는 친구들과 어울리는 일이었다. 그때 하루가 멀다 하고 어울려 술판을 벌이던 친구들이 이호철(소설가), 한남규(소설가), 구중서(평론가), 염무웅(평론가), 조태일(시인), 황석영(소설가) 등이었는데 술판이 무르익으면 여흥이 벌어지기는 그 엄혹하던 시절도 예외가 아니었다.

　이 여흥에서 황석영이 원맨쇼를 하지 않는 경우 돋보이던 것이 이호철의 노래와 구중서의 시 낭독이었으니, 이호철은 "고향에 돌아와도 그리던 고향은 아니러뇨"로 시작되는 채동선 작곡의 정지용 시 〈고향〉을 즐겨 불렀고, 구중서는 지금은 이동원과 박인수가 노래로 불러 유명해진 역시 정지용의 시 〈향수〉를 눈을 지그시 감고 처음부터 끝까지 한 대목 틀리지 않고 낭송했다. 이 노래와 시 낭송이 끝나면 술판은 자못 숙연해졌다. 사회주의 이념과는 아무 상관도 없는 이 고향 예찬 또는 고향 상실의 시가 강제 격리된 현실에 새삼스럽게 마음을 무겁게 했던 것이다.

　노래와 시 낭송 끝에는 으레 그가 6·25 중 대미군 선무 방송을 했다는 등, 포로 수용소에서 목격됐다는 풍문이 있다는 등, 북으로 간 흔적은 전혀 없다는 등 그에 대한 얘기가 오고 갔지만, 확실한 것은 그가 현재 이 땅에 없다는 사실뿐이었다. 그 한 가지 사실로 그를 빼놓고는 우리 시를 얘기할 수 없다는 것이 정설인데도, 그의 시를 우리 시에서 배제한 당국의 무지와 폭거에 대한 분노로 해서 그의 시를 부르고 읊는 일은 밀교의 비의를 함께 외는 것 같은 남모르는 즐거움을 더해 주었던 점도 없지 않았다.

 실제로 10년 전후의 우리 세대치고 적어도 문학에 뜻을 두었다면 그의 시를 읽고 자라지 않은 사람은 없을 것이다. 내가 그를 안 것도 아주 어릴 적이어서, 익명으로 기억하고 있던 〈종달새〉까지 거슬러 올라간다면 소학교 4, 5학년 때이니 해방이 되어 갓 우리 글을 배웠을 무렵이 된다. 어떤 앤솔러지(시선집)에서 읽은 〈종달새〉를 한 구절 빠뜨리지 않고 외면서도 정지용의 시를 제대로 읽은 10대 후반까지 나는 그 시의 작자를 익명으로만 기억하고 있었던 것이다.

   삼동내 —— 얼었다 나온 나를
   종달새 지리 지리 지리리……

   왜 저리 놀려대누.

   어머니 없이 자란 나를
   종달새 지리 지리 지리리……

   왜 저리 놀려대누.

   해바른 봄날 한종일 두고
   모래톱에서 나 홀로 놀자.

―〈종달새〉전문

그 앤솔러지에는 1백여 편의 동요가 있었을 터인데 왜 이 시만이 이토록 오랫동안 또 정확히 기억되고 있었을까. 더구나 어머니 없이 자라지도 않았고 또 특별히 외로운 처지도 아니었는데. 혹 "삼동내 ― 얼었다 나온"이라는 표현에서 춥고 긴 겨울을 보내고 봄을 맞는 내 기쁨을 발견한 것이었을까.

아니면 "지리 지리 지리리……"라는 정지용이 만들어 낸 의성어가 정말 종달새 울음소리를 듣고 있는 것처럼 즐거워서였을까. 다만 이른 봄날 이 시를 입 속으로 외면서 새파랗게 풀이 돋아나는 언덕에 앉아 하늘로 날아오르며 우짖는 종달새를 바라보던 일, 할머니를 따라 개울가 밭에 갔다가 종달새가 날 법한 모래톱을 내달리던 일 등이 아직도 생생하게 떠오른다.

어쨌든 이제 그는 1988년 해금과 더불어 우리 곁으로 되돌아왔다. 그를 우리 근대시의 시조로 일컫는 소리도 높아졌다. 그 이전에 만해나 소월이 없는 바는 아니지만 그들의 시는 민족적이고 초근대적이라 말할 수는 있을지언정 근대적이기에는 필요충분조건을 갖추고 있지 못하다는 소리들도 한다.

지용의 복권으로 우리 근대시사는 새롭게 쓰여지기 시작했다는 말도 지나친 말은 아니다. 그에 관한 논문, 평론이 쏟아져 나오면서 세속적 명예도 회복되기 시작했다.

고향 마을의 거리 이름이 지난 1995년도에 지용로로 바뀌었는가 하면, 생가 터는 그 다음 해에 원형대로 복원되었다. 또 생가 자리에 있는 건물 벽에는 이곳이 지용의 생가라는 표지의 유적 제1호가 만들어져 있고, 그가 다닌 초등학교에는 유적 제2호의 흉상이 세워져 있다. 고향 뒷산의 체육공원에는 〈향수〉 전문을 새긴 시비도 세워져 있고 그 옆으로 청동 흉상도 있다. 어느 외국인은 그의 시가 너무 좋은 나머지 아예 보따리를 싸 들고 들어와, 그의 고향에 주저앉았다.

그뿐이 아니다. 서울과 청주 두 곳에 지용의 이름을 빈 문학상이 생겼을 정도다. 이동원과 박인수가 함께 부른 〈향수〉가 지식층 사이에서 히트하면서 바야흐로 그는 국민적 시인이 되었다는 느낌마저 준다. 교양인이면 읽어야 할 고전시 목록의 머리에 그의 시를 놓기에 아무도 주저하지 않기에 이르렀다.

하지만 그의 시가 독자들한테 올바르게 읽히고 있을까. 이 점을 내가 믿을 수 없는 것은 내가 만난 지용 팬들 가운데서도 그를 제대로 읽은 독자를 거의 보지 못했기 때문이다. 〈향수〉에다가 〈유리창〉이 읽은 시의 전부이거나 기껏 이미지스트 또는 모더니스트로의 분류 근거가 된 〈카페 프란스〉나 〈다알리아〉 정도였다.

프로에 버금간다 할 중학교 국어 교사의 경우도 크게 다르지 않았다. 시인이 수천 명에 이르고 시집이 한 달에도 수십 권씩 쏟아져 나올 뿐 아니라 종종 수십만 부씩 팔리는 베스트셀러 시집이 생기는 이른바 시의 천국치고는 부끄러운 현상이다. 하긴 어떤 글에서 미당 서정주 시인이 방미했을 때 그를 존경한다면서 대접을 한 교포 실업가가 읽은 시가 교과서에 실린 〈국화 옆에서〉뿐이었다는 것을 읽은 일이 있는데, 이것이 한국 지식인의 독서 수준이니 할 말이 더 있겠는가.

아무리 시가 안 읽힌다고 해도 고전시 1백 편쯤은 외고 있어야 교양인으로 행세할 수 있는 서구 여러 나라가 왜 문화 선진국으로 불리는지 생각해 볼 대목이다.

근대시의 아버지라 할 지용이 태어난 곳은 충북 옥천이다. 옥천군 옥천면 하계리下桂里 40번지, 군청 소재지로 그 뒤 면은 읍으로 승격했다. 지금은 도심에서는 좀 떨어져 있지만 당시는 중심지였다는 것이 마을 고로의 말. 지용이 태어나 어린 시절을 보낸 집은 1974년에 헐리고, 지금 서 있는 집은 그 뒤에 새로 지은 것이다. 그래도 그 집 벽에 이곳이 지용의 생가 터임을 알리는 내용의 '지용 유적 제1호'의 표지가 붙어 있다. 1988년 6월 25일 그를 기리는 '지용회'가 세운 것이다.

그의 부친 정태국은 이곳에서 한약방을 했다 하는데, 그를 보았거나 아는 사람은 이 고장에 아무도 없다. 그가 솔가해서 상경한 것이 이미 1930년대, 지용이 빨갱이 시인으로 몰리면서 그 일가는 고향을 찾을 일도 없이 되었던 모양이다.

바로 그 길 건너에서 이발소를 30년 동안 했다는 늙은 이발사는 이곳이 정지용이라는 시인이 태어난 곳이라고 알려진 것도 불과 몇 해 되지 않는다고 증언한다. 해금되기까지 이 '불온 시인'의 이름을 아무도 감히 입에 올리지 못했던 것이다. "빨갱이로 한번 찍히면 죽는 세상이었응께." 마침 머리를 깎고 있던 늙은이가 다 아는 사실을 가지고 변명을 한다.

집 앞으로는 실개천이 흐르고 다리도 놓여 있다. 그래도 도심을 흐르는 개울치고는 제법 맑다. 그 집을 갓에 놓고 널찍하니 대리석으로 기초를 한 터가 닦여져 있다. 그 한옆에 있는 가죽 나무 세 그루는 어쩌면 지용과 낯선 것이 아닐는지도 모르겠다. 지용의 생가 터를 돌아보면서 〈향수〉를 떠올리는 일은 역시 즐거운 일이다.

넓은 벌 동쪽 끝으로
옛이야기 지줄대는 실개천이 휘돌아 나가고,

얼룩백이 황소가
해설피 금빛 게으른 울음을 우는 곳,

── 그곳이 차마 꿈엔들 잊힐리야.

질화로에 재가 식어지면
비인 밭에 밤바람 소리 말을 달리고,
엷은 졸음에 겨운 늙으신 아버지가
짚베개를 돋아 고이시는 곳,

── 그곳이 차마 꿈엔들 잊힐리야.

흙에서 자란 내 마음
파아란 하늘빛이 그리워
함부로 쏜 화살을 찾으러
풀섶 이슬에 함추름 휘적시던 곳,

── 그곳이 차마 꿈엔들 잊힐리야.

전설(傳說) 바다에 춤추는 밤물결 같은
검은 귀밑머리 날리는 어린 누이와
아무렇지도 않고 예쁠 것도 없는
사철 발 벗은 아내가
따가운 햇살을 등에 지고 이삭 줍던 곳,
── 그곳이 차마 꿈엔들 잊힐리야.

하늘에는 성근 별
알 수도 없는 모래성으로 발을 옮기고,
서리 까마귀 우지짖고 지나가는 초라한 지붕,
흐릿한 불빛에 돌아앉아 도란도란거리는 곳,

—— 그곳이 차마 꿈엔들 잊힐리야.

─〈향수〉 전문

  먼저 알 수 있는 것은 시인이 곧 작중화자와 일치하지는 않는다는 점이다. 가령 "짚베개를 돌아 고이시는" "엷은 졸음에 겨운 늙으신 아버지"가 바로 시인의 아버지는 아니요, 또 "아무렇지도 않고 예쁠 것도 없는 사철 발 벗은 아내"가 그의 아내의 초상도 아닐 터이다. 보편적인 조선의 아버지, 조선의 아내라는 이미지가 더 짙다. 또 이 시의 풍물도 시인의 체험을 직접 투영했다기보다는 조선 일반의 풍물이라는 성격이 더 강하다.
  어쩌면 시인은 이 시 속에서 그가 이상으로 생각하는 삶의 모습을 편집적으로 그렸을지도 모른다. "얼룩백이 황소가 해설피 금빛 게으른 울음을 우는"의 은유에는 풍요가 있고, "짚베개를 돌아 고이시는" "엷은 졸음에 겨운 아버지"에는 평화의 이미지가 있다. 아무렇지도 않고 예쁠 것도 없다고 했지만 "사철 발 벗은 아내"와 "검은 귀밑머리 날리는 어린 누이"는 가장 보편적인 조선의 미인도이다. 하지만 넓은 벌 동쪽 끝으로 옛이야기 지줄대며 휘돌아 나가는 "실개천"은 필시 집 앞을 흐르는 이 실개천이 상상의 원천이 되었을 것이다.
  당시 무슨 "얼룩백이 황소"가 있었느냐는 논란은 부질없는 트집이

지용은 열두 살 때 동갑인 처녀와 결혼을 했다. 함께 학교를 다녔다는
흔적을 찾을 수 없는 것을 보면 아내는 신식 학문을 한 것 같지는 않다.

다. 가령, 조선조 초기의 농서인 강희맹의 《금양잡록衿陽雜錄》에 '얼룩백이 소犁牛'가 나오는데 이는 곧 얼룩소 역시 우리 소라는 증거이며, 실제로 평창과 제주에 순토종의 얼룩소가 보존되어 있기 때문이다.

마을 초입에 죽향초등학교가 있다. 늙은 삼나무며 버즘나무로 미루어 오랜 역사를 지닌 학교임을 알 수 있는데, 실제로 이 학교는 옥천군 내에서 가장 먼저 설립된 학교로 당시의 교명은 옥천공립보통학교였다. 지용은 4년제인 이 학교를 1910년 아홉 살에 들어가 1914년에 졸업했다. 또 졸업하기 전인 열두 살 때 동갑인 처녀와 결혼을 했으니, 당시에 흔히 있던 결혼 풍속도. 함께 학교를 다녔다는 흔적을 찾을 수 없는 것을 보면 아내는 신식 학문은 하지 않은 것으로 추측된다.

한편 찾아오는 사람을 위해 미리 복사해 둔 학적부에 따르면 성적이 특별히 뛰어나지는 않았던 듯, 특히 산수 점수가 낮았던 것이 흥미를 끈다. 그가 공부했던 옛 교사校舍는 지금은 유치원으로 쓰이면서 보존되어 있는데, 그 옆 꽃밭 원추리와 초롱꽃들 사이에 지용 유적 제2호인 흉상이 서 있다. 이 꽃밭에서 뛰놀며 지용은 무슨 꿈을 꾸었을까. 지용 시의 원형을 이루고 있다고 하는 그의 동시들은 이 어린 시절의 회상 속에서 형상화되었으리라. 김동환의 〈산너머 남촌에는〉과 유사한 이미지의 〈산너머 저쪽〉을 읽으며 지용의 어린 시절을 상상하는 것은 어려운 일이 아니다.

산너머 저쪽에는
누가 사나?

뻐꾸기 영 우에서
한나절 울음 운다.

산너머 저쪽에는
누가 사나?

철나무 치는 소리만
서로 맞아 쩌 르 렁!

산너머 저쪽에는
누가 사나?

늘 오던 바늘장수도
이봄 들며 아니 뵈네.

— 〈산너머 저쪽〉 전문

   그의 흉상 옆에 육영수의 휘호탑이 서 있는 것은 실로 아이러니다. 27회 졸업생인 독재자의 아내 육영수가 시인의 존재를 알고 있었다는 사실은 박목월 시인이 쓴 그녀의 전기에 암묵적으로 나타나 있다.
   옥천 시내가 내려다보이는 체육공원 한 옆에는 〈향수〉 전문이 새겨진 시비도 서 있다. 1989년 5월 15일 그의 87회 생일을 맞아 지용회가 세운 것이다. 그 돌을 속리산에서 옮겨 왔다는 데서 얼마나 공을 들였는가를 알 수 있다. 다시 그 옆으로는 청동의 등신 흉상이 서서 고향 사람들이 뒤늦게나마 지용을 얼마나 자랑스럽게 여기고 있는가를 말해 준다.

　하지만 지용이 고향에서 산 것은 어린 시절에 지나지 않는다. 휘문고보(지금의 휘문고교)로 진학하면서 실질적으로는 고향과 남이 된다. 휘문고보 시절에는 아버지의 친구 집에 기숙했다고는 하는데 그곳이 어디인지는 확인할 길이 없다. 또 일본서 도시샤同志社대학을 졸업한 뒤 16년간이나 휘문고보에 교사로 재직하는 동안에는 북아현동에 살았다 하는데 그곳도 찾을 길이 없다.

　하지만 지용이 일본에 유학하여 다닌 도시샤대학은 교토京都에 있다. 교토를 관통하는 강이 가모가와鴨川, 그의〈가모가와 상류鴨川上流〉라는 글에 "대개 중압中鴨에서 하숙을 하고 지냈으니 하압下鴨으로 말하면 도심지대에 들므로 물이 더럽고 공기도 흐리고"라고 한 것으로 보아 그가 하숙했던 지점은 교토 시내에서는 벗어난 곳이었던 듯하다. 지금 "역구풀 우거진 보금자리 / 뜸부기 홀어멈 울음"(〈가모가와〉) 우는 것은 볼 수 없지만, 그가 "거닐고 앉고 부질없이 돌팔매질하고 달도 보고 생각도 하고 학기 시험에 몰리어 노트를 들고 나와 누워서 보기도"(〈가모가와 상류〉) 하였다는 냇가를 찾기는 어렵지 않다.

　휘문고교도 강남으로 이사하고, 그의 숨결이 배고 발자국이 찍혔을 계동 그 자리에는 '현대'의 어마어마한 건물이 들어서 있다. 문득 "포도鋪道로 내리는 밤 안개에 어깨가 저윽이 무겁다"라는 〈귀로〉의 첫 구절을 외다가, 그가 '현대' 건물 앞에 서서 버스를 기다리는 환각에 빠지기도 한다. 휘문고보 시절은 시인으로서 그가 절정에 이르렀던 시절, 아이들을 가르치다가도 시상이 떠오르면 창 밖을 보면서 빙긋빙긋 웃고는 했다는 기록을 본 일이 있지만, 한때는 오장환을 가르치기도 하고 박목월, 박두진, 조지훈, 이한직 등을《문장文章》을 통해 문단에 배출시키기도 하던 이때는 또한 인간적으로 가장 행복한 시절이기도 했으리라. 이 무렵 쓴 것으로 추정되는 〈다알리아〉는 그런 생의 행복감으로 충만되어 있다.

> 가을볕 째앵 하게
> 내려 쪼이는 잔디밭.
>
> 함빡 피어난 다알리아.
> 한낮에 함빡 핀 다알리아.
>
> 시악시야, 네 살빛도
> 익을 대로 익었구나.
>
> 젖가슴과 부끄럼성이
> 익을 대로 익었구나.
>
> 시악시야, 순하디순하여 다오.
> 암사슴처럼 뛰어다녀 보아라.
>
> 물오리 떠돌아다니는
> 흰 못물 같은 하늘 밑에,
>
> 함빡 피어 나온 다알리아.
> 피다 못해 터져나오는 다알리아.
>
> ― 〈다알리아〉 전문

이때 지용은 사랑에 빠져 있었던 것은 아닐까. 구식 여성인 아내와는 다르게 발랄하고 싱싱한 소녀와의 사랑에. 하지만 여러 기록은 그가 별로 탈선을 하지 않은 모범적인 생활인이었음을 말해 주고 있다.

지용과 인연이 깊은 곳 또 한 군데가 명동성당이다. 그는 독실한 가톨릭 신자로 명동성당에 다녔으며 천주교에서 발간하는 《가톨릭 청년》이며 《경향잡지》의 편집 일을 돕기도 했고, 해방 뒤에는 한때 가톨릭에서 낸 《경향신문》의 주간 자리를 달았다. 또 그는 주로 《가톨릭 청년》에 깊은 신앙심을 표출한 종교시를 발표하면서 시의 폭을 넓혔다.

하지만 내가 그이 시 가운데서 가장 좋아하는 것은 짐즛 하찮은 세상을 잊은 산수시들이다. 그의 땀과 입김이 서린 휘문고보 자리가 바라보이는 전통 찻집에라도 앉아 철적게 뜨거운 차를 마셔 가며 그의 시를 읽는 재미를 과연 무엇에 비할 수 있으랴.

노주인老主人의 장벽에
무시로 인동忍冬 삼긴 물이 나린다.

자작나무 덩그럭 불이
도로 피어 붉고,

구석에 그늘지어
무가 순 돋아 파릇하고,

흙냄새 훈훈히 김도 서리다가

바깥 풍설風雪 소리에 잠착하다.

산중에 책력도 없이
삼동이 하이얗다.

―〈인동차忍冬茶〉 전문

  시 속의 노인은 세상을 피해 초가삼간 흙벽 속에서 무시로 인동차를 마시며 지내는 사람이다. 방에는 자작나무 숯불이 화로에 발갛고 그 훈기로 한쪽 구석에서는 무순이 파랗게 돋는다. 훈훈한 김에서도 흙내가 감돌고 밖에는 눈바람이 치는 엄동. 세월이야 어차피 흐르는 것, 책력은 봐서 무엇하랴. 세상은 온통 하얗게 눈으로 덮였고……. 얼마나 맑고 깨끗하고 높은 삶의 자세인가. 동족상잔의 진흙밭에서 뒹굴기엔 역시 지용은 너무 고고하고 도도한 시인이었다.

조지훈
멋과 지조

차운산 바위 우에 하늘은 멀어
산새가 구슬피 울음 운다.

구름 흘러가는
물길은 칠백리

나그네 긴 소매 꽃잎에 젖어
술 익는 강마을의 저녁노을이여.

이 밤 자면 저 마을에
꽃은 지리라.

다정하고 한 많음도 병인 양하여
달빛 아래 고요히 흔들리며 가노니……

― 〈완화삼 玩花衫〉

교과서에 실려 있던 〈승무〉로 우리에게 친숙한 조지훈(趙芝薰 : 명 동탁東卓, 1920~1968)이 태어난 곳은 경북 영양군 일월면 주곡리(주실), 한양漢陽 조趙씨 동족 마을로 한때는 1백여 호 가까웠고 지금도 70여 호가 되는, 드물게 풍족해 보이는 농촌이다. 유난히 고가가 많은 것은 이 마을이 유서 깊은 마을임을 말해 주고 있는데 아직도 주민의 반 이상이 한양 조씨다. 마을 뒤로 멀리 일월산日月山이 보이는데 이 산은 동학의 2대 교주 최시형崔時亨이 한때 은둔해 있던 곳이기도 하며, 또 이필李弼이 교조 신원을 위해 영해민란을 일으킨 뒤 숨어 있으면서 문경에서의 재거사를 준비하던 곳이기도 하다. 마을 앞으로는 장군천이 흐른다. 역시 일월산에서 발원한 개울이다.

경북 지방 기념물 78호로 지정되어 있는 지훈의 생가는 마을 복판에 있다. ㅁ자형 사방 일곱 칸의 정사각형 모양의 본채와 정자 형식의 사랑채로 되어 있는데 높다란 본채의 댓돌이 자못 오만스럽다. 다만 돌아가며 유리문을 해 단 변형은 굴절이 심한 역사의 은유로 보여 눈에 거슬린다. 본채와 사랑채 사이에는 널따란 마당이 있다. 시멘트로 바른 안마당 가에는 한 그루 늙은 향나무가 섰고, 한때는 정원이었을 본채 옆으로는 옥수수가 심어져 있다. 담 옆으로는 몇 그루 늙은 감나무와 대추나무가 고색창연하게 서 있다. 문패는 집 주인인 종손 조동창으로 되어 있으나 그는 서울에 살고 있고, 지금 살고 있는 사람은 조씨 집안의 사위로 한동안 밖에 나가 살다가 농사를 짓기 위해 돌아온 터다. 집 앞에는 이 집이 시인 조지훈의 생가임을 말하는 돌비가 서 있다.

이 집을 처음 지은 것은 4백여 년 전 인조 때 지훈의 선조인 조정형이라는 이다. 6·25 때 일부가 불탄 것을 1963년에 복구했다 한다. 6·25 때 이 집의 수난은 불타는 정도로 끝나지 않았다. 지훈의 조부 인석寅錫은 새 체제의 박해에 분개해 연못에 투신 자결했고, 부친 헌영(憲泳·제헌의원)은 남하하지 못하고 서울에 남아 있다가 납치되어 북으로 끌려갔다. 인석은 신문명과 일본 문화를 받아들이기를 끝까지 거부한 반일 지사였으며, 헌영은 영문학을 전공하고서도 새롭게 공부를 해서 동양의학의 권위가 된 걸출한 인물이다. 지훈의 백부, 숙부, 고모가 모두 국립도서관장, 도경찰국장, 시인 등으로 해방 후의 우리나라 정계, 문화계에서 중요한 일을 했다. 시비는 마을 입구 큰 길가에 서 있다. 시비를 세운 것은 1982년 8월 15일, 울창한 팽나무들로 둘러싸인 시비에는 "빛을 찾아가는 길의 나의 노래는 / 슬픈 구름 걷어가는 바람이 되라"는 〈빛을 찾아가는 길〉이라는 시 전문이 새겨져 있다. "맑은 시혼과 드높은 기개는 길이 후생의 가슴을 뛰게 하리라"로 끝나는 자못 감동적인 비문은 전 고대 총장인 홍일식 교수가 썼다.

이 지방 사람들은 "맑은 시혼과 드높은 기개"의 시인 조지훈이 이곳 태생임을 자못 자랑스럽게 생각하는 것 같다. 길 가는 아낙네나 아이스크림을 물고 있는 중학생을 잡고 물어도 지훈의 시비나 생가의 위치를 정확히 말해 주어 찾아가는 데 조금도 어려움이 없었다.

그러나 소위 관官만은 다르다. 초행인 조지훈 생가 기행의 안내를 부탁할 생각으로 천주교 영양성당으로 신동원 신부를 찾아갔다가 부재중이어서 부득이 들른 군공보실은 지방 자치 시절이 와도 조금도 달라진 것이 없다는 느낌이다. 텅 빈 넓은 방에서 책임자로 보이는 사람은 누가 들어오든 말든 아랑곳 않고 방 안이 떠나갈 듯 전화로 잡담을 하고 있고, 한 여직원만이 일어서서 손님을 맞는다. 여직원이 우리가 요구한 자료를 찾는 동안 내내 전화 잡담은 끝나지 않는다. 상스러운 막말과 낄낄대는 웃음이 엇바뀌는 것으로 보아 친구와 술 약속이라도 하는 모양이다. 여직원이 자료를 챙겨 주고 지훈 생가에 연락을 넣을 때야 겨우 전화를 끝낸 책임자는 여직원에게 어디에 어서 전화를 걸라고 재촉이 성화 같다. 그때 덜렁덜렁 카메라를 메고 들어온 다른 직원도 여직원에게 우리를 위해 거는 전화를 중단하고 어서 실장 말을 들으라고 윽박지른다. 쩔쩔매는 여직원이 민망해서 우리는 고맙다는 인사도 제대로 하지 못하고 군청을 나오고 말았다. 언젠가 텔레비전에서 보니까 지방 자치 시대의 공보실은 이제 관광 안내원이 되었다고 하던데, 그게 다 공연한 소리인가 보다.

다행히 신동원 신부는 우리가 시비를 거쳐 생가를 구경하고 있을 때 연락을 받고 달려왔다. 그는 우선 우리를 지훈 생가에서 백 미터쯤 떨어져 사는 조순희 할머니한테로 데리고 갔다. 영양성당의 독실한 신도인 조 할머니는 같은 조씨는 아니지만(그녀는 풍양 조씨였다) 조지훈 시인과는 한동네에서 함께 자란 자치동갑이었다. 열두세 살까지 살다가 부모를 따라 서울로 올라간 지훈을 그는 재주 있고 참한 종갓집 도령으로 기억하고 있었다. "8월 15일 지훈 선생 부인이 다녀 갔는데예" 하면서 그녀는 일 년에 한 번씩 조씨 집 딸들이며 며느리들이 모인다는 정보까지 알려 준다.

"지훈 선생에 대해서 아주 잘 아는 사람이 있습니다." 전화를 걸고 세수를 다시 하고 우리를 안내한 집은 지훈의 재당숙이 되는 조진영 노인 댁이었다. 성균관 유도회 영양군 지부장이기도 한 그는 신학문을 거부하며 전통적인 교육을 베풀어 온 마을의 서당인 배영학당에서 한문을 배우던 시절의 지훈을 기억하고 있었다. 시 잘 쓰고 똑똑한 재종질이었지만 그가 시인이 된 데는 세 살 위인 형 동진(필명 세림世林)의 영향이 컸다고 했다. 이미 여덟 살에 시를 지은 동진은 신동으로 소문이 났었고 지훈은 늘 형을 따라다녔다는 것. 그 동진은 이를 뺀 채 놀러 온 친구를 배웅하러 읍내에 나갔다가 술을 마신 것이 동티가 되어 요절했다. "지훈만 한 시인이 두 사람 나올 뻔한 기라." 동향의 오일도(吳一島, 1901~1946, 시비가 영양 읍내에서 조금 떨어진 감천에 있다) 시인의 주선으로 시집을 출간하고서도 크게 주목받지 못한 형에 대해서 아우 지훈은 "형이 살아 있었더라면 나까지 시를 쓸 필요는 없었는데" 하면서 두고두고 안타까워했다 한다.

지훈의 무덤은 경춘선의 마석역 바로 뒷동산에 있다. 내가 이한직 시인, 왕학수 교수, 인태성 시인 등과 함께 1969년에 묘지를 찾아간 일이 있다고 하자 조진영 할아버지는 새삼스럽게 반가워한다. "아, 그렇십니꺼. 나도 왕 교수는 본 일이 있습니더. 지훈이 너무 일찍 갔지요." 문득 그때 일이 생각났다. 지훈과 《문장》 동기인 이한직 시인이 박정희 군사 정권에 반대한 보복으로 입국을 거부당하다가 겨우 풀려 귀국해서 나를 만나 처음 물어본 것이 그 전해에 작고한 지훈의 장례식에 관한 것이었다. 나는 그 장례식에 참석하지 못할 만큼 사정이 어려웠다는 사실을 털어놓지 못하고 우물쭈물하다가 묘지에 동행하는 것으로 그 결례를 때웠지만, 지훈의 장례식에 참석하지 못했던 일, 이한직 시인에게 솔직하지 못했던 일이 두고두고 꺼림칙했다.

내가 지훈을 마지막으로 본 것은 그가 작고하기 전해인 1967년 정

지훈의 생가는 경북 영양군 일월면 주곡리에 있다. 드물게 풍족해 보이는 농촌으로, 유난히 고가가 많은 것이 유서 깊은 마을임을 말해 준다. 집 앞에는 이 집이 시인 조지훈의 생가임을 알리는 안내판과 돌비가 서 있다.

초, 김관식 시인과 함께 성북동 댁으로 세배를 가서다. 그때 우리가 시 얘기보다 시사를 더 많이 화제에 올렸던 것은 그해 있을 대통령 선거와 국회의원 선거를 앞두고 야당의 합종연횡合縱連橫이 되풀이되고 있었기 때문이다. 그 한 귀퉁이에서 태동하고 있던 진보 세력을 관식과 내가 맹목적으로 두둔하는 데 반하여 그는 깊은 불신을 품고 있는 듯 보였다. 부도덕하고 경박한 진보주의자보다 도덕적이고 성실한 보수주의자가 역사에 더 많이 기여한다는 것이 그의 지론이었는데, 지금 생각해 보니 그의 이 지론에는 일말의 진리가 있다. 지훈의 생가와 그 마을을 돌아보니 새삼스럽게, 점심이 겨우 지나 시작된 술자리가 자정이 지나서야 끝났던 일, 밖에 나오니 발목이 빠질 만큼 쌓인 눈 위에 계속 함박눈이 퍼붓던 일, 김관식 시인이 방에 다시 들어오는 것으로 잘못 알고 구두를 벗어 놓고 택시에 올랐다가 그것이 택시 안인 것을 알고 낭패 봤던 일, 그 길로 일껏 찾아간 미당 댁에서 관식이 첫 세배를 미당 선생에게 먼저 할 수 없어 지훈 선생 댁에 들러 오는 길이라고 솔직히 고백했다가 혼쭐이 나던 일 등 그날의 일이 떠오르며, 그의 시와 사상이 더 깊이 이해될 듯한 느낌이었다.

물론 그는 단순한 시인만은 아니다. 학자로서 쌓은 업적도 적지 않아 가령 그가 심혈을 기울인 노작 《한국문화사서설》이나 《한국민족운동사》만 해도 우리 문화사에 굵은 발자국을 남긴 것으로 평가된다. 오랫동안 고대 국문학 교수로 봉직하면서, 특히 민족문화연구소 소장으로 쌓은 공적도 크다. 뿐만 아니라 세상이 어지러울 때는 주저하지 않고 바른 소리를 함으로써 선비의 몫을 다했다. 한때 정치 교수로 몰려 대학에서 쫓겨날 위기에 처했던 것도 다 이 때문이다. 실제로 그를 시인으로서보다도 지사나 논객으로서 더 높이 평가하는 목소리도 만만치 않다. 3·15 부정선거 전후 때 〈지조론〉을 들어 꾸짖던 그의 준열한 목소리며, 5·16 군사정부가 마구잡이로 빨갱이라는 올가미를 씌워 학생들을 잡아들일 때 "그들 사이에 진짜 공산주의자가 몇이나 되느냐"며 호통치던 그 당당한 모습은 아직도 많은 사람들의 뇌리에 깊이 새겨져 있다. 그러나 그는 다른 무엇이기보다 시인이다. 큰 키에 굵은 테 안경을 쓰고 단장을 짚고 두루마기 자락을 날리며 걷는 멋쟁이 시인이다. 얼근히 술에 취해 사랑방 높은 툇마루에 앉아 "다락에 기대어 / 피리를 불면 // 꽃비 꽃바람이 / 눈물에 어리어 // 바라뵈는 자하산 / 열두 봉우리 // 싸리나무 새순 뜯는 / 사슴도 운다."(〈피리를 불면〉) 하고 노래 부르는 풍류의 시인이다.

외로이 흘러간
한 송이 구름
이 밤을 어디메서
쉬리라던고

성긴 빗방울
파초잎에 후둑이는
저녁 어스름……

창 열고 푸른 산과
마주앉아라.

들어도 싫지 않은
물소리기에

날마다 바라도
그리운 산아

온 아침 나의 꿈을
스쳐간 구름
이 밤을 어디메서
쉬리라던고

— 〈파초우芭蕉雨〉 전문

생가를 보니 이 시가 관념으로가 아니고 실감으로 온다. 이 시는 저녁 어스름, 파초잎에 후둑후둑 떨어지는 성긴 빗방울 소리를 듣는 데서 출발한다. 그래서 창을 열고 푸른 산과 마주 앉아 본다. 이 대목에서 "문 열자 선뜻! / 먼 산이 이마에 차라"라 한 정지용의 〈춘설春雪〉의 첫 행을 상기해 보는 것도 재미있을 것이다. 한시에도 이미 이 비슷한 표현이 있었으니, 도연명陶淵明의 "동쪽 울타리 밑 국화꽃 꺾어 들고採菊東籬下 / 가만히 남산을 바라보노니悠然見南山"가 그것이다.

어쨌든 여기서 화자는 "외로이 흘러간 한 송이 구름"을 이끌어 내게 되는데, 이는 필시 남방 식물인 파초가 가진 나그네의 이미지 탓일 터이다. 그럼으로써 구름을 단순한 구름 이상의 것을 상상하게 하는 공간을 만들어 주면서 자연스럽게 이 구절을 시의 주조가 되게 하는 것이다. 지훈의 시를 놓고 그 궁핍하던 시절을 생각하면 완전한 허구라고 비판하는 소리도 적지 않지만 생가와 그 주위를 보면 반드시 그렇지만은 않다는 생각도 든다. 그 전형적인 예로 "목월에게"라는 헌사가 붙은 〈완화삼玩花衫〉을 다시 읽어 보자.

차운산 바위 우에 하늘은 멀어
산새가 구슬피 울음 운다.

구름 흘러가는
물길은 칠백리

나그네 긴 소매 꽃잎에 젖어
술 익는 강마을의 저녁노을이여.

이 밤 자면 저 마을에
꽃은 지리라.

다정하고 한 많음도 병인 양하여
달빛 아래 고요히 흔들리며 가노니……

—〈완화삼玩花衫〉전문

 이 시에서 특히 비판의 표적이 되는 대목은 "술 익는 강마을의 저녁노을이여"다. 엄혹한 일제 치하에서 또는 그 직후라도(이 시는 1946년에 발표되었다) 무슨 술 익는 강마을이 있었겠느냐는 것이다. 이 질문 자체가 가령 군사독재 시대에 나온 연애시에 대하여 그 혹독한 시절에 무슨 그렇게 달콤한 사랑이 있었느냐고 힐난하는 것이나 마찬가지로 성립될 수 없는 터이지만, 지훈의 생가와 그 주위를 다녀 보면 이 시가 결코 허구나 관념에서 나온 것이 아님을 쉽게 알 수 있다. 적어도 그 주위에는 이런 정서가 넘쳐흐른다. 이 시의 화답으로 쓰여

졌음을 밝힌 목월의 〈나그네〉와 비교하면서 이 시를 읽으면 이해도 쉽고 훨씬 재미있을 것이다.

강나루 건너서
밀밭 길을

구름에 달 가듯이
가는 나그네

길은 외줄기
남도 삼백리

술 익는 마을마다
타는 저녁놀

구름에 달 가듯이
가는 나그네

— 박목월, 〈나그네〉 전문

이 시의 부제로 단 "술 익는 강마을의 / 저녁노을이여 — 지훈芝薰"을 보면 이 시의 동력이 어디에 있는가를 알 수 있다. 말하자면 〈완화삼〉의 "술 익는 강마을의 / 저녁노을이여"라는 주조가 〈나그네〉에서는 "술 익는 마을마다 / 타는 저녁놀"로 변조되어 있다. 그 밖에도 "구름 흘러가는 / 물길은 칠백리 // 나그네 긴 소매 꽃잎에 젖어"에서 "구름에 달 가듯이 / 가는 나그네"의 이미지가 추출되었다고 추측한대도 크게 틀리지는 않을 것이다.

그러나 이것을 모방이라고 말해서는 안 된다. 서로 주고받은 시에서 차용은 허락되는 것이 관례이기 때문이다. 다만 〈완화삼〉을 원전으로 한 〈나그네〉가 훨씬 성공한 시가 되고 있다는 점은 생각해 볼 대목이다. 〈나그네〉는 어찌 보면 〈완화삼〉의 이미지를 단순화하고 구체화한 시요, 〈완화삼〉의 완성이다. 여기에 단순성과 구체성이 요체라는 시의 비밀이 들어 있는지도 모른다.

지훈의 시에는 우국적 정치적 경향의 시들도 적지 않은데 김동리가 지적했듯 이 경향의 시가 가장 재미가 없다. 하지만 이 또한 조지훈 시의 본령인데 어쩌랴. 따라서 지훈 시를 알기 위해서는 6·25 당시 가장 격렬한 전투가 벌어졌던 구안 국도변의 다부원에 가서 쓴 〈다부원多富院에서〉도 꼭 읽어야 할 시다.

> 한 달 농성 끝에 나와 보는 다부원多富院은
> 얇은 가을 구름이 산마루에 뿌려져 있다
>
> 피아彼我 공방攻防의 포화砲火가
> 한 달을 내리 울부짖던 곳
>
> 아아 다부원은 이렇게도
> 대구에서 가까운 자리에 있었구나
>
> 조그만 마을 하나를

자유의 국토 안에 살리기 위해서는

한해살이 푸나무도 온전히
제 목숨을 다 마치지 못했거니

사람들아 묻지를 말아라
이 황폐한 풍경이
무엇 때문의 희생인가를……

고개 들어 하늘에 외치던 그 자세대로
머리만 남아 있는 군마軍馬의 시체

스스로의 뉘우침에 흐느껴 우는 듯
길 옆에 쓰러진 괴뢰군 전사

일찍이 한 하늘 아래 목숨 받아
움직이던 생령生靈들이 이제

싸늘한 가을 바람에 오히려
간 고등어 냄새로 썩고 있는 다부원

진실로 운명의 말미암음이 없고
그것을 또한 믿을 수가 없다면
이 가련한 주검에 무슨 안식이 있느냐

살아서 다시 보는 다부원은
죽은 자도 산 자도 다 함께
안주安住의 집이 없고 바람만 분다

— 〈다부원多富院에서〉 전문

그러나 〈고사古寺 1〉을 읽지 않고는 지훈 시를 제대로 읽었다고 말하기 어렵다. 이 시는 우리의 옛 시대, 옛 제도, 옛 풍물에 대한 그의 정서적 그리움이 형상화된 것으로, 조화와 틀과 율격과 품격을 중시하는 그의 고전주의, 의고전주의擬古典主義적 방법을 유감없이 나타내 주고 있기 때문이다.

목어木魚를 두드리다
졸음에 겨워

고오운 상좌아이도
잠이 들었다.

부처님은 말이 없이
웃으시는데

서역 만리길

눈부신 노을 아래
모란이 진다.

―〈고사古寺 1〉 전문

　초여름, 깊은 산속이리라. 단청이 낡은 암자가 한 채, 하늘에는 솜구름이 떠 있다. 들리는 것은 오직 물 소리, 바람 소리. 느린 목탁 소리가 문득 멈추어 알고 보니 볼이 빨간 상좌아이가 잠이 든 것이다. 부처님도 잠이 든 상좌아이가 귀여워 빙긋이 웃고, 어느새 서산에 뉘엿뉘엿 해가 지고 서쪽 하늘이 눈부신 노을로 뒤덮인다. 노승이 신발을 끄는 마당에 모란이 뚝뚝 지고……. 단순하고 소박한 풍경이 한 폭의 동양화처럼 눈에 선하다. 마치 가는 붓 끝에 조심스럽게 먹을 묻혀 떨리는 손으로 그려 낸 것 같은 섬세하고 고운 표현이 이 풍경화를 더욱 돋보이게 만들고 있다.

신석정
목가적인 참여시인

......

산은
산대로 첩첩 쌓이고
　　　　　　물은
　　　　　　물대로 모여 가듯이

　　나무는 나무끼리
　　짐승은 짐승끼리
　　우리도 우리끼리
봄을 기다리며 살아가는 것이다

—〈대춘부(待春賦)〉부분

숲길 짙어 이끼 푸르고
나무 사이사이 강물이 희여……

햇볕 어린 가지 끝에 산새 쉬고
흰 구름 한가히 하늘을 거닌다.

산가마귀 소리 골짝에 잦은데
등너머 바람이 넘어 닥쳐와……

굽어든 숲길을 돌아서 돌아서
시냇물 여음이 옥인 듯 맑아라.

푸른 산 푸른 산이 천 년만 가리
강물이 흘러 흘러 만 년만 가리.

산수는 오로지 한폭의 그림이냐.

—〈산수도山水圖〉전문

중학교 교과서에서 배운 신석정(1907~1974)의 〈산수도山水圖〉라는 시로 지금도 가끔 나도 모르는 사이 입에서 튀어나온다. 이때의 국어 교사는 여교사였는데 유난히 석정을 좋아했던 것 같다. 이 시를 외도록 강요했을 뿐더러 〈작은 짐승〉, 〈들길에 서서〉 같은 그의 다른 시를 읽어 주어 공책에 베껴 적게 한 다음 그것을 암기해 쓰는 것을 시험으로 내기까지 했다. 요즘의 시 교육과는 사뭇 다른 방법으로, 내가 시를 외는 버릇은 그때 붙었다.

그때 그 여선생이 그려 보여 준 시인의 풍모는 자못 감동적인 것이었다. 낮에는 논밭에 나가 일을 하고 밤에는 촛불을 켜 놓고 시를 쓰는 시인의 초가집 마당은 시누대, 은행나무, 벽오동, 목련, 철쭉 등으로 가득하다고 했다. 시인의 집에서는 멀리 바다가 내려다보인다고도 했다. 석정이 전원시인, 목가시인으로 불리는 것은 시만 전원시, 목가풍의 시여서뿐 아니라 생활도 바로 그러해서라는 얘기도 했다. 과연 이번 전주의 황토현문화연구회 신정일 회장 등과 함께 전북 부안 선은리에 있는 석정의 옛집을 찾아보고 그 여선생의 말이 틀리지 않았다는 사실을 알았다.

전북 기념물 84호로 지정되어 있는 집 대문 언저리에는 시누대가 무성해 있고, 안내판에는 석정이 26세에 이 집을 직접 지을 때 벽오동, 은행나무, 목련, 산수유 등을 심었다는 설명이 있었다. 집이 한 귀퉁이에 앉은 터는 2백여 평이 실히 되어 보였고, 그가 심었다는 나무들을 일일이 확인할 수는 없었지만, 산울타리 안 텃밭은 콩, 파, 고추, 배추, 고구마, 땅콩 등이 알뜰하게 심어져 있고 빠꼼하게 열린 마당에는 들깨와 고주박이 가을 햇살을 받으며 널려 있었다.

김제 만경의 넓은 들, 내소사가 있는 서해의 명산 변산, 거기에 바다가지를 갖춘 곳에 석정의 집은 자리 잡고 있었다. 석정은 이 집을 스스로 '청구원靑丘園'이라 명명했는데 첫 시집 《촛불》과 둘째 시집 《슬픈 목가》는 바로 이 집에서 씌어진 것이다. 이 집을 드나든 문인도 한둘이 아니다. 석정은 한때 상경하여 1년여 당시 불교계의 거두였으며 석학이었던 박한영朴漢泳 스님 밑에서 공부를 하다가 귀향한 뒤로는 거의 고향을 떠나지 않아, 많은 문우들이 그를 만나기 위해 내려왔던 것이다. 고향의 후배인 서정주와 동서가 되는 시인 장만영이 가장 자주 드나든 사람이며, 김기림, 박용철, 정지용, 조운, 이하윤 등이 한두 차례 이 집을 찾았다. 그러나 이 무렵 석정은 친구들과 얼렁뚱땅 어울리기보다 혼자서 조용히 사는 쪽을 더 좋아했던 것 같다. 가령 장녀 일림(시조시인 최승범의 아내)에게 주는 형식의 시 〈푸른 침실〉은 그의 청구원에서의 생활을 엿보기에 충분하다.

일림아
문을 열어제치고 들창도 추켜올려라
너와 내가 턱을 고이고 은행나무를 바라보는 동안
너와 내가 사랑하는 난초는 푸른 달빛을 조용히 호흡하겠지……

여봐
침실의 부두에는 푸른 달빛이 물결치며
빛나는 여행담을 소곤거리지 않니?

일림아
너와 나는 푸른 침실의 작은 배를 잡아타고
또

어디로 출발을 약속하여야겠느냐?

―〈푸른 침실〉부분

이 집은 석정이 태어난 집은 아니다. 생가는 부안읍 동중리, 지금은 아파트촌으로 변해 전혀 그 흔적을 찾을 수 없다. 석정의 부친 기온基溫은 한약방을 했는데 빚 보증을 잘못 서는 바람에 집을 빼앗기고 일가는 한때 부안읍 밖의 행안면, 동진면 등을 전전, 선은리에 정착한 것은 석정이 여덟 살 되어서였다. 이 집은 석정이 꿈을 안고 상경하여 불교를 공부하는 한편 박용철이 주재하던 《시문학》에 시를 발표하지만 어머니의 별세로 부득이 짧은 서울살이를 정리하고 귀향한 지 3년 만인 1932년에 어렵사리 장만한 집이다. 그의 취미에 좇아 울타리는 측백나무 산울타리로 하고 앞마당에는 은행나무, 벽오동, 자귀대나무, 산수유, 백목련 등으로 숲을 이루게 만들고, 등나무도 하나 심어 그 밑에 아무렇게나 의자를 놓아 거기서 손님을 맞았다. 몇 두락 안 되는 농사거리지만 주경야독으로 자족하며, 아내와 아이들을 사랑하는 문자 그대로의 목가적인 생활이었다. 그는 이 집에서 6·25 뒤인 1954년까지 산다. 그 기간이 20대 초에서 40대 초까지니 여기서 젊음을 보낸 셈이다.

집 뒤로는 언덕을 향해 길이 나 있고 그 언덕에 올라서면 바다가 보인다. 대표작의 하나로 꼽히는 〈작은 짐승〉은 바로 그 바다가 보이는 언덕에서 얻은 시상이리라. 시에 나오는 란이는 그의 둘째 딸이다.

란이와 나는
산에서 바다를 바라다보는 것이 좋았다

밤나무
소나무
참나무
느티나무
다문다문 선 사이사이로 바다는 하늘보다 푸르렀다

란이와 나는
작은 짐승처럼 앉아서 바다를 바라다보는 것이 좋았다
짐승같이 말없이 앉아서
바다같이 말없이 앉아서
바다를 바라다보는 것은 기쁜 일이었다

란이와 내가
푸른 바다를 향하고 구름이 자꾸만 놓아가는
붉은 산호와 흰 대리석 층층계를 거닐며
물오리처럼 떠다니는 청자기빛 섬을 어루만질 때
떨리는 심장같이 자지러지게 흩날리는 느티나무 잎새가
란이의 머리칼에 매달리는 것을 나는 보았다

란이와 나는
역시 느티나무 아래 말없이 앉아서
바다를 바라다보는 순하디순한 작은 짐승이었다

— 〈작은 짐승〉 전문

1954년 이 집을 떠나 전주시 노송동으로 이사하는데, 그 집은 찾기가 어렵다. 뒤에 당질이 되는 신이영辛利永에게 들으니 꽤 번듯한 집으로, 한때 집안에서 매입하여 보존하자는 의견도 있었으나 별 의미가 없을 것 같아 포기했다 한다. 석정이 청구원 생활을 청산하고 전주로 나온 것은 생활 때문만도 아니었던 것 같다. 일설에는 그 집안이 6·25 동안 고통을 받았다는 얘기도 있고 그 자신이 일정한 역할을 했다는 얘기도 있다. 사촌 가운데 남로당의 중요 간부가 있었다는 설도 있지만 해방 직후의 그가 쓴 시를 보면 비록 적극적으로는 아닐 망정 양심적인 지식인이 다 그러했듯 진보주의 운동에 기울어져 있었음이 분명하다. 일단 그는 6·25 직후 혼자 전주로 나와 타블로이드판 4면의 《태백신문》 편집 고문 일을 하면서 새로운 길을 찾는다. 청구원의 장서가 휴지값으로 팔려 나갔다는 사실은(정열, 〈석정 시와 나〉) 석정이 얼마나 어려운 처지에 있었는가를 말해 준다. 심지어 점심을 거르는 일도 많았다. 〈발음發音〉은 이때 쓴 시다.

살아보니
지구는
몹시도 좁은 고장이더군요.

아무리
한 억만 년쯤
태양을 따라다녔기로서니
이렇게도 호흡이 가쁠 수야 있습니까?

그래도 낡은 청춘을

숨가빠하는 지구에게 매달려 가면서
오늘은 가슴속으로 리듬이 없는
눈물을 흘려도 보았습니다.

그렇지만
여보!
안심하십시오,

오는 봄엔
나도 저 나무랑 풀과 더불어
지줄대는 새같이
발음하겠습니다.

— 〈발음發音〉 전문

  이후 그는 전주고교, 김제고교, 전주상고 등에서 교편을 잡으면서 생활의 안정을 찾는다. 그러나 그는 타협을 모르는 대쪽 같은 성격이었다. 선호도 심해서 좋아하는 사람은 몹시 좋아했지만 싫어하는 사람은 또 몹시 싫어했다. 독설과 해학도 대단해서 뒤가 구린 사람을 전전긍긍하게 만들었다. 몹시 이기적인 제자가 있었다. 피치 못해 그가 세배를 오게 되었다. 석정의 첫마디는 "내가 대학 총장으로 간다고 신문에 났던가?"였다. 못 올 사람이 왔다는 비꼼이었다. 또 아까운 사람이 쉰넷에 죽었을 때다. 모두들 비통해할 때 그가 한마디 했다. "오사를 했구먼." 54의 음독을 가지고 한 독설이었다. 섭섭함을 오히려 독설로 뱉은 것이었다. 한 문둥이 시인이 그를 찾아온다고 했

집앞 뜰에서 제자와 함께한 신석정 시인. 시인의 초가집 마당은 시누대, 은행나무, 벽오동, 목련, 철쭉 등 나무와 꽃들로 가득했다고 한다.

을 때 그는 만나 주지 않았다. 성실하지 못한 유행 시인이라서였다. 이런 성격이 그가 대학의 전임이 되는 길을 막았지만 이런 자세는 문학에서도 똑같았다. 그는 중앙 문단의 누구와도 타협하지 않았던 것이다. 그러나 전원시인, 목가시인이나 대쪽 같은 성격만으로는 그의 시를 충분히 이해하지 못한다. 뒤로 돌아가 해방 직후 쓴 시 한 편을 읽어 보자.

    태양을 의논하는 거룩한 이야기는
    항상 태양을 등진 곳에서만 비롯하였다.

달빛이 흡사 비오듯 쏟아지는 밤에도
우리는 헐어진 성터를 헤매이면서
언제 참으로 그 언제 우리 하늘에
오롯한 태양을 모시겠느냐고
가슴을 쥐어뜯으며 이야기하며 이야기하며
가슴을 쥐어뜯지 않았느냐?

그러는 동안에 영영 잃어버린 벗도 있다.
그러는 동안에 멀리 떠나버린 벗도 있다.
그러는 동안에 몸을 팔아버린 벗도 있다.
그러는 동안에 맘을 팔아버린 벗도 있다.

그러는 동안에 드디어 서른여섯 해가 지나갔다.

다시 우러러보는 이 하늘에
겨울밤 달이 아직도 차거니
오는 봄엔 분수처럼 쏟아지는 태양을 안고
그 어느 언덕 꽃덤풀에 아득히 안겨보리라.

― 〈꽃덤풀〉 전문

    해방 직후의 우리들의 자화상을 이렇게 선명하게 그려 놓은 시는 아마 우리 시에 그리 많지 않을 것이다. "영영 잃어버린", "멀리 떠나버린", "몸을 팔아버린", "맘을 팔아버린"이야말로 36년의 역사를 한마디로 정리한 메타포이다. 이 시는 전원시인, 목가시인의 개념만으로는 그를 이해할 수 없음을 시사하는 바, 실제로 그의 시 가운데는 〈쥐구멍에도 햇빛을 보내는 민주주의의 노래〉, 〈나에게 어둠을 달라〉, 〈밤의 노래〉, 〈곡창의 신화〉 등 현실에 관심을 둔 시편들이 하나 둘이 아니다. 현실과 타협하지 못하는 대쪽 같은 성격에 연유하는 것일 터이다. 특히 〈대춘부待春賦〉 같은 시는 1980년대에 들어 우리 민중시에 자주 등장하던 '함께' 또는 '끼리'의 개념의 텍스트가 되고 있다.

산은
산대로 첩첩 쌓이고
물은
물대로 모여 가듯이

나무는 나무끼리
짐승은 짐승끼리
우리도 우리끼리
봄을 기다리며 살아가는 것이다

―〈대춘부待春賦〉 부분

석정의 시비는 두 곳에 서 있다. 전주의 덕진공원에는 1976년에 세워졌으며 부안군 변산면 대항리 해창공원에는 1991년에 세워졌다. 덕진공원의 시비에는 〈네 눈망울에서는〉이, 해창공원의 시비에는 〈파도〉가 새겨져 있다. 덕진공원의 시비 옆에서는 10년 뒤인 1986년에 건립된 등신의 동상이 사람 키보다도 큰 연꽃 잎으로 뒤덮인 연못을 내려다보고 있다. 동상은 넥타이에 조끼까지 입은 정장 차림에다 손에는 시고詩稿로 보이는 두루마리를 들고 있다. 후리후리한 키며 시원한 얼굴 등 생전의 시인과 아주 흡사하다고 동행한 신정일 회장은 말한다. 석정 시비에 이르기 전 공원 입구에 서 있는 간제艮齊 전우田愚의 동상도 석정과는 무관하지가 않다. 간제는 율곡, 우암의 사상을 이어받은 조선조 말의 대성리학자로 말년에는 가족을 버리고 부안 앞바다의 계화도界火島에 들어와 후학을 가르쳤는데 석정의 부친 기온도 바로 그의 문하생이었기 때문이다.

변산반도 국립공원으로 들어가는 길가에 서해 바다를 등지고 서 있는 해창공원의 시비에는 "갈대에 숨어드는 / 소슬한 바람 / 9월도 깊었다"로 시작되는 〈파도〉가 새겨져 있다. "산에서 바다를 바라다보는 것이 좋았다"(〈작은 짐승〉)고 한 것이 석정이었으니 그에 어울리는 시비라 하겠다.

그러나 "부르르 떨리는 손은 / 주먹으로 달래 놓고 / 파도 밖에 트여올 한 줄기 빛을 본다"라고 한 그 파도를 그는 머지않아 보지 못하게 될 형편이다. 바로 그의 시비가 서 있는 지점인 해창으로부터 군산까지 33킬로미터의 제방이 쌓이면서 이 일대의 바다가 육지가 될 판이다. 이 간척 공사가 완성되면 여의도의 30배에 해당하는 농경지가 생긴다지만, 이 고장 사람들은 반드시 반기는 기색만은 아니다. 우선 바다에 매달려 살던 많은 사람들이 생활의 터전을 잃었다. 나라에 세금을 바치며 정식으로 수산 어업권을 가지고 근해에서 돈을 벌던 사람들은 이렇게 되어도 모두 2, 3억씩의 보상금을 받아 손해를 면했지만, 맨손으로 바다에 나가 굴을 따고 조개를 줍던 사람들은 하루아침에 맨손으로 일터에서 쫓겨날 형편이 된 것이다.

간척 사업에 발맞추어 바다에 연한 산의 나무가 군데군데 베어지고 골짜기가 마구 파헤쳐지면서 생태계가 파괴되는 것도 큰 문제다. 간척 사업이 완성되려면 아직 멀었는데도 이 고장에서만 볼 수 있던 여러 새와 벌레들이 없어지고 있는 것이다. 이런 것을 가장 안타까워 하던 것이 석정이었는데 바로 이곳에 석정의 시비가 서 있으니 아이러니가 아닐 수 없다.

석정은 삼형제 중 둘째다. 삼형제는 의가 좋은 것으로 평판이 나 있었는데 가업인 한의사를 이어받은 형인 석갑錫鉀은 부안 일대에서 석정만큼이나 유명하다. 부친과 마찬가지로 간제의 학통을 이은 한학자인 데다 꽃과 나무에 조예가 깊은 식물학자이기도 했대서다. 평소에 돈과는 거리가 먼 석정은 평생 형의 도움에서 벗어나지 못했다. 석정이 4남 4녀의 여덟 자녀를 모두 공부시킬 수 있었던 것도 전적으로 형의 덕이었다. 또 석정이 한시를 깊이 알고 나무며 풀이며 꽃을 좋아한 것도 형의 영향이었다고 말하는 사람도 적지 않다.

"석정의 고향은 갯비린내 나는 바닷가이지만 항상 바다보다 산을 더 좋아했다"(정열의 시 해설)는 것이 생전의 그를 알던 사람들의 한결같은 말이다. 시에도 산을 소재로 한 시가 유달리 많다. 얼핏 보아도 〈산으로 가는 마음〉, 〈산수도〉, 〈청산백운도〉, 〈산산산〉, 〈지리산〉, 〈산은 알고 있다〉, 〈한라산은 서서〉 등 제목에 산이 들어가는 시만도 허다하다. 1967년 그 궁핍한 시절에도 2천 원이라는 고가의 크라운판 시집 《산산산山山山》을 낸 것도(신이영의 증언) 그가 얼마나 산을 좋아했던가를 말해 준다. 그가 특히 애착을 가지고 있던 〈산산산〉은 다음과 같다.

지구엔
돋아난

산이 아름다웁다.

산은 한사코
높아서 아름다웁다.

산에는
아무 죄없는 짐승과
에레나보다 어여뿐 꽃들이
모여서 살기에 더 아름다웁다.

언제나
나도 산이 되어보나 하고
기린같이 목을 길게 늘이고 서서
멀리 바라보는
산
산
산

— 〈산산산山山山〉 전문

석정은 나무도 좋아하고 꽃도 좋아했다. 나무 중에서는 특히 후박나무와 태산목을 좋아했으며 꽃 중에서는 영산홍, 자산홍, 백목련을 좋아했다. 석정의 〈영산홍〉은 미당의 〈영산홍〉보다 제작 연대가 앞선다.

섧고도 사무친 일이사

어제 오늘 비롯한 건 아니어

하늘에 솟구쳐 사는
청산에도 비구름은 덮이던걸……

대바람 소리 들으면서
은발이랑 날리면서

어린 손줄 안고 서서
영산홍을 바라본다.

―〈영산홍映山紅〉 전문

아무래도 석정은 전원시인이요 목가시인만은 아니다. 생가와 시비를 돌아보면서 그의 시 정신은 어쩌면, "뼈에 저리도록 '생활'은 슬퍼도 좋다 / 저문 들길에 서서 푸른 별을 바라보자……"(〈들길에 서서〉)에 보다 "우선 그놈의 사진을 떼어서 밑씻개로 하자"고 썼던 김수영의 시구를 빗대어 쓴 "한 시인이 있어 / 〈닥터 리〉의 초상화로 밑씻개를 하라 외쳤다 하여 / 그렇게 자랑일 순 없다. / 어찌 그 치사한 휴지가 우리들의 성한 / 육체에까지 범하는 것을 참고 견디겠느냐!"(〈쥐구멍에 햇빛을 보내는 민주주의의 노래〉)에 더 짙게 배어 있다는 생각이 든다.

김종삼
내용 없는 아름다움

내용 없는 아름다움처럼

가난한 아희에게 온
서양 나라에서 온
아름다운 크리스마스 카드처럼

어린 양들의 등성이에 반짝이는
진눈깨비처럼

— 〈북치는 소년〉

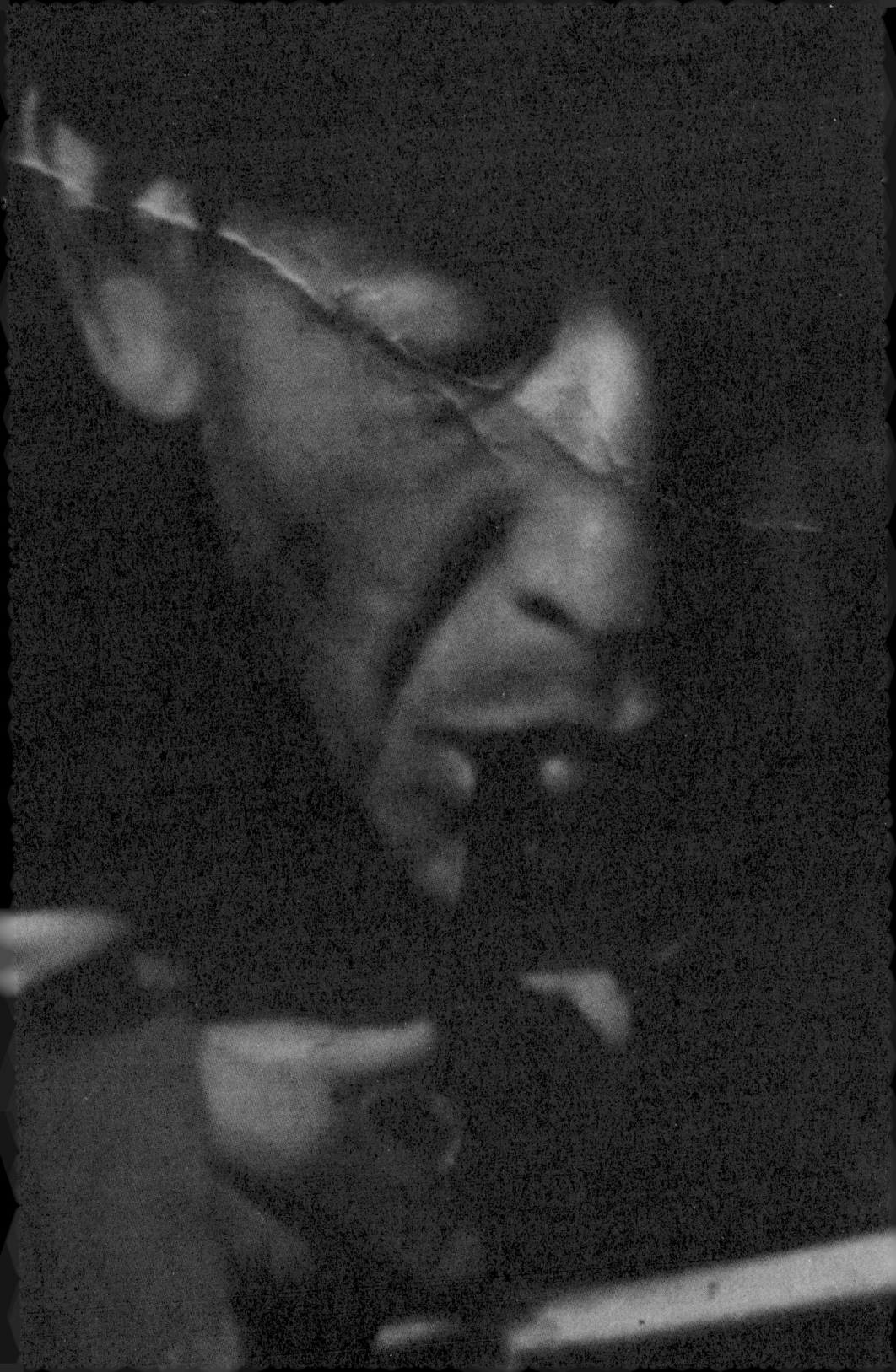

후배 시인들에게 가장 많은 영향을 끼친 1950년대 시인 가운데서 빼놓을 수 없는 시인의 하나인 김종삼 시인(1921~1984)은 기행奇行으로도 널리 알려져 있다. 여간해 없는 일로 소학교에 다니는 딸의 소풍에 동행한 일이 있다. 점심을 먹고 났는데 아버지가 보이지 않았다. 딸은 한참 찾던 끝에 언덕 뒤에서 큰 돌을 가슴에 얹어 놓고 잠이 든 아버지를 발견했다. 딸은 놀라서 "아버지, 왜 그래?" 하고 물었다. "응, 하늘로 날아갈 것 같아서 그래." 이것이 김종삼 시인의 대답이었다.
　그는 그 자신 언론기관(동아방송)에서 밥을 먹고 있으면서도 언론이라면 질색을 했다. 꼭 인터뷰 기사를 쓸 필요가 있던 한 신문의 문학 담당 기자가 그것을 알고 시를 지망하는 문학청년을 사칭하여 그를 만났다. 일단 만나면 어떻게 되려니 여겼던 것이다. 그러나 카메라를 들이대자 그는 어마 뜨거라 다방문을 박차고 도망가고 말았다.
　그가 잘 나가는 다방은 조선일보사 건물 뒤에 있던 '아리스'라는 다방이었는데 일 없이도 자주 혼자 나가 앉아 있기도 했다. 그러다가도 싫은 사람이 나타나면 말없이 일어나 밖으로 나와 버렸다. 다방에 들어가다가도 싫은 사람이 있으면 뒤돌아서 나왔다. 아리스의 단골 가운데는 그의 형인 김종문 시인(예비역 준장)도 있었는데 마주치면

"에이, 똥장군" 내뱉고 돌아선 것이 한두 번이 아니다. 그가 만나는 사람은 전봉건, 김광림, 김영태 등으로 극히 한정되어 있었다. 술을 몹시 좋아했고 술도 잘 샀지만 그것도 사람을 몹시 가렸으며 혼자 마시는 경우가 더 많았다.

그는 정훈국 방송과와 동아방송에서 배경음악 담당으로 20년 이상 일한 만큼 수입이 괜찮은 편이었으면서도 한 번도 사글세를 면한 일이 없다. 그에게는 자신의 집을 갖는다든지 목돈을 모아 전세를 얻는다는 따위 개념이 없었던 것 같다. 도대체 그는 돈의 필요성이나 자신의 가난을 의식해 본 일도 없었다. 돈이라는 건 주머니에 있으면 쓰고 없으면 안 쓰면 그만이었다. 봉급을 타 주머니가 두둑하면 술도 고급으로 마시고 옷도 고급으로 해 입었다. 와이셔츠도 명동에 나가 맞추어야 직성이 풀리고 넥타이도 백화점엘 찾아가 사 맸다. 구두도 시계도 고급이 아니면 걸치지 않았다. 만년필이며 라이터 사치도 대단해서 담뱃값이 떨어진 날에도 주머니에는 프랑스제 최고급 라이터가 들어 있었다.

씀씀이가 헤펐던 것은 말할 것도 없다. 가까이 지내는 몇 안 되는 후배한테 술도 잘 사고 용돈도 잘 주었다. 그 후배 가운데는 천상병 시인도 있어, 그는 천 시인의 중요한 고객의 하나로 수첩에 기록되어 있었다. 그러나 그것은 꼭 밖에서뿐이었다. 아내에게는 처음부터 인색해서 한 번도 월급봉투를 맡긴 일이 없었다. 생활비도 모른 체했다. 두 딸들에게도 마찬가지여서 육성회비 등 잡부금이며 학용품 값도 으레 어머니 차지였다. 늘 육성회비가 밀리니까 학교에서는 "너의 아버지가 동아방송에 다닌다는 것이 사실이냐"며 이상하게 생각했다.

술도 엄청난 폭주였다. 한번 입에 대면 사흘이고 나흘이고 일도 식사도 팽개치고 마셔 댔다. 근무 중에도 마셔 종종 말썽이 되었는데,

그래도 별난 사람으로 쳐주어 쫓겨나는 곤욕만은 면했다. 하지만 술로 해서 쫓겨날 뻔한 일이 있었으니 유신 직후 군이 신문사를 점령하고 있을 때다. 점심에 반주를 하고 들어오는데 사무실 입구에 중무장을 한 헌병이 서 있었다. 그는 주먹으로 온 힘을 다하여 헌병의 머리를 깠다. 이것이 다른 사람이었다면 당연히 반공법이나 기타 군 모독죄쯤으로 처벌을 받았을 것이지만, 역시 반체제니 반유신이니 하는 것과는 상관이 없는 그였으므로 우물우물 넘어가고 말았다.

 1976년 동아방송에서 정년 퇴임한 후 그는 그 좋아하던 사치도 못하고 곤궁하게 살면서 더 심하게 폭음을 했다. 한번 나가 술을 마시기 시작하면 일주일씩 보름씩 집에 들어오지도 않고 마셔 댔다 한다. 1년이 멀다 하고 이사를 다녔지만 집을 얻고 이사 비용을 만들고 이사를 하는 일은 모두 아내의 몫이었다. 그는 새로 이사가는 곳이 어디인지 방이 몇 칸인지(대개 단칸이었지만)에조차 관심을 두지 않았다. 이사하는 날은 아예 집을 나가 며칠 술에 젖어 있다가 느지막이 찾아오는 일이 더 많았다. 그렇게 10여 년을 더 살다가 그는 간경화로 세상을 떴다.

 그가 얼마나 빈한하게 살다 갔는가는 후에 전집을 내기 위해서 박중식 시인이 찾아가니 유품이라고 부인이 내주는 것이 조그만 보따리 하나뿐이더라는 것만으로도 알 수 있다. 자신이 쓴 시집 한 권 집에 가지고 있지 않더란다.

 그가 마지막 살던 동네는 정릉, 청수장 가는 큰길에서 멀지 않은 곳에 그가 마지막 누워 앓던 허름한 집이 재개발로 뜯길 날을 기다리며 서 있다. 스카이웨이 공사로 기계 소리와 먼지가 잘 날이 없고 뜨내기 장사꾼들의 싸구려 부르는 소리가 시끄러운 곳이다. 김종삼 시인은 이곳을 "우리나라 영화의 선구자 / 라운규가 활동사진을 만들던 곳 / 아리랑고개, / 지금은 내가 사는 동네"라고 노래했지만, 죽어서는 호강이 대단하다. 송추 울태리 길음 성당묘지의 산록에 있는 그의 묘지에서는 북한산의 도도한 연봉이 한눈에 들어오고 구파발에서 의정부로 뚫린 시원한 길이 발아래로 내려다보이는 것이다. 아마추어의 눈으로 보아도 틀림없는 명당이다. 무덤에는 〈安山金氏宗三베드로之墓(안산김씨종삼베드로지묘)〉라는 비명이 서 있고, 그 옆에 〈북치는 소년〉이 새겨진 시비가 서서 함께 북한산을 바라보고 있다.

　　　　내용 없는 아름다움처럼

　　　　가난한 아희에게 온
　　　　서양 나라에서 온
　　　　아름다운 크리스마스 카드처럼

　　　　어린 양들의 등성이에 반짝이는
　　　　진눈깨비처럼

　　　　—〈북치는 소년〉 전문

　거리에는 눈발이 날리겠지, 그 속을 외투깃을 세우고 허리를 구부정하니 걸어가는 김종삼 시인이 생각난다. 잡도 속을 크리스마스 캐럴 〈북치는 소년〉이 울려 퍼지고 진열창 안에서는 환상적인 북국의 설경을 그린, 또는 눈이 큰 이국의 소녀가 진눈깨비 속에서 양떼를 몰고 가는 그림을 그린 크리스마스 카드가 아이들을 유혹하리라. 저 카드들이 크리스마스가 되어도 아무 은혜도 받지 못하고 살아가는 아이들을 위한 것이라면 좋으련만, 어쩌면 시인은 이런 생각을 하면서 이 시를 썼을지도 모른다. 하지만 이 시에서 가장 충격을 주는 대목은 첫 연이다. 실제로 이 시에서 느껴지는 아름다움은 내용이 없는 데서 오는 까닭이다. 그리고 이 점이야말로 김종삼 시의 마력의 비밀이다. 김종삼 시가 내용을 가지려 했다면 그 마력은 반감되지 않았을까. 그의 무덤 앞에서 동행한 부인 정귀례 여사로부터 내용 없었던 시인의 삶의 이야기를 들으니, 〈북치는 소년〉을 "내용 없는 아름다움처럼"으로 열고 있는 까닭이 이해되면서, 비로소 김종삼 시를 제대로 알게 된다는 느낌이다.

김종삼 시인의 시비는 광릉 수목원 중부임업시험장 앞 길가에 서 있다. 이 시비는 1993년 '고 김종삼 선생 시비 건립을 추진하는 문인들의 모임'과 '고 김종삼 시인 시비 건립을 위한 39인전, 39인', 그리고 유족의 이름으로 건립된 것으로 되어 있지만, 실제로 이 시비를 세운 것은 인사동에서 밥집 '툇마루집'을 하는 박중식 시인이나 다름없다. 처음 시비를 세우겠다는 생각을 한 것도 그일 뿐 아니라 동료 문인들을 찾아다니며 동의를 구하고 헌금도 받고, 전시회를 열어 기금도 마련하고, 조각가 최옥영 씨와 서예가 박양재 씨에게 협조를 얻고, 수목원 가든의 주인에게 땅을 희사받는 일 등 모두가 그가 한 일이기 때문이다. 그는 그 얼마 전 사사하던 박용래 시인으로부터 김종삼 시를 읽어 보아야 한다는 말을 듣고 며칠을 헌책방을 뒤진 끝에 《시인학교》라는 시집을 구했다. 이 시집을 읽고 박중식은 단박에 그의 숭배자가 되었다. 얼마 아니해서 상경한 그는 김종삼 시인을 만나는 것이 가장 큰 꿈이었다. 그런 어느 날 그는 어쩐지 그날은 꼭 김종삼 시인을 만날 것 같은 느낌이 들어 길음동 시장 근처를 걸어가고 있었다. 한데 바로 눈앞에 사진에서 본 그대로 귀가 유난히 큰 김종삼 시인이 실제로 걸어오고 있는 것이었다. 이렇게 만난 두 사람은 이내 가까워졌고, 이것이 인연이 되어 김종삼 시인이 작고한 뒤 그는 청하출판사에서 장석주 편으로 발행한 《김종삼 전집》의 자료를 모으고 편집을 하는 일을 맡게 되었다. 가장 놀란 것은 그가 자기 시집 한 권 갖고 있지 않았다는 것이다. 세속적인 욕심이라고는 하나도 없는 이 시인이 더욱 좋아진 것은 말할 것도 없다. 말하자면 이 전집 편집이 시비 건립으로까지 이어진 것이다.

"박 선생이 아니었으면 누가 다니면서 돌도 구하고 땅도 구하고 했겠어요? 시비 세울 엄두도 못 냈지요." 정귀례 여사의 치사는 결코 빈 말이 아닌 것 같다.

최옥영 씨가 조각한 시비도 김종삼 시인의 시만큼이나 멋을 부리고 있다. 내용은 있는 것 같지 않은데 아름답다. 시비의 윗면에는 〈북치는 소년〉이 새겨져 있고 옆면에는 〈민간인〉이 새겨져 있는데, 뒤의 시는 그의 시 가운데서 거의 유일하게 분단 문제를 다루었다 해서 종종 인구에 회자되는 시다.

    1947년 봄
    심야
    황해도 해주의 바다
    이남과 이북의 경계선 용당포

    사공은 조심조심 노를 저어가고 있었다.
    울음을 터뜨린 한 영아를 삼킨 곳.
    스무 몇 해나 지나서도 누구나 그 수심을 모른다.

─ 〈민간인〉 전문

배를 타고 깊은 밤에 남하를 하는 중이다. 아무것도 모르는 아이가 무서워서 소리치며 운다. 그러자 부모는 우는 아이를 바다에 빠뜨려 죽인다. 총을 든 초병에게 들키면 모두가 죽으니까, 그 방법밖에 없다. 그야말로 분단의 비극이요 민간인의 슬픔이다. 민간인은 권력의 대칭 개념, "스무 몇 해나 지나서도 누구나 그 수심을 모른다"는 이 땅에 사는 민간인의 슬픔의 은유이리라. 그러나 이 시는 다른 김종삼 시에 비하여 재미가 덜하다. 너무 내용이 있기 때문이다. 차라리 〈스와니 강〉 같은 시가 그의 시비에 훨씬 어울린다.

스와니 강가엔 바람이 불고 있었다
스티븐 포스터의 허리춤에는 먹다 남은
술병이 매달리어 있었다
날이 어두워지자

그는
앞서 가고 있었다

영원한 강가 스와니
그리운
스티븐

─ 〈스와니 강〉 전문

물론 이 시는 포스터 작곡 작사의 흑인영가 〈스와니 강〉에서 모티프를 얻고 있다. 이 시는 먼저 우리를 먼 나라 미국의 한 흑인의 고향으로 끌고 간다. 끝 간 데 없이 광활한 목화밭의 벌판 너머로 붉게 노을이 지고 철버덕철버덕 강물에는 나룻배가 지난다. 이어 이 시는 우리를 흑인영가를 부르며 보낸 우리들의 옛날로 끌고 간다. 그러면 스와니 강은 청천강이 되고 예성강이 되고, 먹다 남은 술병을 허리에 차고 가는 사람은 삼촌이 되고 당숙이 되는 것이다.

시비 말고 박중식 시인이 김종삼 시인을 위해 만든 것이 또 하나 있다. 높이 40센티미터의 브론즈로, 만든 사람은 역시 시비를 조각한 최옥영 씨다. 귀가 크고 코가 큰 베레모를 쓴 흉상은 그를 생전에 보지 못한 사람에게도 그의 특별한 이미지를 주기에 충분할 만큼 개성이 엿보이는 작품이다.

이 브론즈는 툇마루집에 진열되어 있는데 그것도 우연한 일만은 아니다. 정귀례 여사의 말에 따르면 그는 집에서보다 밖에서 더 많이 산 사람이니, 밥집과는 당연히 상관이 깊었을 터이다. 밥집을 통한 상상력의 소산으로 여겨지는 빼어난 시가 한 편 있다.

    조선총독부가 있을 때
    청계천변 10전 균일상 밥집 문턱엔
    거지소녀가 거지장님 어버이를
    이끌고 와 서 있었다
    주인 영감이 소리를 질렀으나
    태연하였다
    어린 소녀는 어버이의 생일이라고
    10전짜리 두 개를 보였다.

높이 40센티미터의 브론즈. 귀가 크고 코가 큰 베레모를 쓴 흉상은 그를 생전에 보지 못한 사람에게도 그의 특별한 이미지를 주기에 충분할 만큼 개성이 엿보인다.

―〈장편掌篇 2〉 전문

　민영 시인이 "인간에 대한 애정이 절제된 말 속에 감동적으로 표현되어 있"다고 격찬한 이 시는 밥 한 그릇과 소주 한 병을 놓고 상밥집 한 귀퉁이에 앉아 있는 귀와 코가 큰 그의 모습을 더욱 생생하게 떠올리게 한다. 하지만 나는 이 시에서 일체의 디테일이 생략된 방법으로 그린 지난 시대의 우리들의 초상을 본다.
　인사동에는 툇마루집 외에 김종삼 시인과 관계있는 집이 또 있다. 카페 '시인학교'가 그것이다. 이 카페에는 옥호에 걸맞게 내면의 벽이 온통 시로 장식되어 있다. 이 옥호는 김종삼 시인의 시집의 표제가 되었던 시 〈시인학교〉에서 따온 터로, 이 시는 과연 카페의 옥호로 욕심 낼 만큼 재미있다.

　　공고公告

　　　오늘 강사진

　　　음악 부문
　　　모리스 라벨
　　　미술 부문
　　　폴 세잔느

　　　시 부문
　　　에즈라 파운드
　　　모두

결강.

김관식, 쌍놈의 새끼라고 소리지름. 지참한 막걸리를 먹음. 교실 내에 쌓인 두터운 먼지가 다정스러움.

김소월
김수영 휴학계

전봉래
김종삼 한귀퉁이에 서서 조심스럽게 소주를 나눔. 브란덴부르크 협주곡 제5번을 기다리고 있음.

교사校舍.
아름다운 레바논 골짜기에 있음.

―〈시인학교〉 전문

이승이 아니라 저승의 풍경이다. 등장하는 외국의 음악가, 미술가, 시인은 물론이고 국내 시인도 모두 작고한 이들이다. 프랑스의 상징주의 취향의 작곡가 라벨, 색채보다 구성을 중시했던 프랑스의 후기 인상파 화가 세잔느, 미국의 이미지즘 운동의 선두 시인 에즈라 파운드는 더 설명할 것도 없겠지만, 국내 시인들도 보면 모두 평범한 생을 보낸 시인이 아닌 것도 주목된다. 그의 철학과 취향을 알게 하는 대목이다. 예컨대 김소월은 20대에 요절했으며, 김관식은 독설과 술로 일생을 살다가 술로 죽었으며, 김수영은 술을 마시고 귀가하던 도

중 교통사고로 비명횡사했으며, 전봉래는 피난지 부산의 한 다방 구석에 앉아 세코날을 먹고 자살했다. 이들이 없거나 있는 그 한 귀퉁이에서 브란덴부르크 협주곡 제5번을 기다리며 자신이 조심스럽게 소주를 나누고 있다는 표현에는 죽음을 생각하게 하는 숙연함이 있다. 이쯤에서는 오히려 이승과 저승의 기묘한 조화와 배합이 느껴지는 터이다.

한데, 내용 없는 시의 아름다움은 어데서 오는 걸까. 나는 그것이 이 시인의 댄디즘에서 온다고 생각한다. 사실 그는 나쁜 의미로든 좋은 의미로든 부르주아의 속물주의에 저항하는 댄디스트이다. 행동도 삶도 그렇거니와 시 또한 예외가 아니다. 그것을 확인하기 위해서 〈백발의 에즈라 파운드〉 한 편을 더 읽어 보는 것도 좋을 것이다.

> 심야의
> 성채
> 덩지가 큰 날짐승이 둘레를 서서히
> 떠돌고 있다.
> 가까이 날아와 멎더니
> 장신의 백발이 된다
> 에즈라 파운드이다
> 잠시 후 그 사람은 다른 데로 떠나갔다
>
> ―〈백발의 에즈라 파운드〉 전문

에즈라 파운드는 물론 〈지하철 정거장에서〉라는 시로 유명한 이미지즘 운동의 선구자인 미국의 시인. 이 시는 멋지고 속물주의와는 거리가 먼 그를 등장시킴으로써 시 자체가 멋지고 반속물주의적으로 읽히게 만든다. 그러나 뜻은 굳이 캐려 애쓸 것 없을 것이다. 시는 때로 뜻으로 읽기보다 느낌으로 읽어야 하기 때문이다.

  살아 있는 동안은 성격 탓으로 외로웠는지 모르지만 지금 김종삼 시인은 외롭지 않다. 그를 좋아하는 후배 시인들이 얼마나 많은가는 그를 소재로 한 시가 엄청나게 많다는 사실만 보아도 알 일이다. 들자면 한이 없지만, 황명걸 시인의 "김종삼 시인"이라는 부제가 붙은 〈마이너 리그〉는 나같이 한 번도 그를 본 일이 없는 사람에게 그의 구체적 초상을 그려 보여 주어 읽을 만하다.

    '종삼'의 분위기를 풍기며
    삼류를 자처했던
    마이너 리그 소속
    김종삼 시인

    그는 모리스 라벨을 좋아했다
    그리고 무척 시행을 아꼈다

    뒷주머니에 비죽 거죽을 내민 월급봉투를
    무슨 비밀이라도 들킨 양 황망히 쑤셔 넣으며
    곶감 빼어 먹듯 지폐를 뽑아 썼다
    급기야는 씨를 말렸다
    그러고는 돈을 꾸러 다녔다
    낡은 베레모 앞으로 눌러 대머리를 감추고

여윈 양손 바지 호주머니에 찌르고서
성병 걸린 사람처럼 어기적어기적 걷던
안짱다리 사내

툭하면 쌍놈의 새끼 소리를 연발했던
못말릴 선배
그는 시에 있어서 지독한 구두쇠였다
일상에 있어서는 밉지 않은 무뢰한이었다
정신적으로는 고독한 배가본드였다
삶의 철저한 리버럴리스트였다

— 황명걸, 〈마이너 리그〉 전문

그러나 그의 아내와 딸들은 그리움만으로 그를 기억하지는 않는다. 지겹도록 고생만 시킨 남편이요 아버지이기 때문이다. 정귀례 여사는 시인이 타계한 이래 상계동의 아파트촌에 살고 있지만 잠자고 쉴 곳 있으면 되는 것이지 자기 집, 남의 집이 무슨 상관이냐는 시인의 말을 들어 해약했더라면 어찌 되었을까 아찔하다고 말한다. 또 딸들은 학비 한 푼 도움 안 주면서도 대학에 간다니까 그까짓 데는 무엇하러 가느냐며 시큰둥해하던 아버지의 이미지가 머리에서 떠나지 않는단다. 그러나 이제는 아무도 그를 원망하지 않는다. 시비에 또는 묘비에 새겨진 자신들의 이름을 보면서 역시 남편은 또는 아버지는 시인답게, 예술가답게 세상을 살다 간 사람임을 다시금 깨닫는다는 것이다.

신동엽
민족적 순수와 반외세

……

그리하여, 다시
껍데기는 가라.
이곳에선, 두 가슴과 그곳까지 내논
아사달 아사녀가
중립의 초례청 앞에 서서
부끄럼 빛내며
맞절할지니

껍데기는 가라.
한라에서 백두까지
향그러운 흙가슴만 남고
그, 모오든 쇠붙이는 가라.

― 〈껍데기는 가라〉 부분

부여를 찾는 젊은이들이나 대학생들이 백제의 유적지와 함께 반드시 들르는 곳이 있다. 신동엽 시인의 시비가 서 있는 나성터 금강(백마강) 기슭과 시내 동남리에 복원되어 있는 생가가 그곳이다.

  시비는 비스듬히 강을 향해 서 있는데 앞면에는 "그리운 그의 얼굴 다시 찾을 수 없어도 / 화사한 그의 꽃 / 산에 언덕에 피어날지어이"로 시작하는 〈산에 언덕에〉가 새겨져 있고, 뒷면에는 "우리 강토와 겨레의 쓰라린 역사와 욕된 현실 속에서 민족의 비원을 노래한 시인 신동엽은 1930년 8월 18일 부여고을 동남마을에서 태어났다. 전주사범과 서울 단국대학에서 수학하고 충남 주산농고와 서울 명성여고 등에서 교편을 잡으면서 일생을 시작에 전념하였다" 운운의 일대기가 새겨져 있다. 글씨는 박병규가 쓰고, 설계는 정건모, 조각은 최종구가 한 이 시비는 그가 작고한 다음 해인 1970년 4월 7일 동료 문인과 후배 시인들이 주머니를 털어 세운 것이다. 한데 시비는 시원한 주위의 풍광과는 다르게 고단해 보인다. 바로 옆에 '반공애국지사 추모비'가 높다랗게 서서 짓누르고 있기 때문이다. 1987년 대선을 전후해서 반공주의자들의 표를 의식, 급조됐다는 비석이다. 하긴 시비가 고단해 보이는 것이 반드시 그 탓만은 아닌지도 모른다. 들리는 바로는 처음에는 시비를 그가 나고 자란 부여 읍내가 내려다보이는 부소산에 세우려 했다 한다. 그것이 일부 과격한 반공주의자들의, 6·25 기간 중의 별것도 아닌 행적을 문제로 삼은 반대에 부딪쳐 부득이 지금의 자리로 나앉았다는 것이다.

생가는 시내 복판인 동남리에 있다. 한때 남의 소유가 되었던 것을 부인 인병선 시인이 되사서 옛날의 모습을 찾아 놓았다. 복원 당시는 신동엽 시인이 살던 때 그대로 초가였으나 이제는 기와로 바뀌었다. 해마다 이엉을 새로 해 이어야 하는 부담을 감당할 수 없었던 것이다. 몇해 전까지만 해도 이 집은 아흔이 넘은 신 시인의 부친 연순 옹이 살면서 동네 사랑방 구실을 했다. 노옹으로부터 시인의 어린 시절과 젊은 시절의 일화를 듣는 생가 방문은 또 하나의 감동이었다. 옹의 작고 후 별채에 사람을 두어 관리하게 하면서 그런 감동은 없어졌지만, 순례자들의 발길은 여전히 잦다. 방명록에는 부산에서 온 문학도와 제주도에서 온 수산업자가 함께 이름을 적고 있다. 국회의원의 이름도 보이고 영화배우의 이름도 보인다. 신동엽 시인의 시적 명성이 그만큼 보편화되었다는 증좌다. 그에 대한 빨갱이 시비도 이제 잠잠해지려나 보다.

실제로 그에게서는 빨갱이 시비가 잘 날이 없었다. 살아서도 그랬고 작고한 뒤에도 그랬다. 그것이 첫 번째로 구체화되었던 것이 〈진달래 산천〉 시비가 아니었나 싶다. 이 시가 1959년 신구문화사에서 출간한 《52인시집》에 실리자(같은 해 《조선일보》에 먼저 발표했던 시다) "잔디밭엔 장총을 버려 던진 채 / 당신은 / 잠이 들었죠"란 대목을 가지고 이것이 빨치산을 미화한 표현이 아니고 무엇이냐고 한 시인이 시비를 걸어온 것이다. 시비는 문공부(지금의 문화관광부)로까지 번져 마침내 문공부는 이 시의 해석을 조지훈, 구상 등 원로 시인들에게 의뢰했다. 다행히 보수주의자들이면서도 이들은 비유며 상징 등 시의 특권을 들어 이 표현을 옹호함으로써 신동엽 시인은 위기를 넘길 수 있었지만, 끝내 그의 시집(《신동엽 전집》)은 유신 체제 아래서 불온 문서로 붉은 줄이 그어져 판매 금지되고 말았다.

길가엔 진달래 몇 뿌리
꽃 펴 있고,
바위 모서리엔
이름 모를 나비 하나
머물고 있었어요.

잔디밭엔 장총을 버려 던진 채
당신은
잠이 들었죠.

햇빛 맑은 그 옛날
후고구렷적 장수들이
의형제를 묻던,
거기가 바로
그 바위라 하더군요.

기다림에 지친 사람들은
산으로 갔어요
뼛섬은 썩어 꽃죽 널리도록.

남햇가,

두고 온 마을에선
언제인가, 눈먼 식구들이
굶고 있다고 담배를 말으며
당신은 쓸쓸히 웃었지요.

지까다비 속에 든 누군가의
발목을
과수원 모래밭에선 보고 왔어요.

꽃살이 튀는 산허리를 무너
온종일
탄환을 퍼부었지요.

길가엔 진달래 몇 뿌리
꽃 펴고 있고,
바위 그늘 밑엔
얼굴 고운 사람 하나
서늘히 잠들어 있었어요.

꽃다운 산골 비행기가
지나다
기관포 쏟아 놓고 가버리더군요.

기다림에 지친 사람들은
산으로 갔어요.

그리움은 회올려
하늘에 불 붙도록.
뼛섬은 썩어
꽃죽 널리도록.

바람 따신 그 옛날
후고구렷적 장수들이
의형제를 묻던
거기가 바로
그 바위라 하더군요.

잔디밭엔 담배갑 버려 던진 채
당신은 피
흘리고 있었어요

― 〈진달래 산천〉 전문

    찬찬히 뜯어 읽어 보면 이 시를 고발한 시인의 눈도 당달봉사만은 아니었다는 느낌이 든다. 기다림에 지친 사람들은 산으로 갔다느니, 장총을 버려 던진 채 잠이 들었다느니, 눈먼 식구들이 굶고 있다느니, 과수원에선 지까다비 속에 든 누군가의 발목을 보고 왔다느니, 생각하기에 따라서는 얼마든지 불온한 상상력의 소산이다. 다만 이 시에서 동족상잔에서 오는 갈등이나 잘못된 역사에 대한 분노 또는 그것을 바로잡겠다는 굳건한 의지 같은 것은 읽지 못하고 기껏 빨치산에 대한 칭송 정도로 읽는다는 그 폐쇄성이, 시대적 상황을 모르는 바는 아니지만, 가증스러울 뿐이다. 불온하다는 것도 그렇다. 정치권력의 폭력 아래 살면서 불온하지 않고 무슨 말을 할 수 있겠는가. 사실 그때까지 우리 시는 제 할 일을 다하지 못했다. 우리의 삶을 갈가리 찢어 놓고 있는 분단, 끊임없이 우리를 협박하고 있는 외세, 사라지지 않고 있는 전쟁의 위협, 이어지는 권력의 횡포 따위를 우리 시는 모른 체만 해 옴으로써 독자로부터 외면당해 온 것이 사실이다. 이러한 문제, 즉 외세, 분단, 민주화 등의 문제를 처음 시에 끌어들인 것이야말로 신동엽 시의 가장 큰 미덕이며 그의 시가 영원히 살아 있을 수 있는 비결인 터이다. 불온하다는 비판은 이제는 오히려 명예스러운 찬사가 되고 말았다.

> 껍데기는 가라.
> 사월도 알맹이만 남고
> 껍데기는 가라.
>
> 껍데기는 가라.
> 동학년 곰나루의, 그 아우성만 살고
> 껍데기는 가라.
>
> 그리하여, 다시
> 껍데기는 가라.
> 이곳에선, 두 가슴과 그곳까지 내논
> 아사달 아사녀가
> 중립의 초례청 앞에 서서
> 부끄럼 빛내며

맞절할지니

껍데기는 가라.
한라에서 백두까지
향그러운 흙가슴만 남고
그, 모오든 쇠붙이는 가라.

─〈껍데기는 가라〉 전문

이 시 역시 검열자의 눈으로 보면 불온하기 짝이 없다. 당시 체제가 금기시하던 분단 현실에 대한 비판이 있고 외세에 대한 반대가 있기 때문이다. 반전적인 정서와 민족적 순수성에 대한 찬미 같은 것도 체제 쪽에서 보면 수상하기 짝이 없는 것이다. 보다도 "껍데기는 가라"는 화두 자체가 못마땅했을 터이다. 콤플렉스가 심한 그들(그들이야말로 껍데기가 아니고 무엇인가)은 이 말이야말로 자신들을 가리키는 것으로 받아들였을 터이다.

한편 이 시는 신동엽 시인이 메시지만 강하고 그 밖의 시의 방법에는 등한한 시인이라는 일부의 평가를 무색하게 만들기에 충분한 시다. 행 가름과 쉼표, 마침표를 이용한 호흡의 완급, 리듬의 강약의 방법은 실로 절묘하다. 뿐 아니라 짧은 행 속에 우리가 안고 있는 모든 모순이 담겨져 있다. "그, 모오든 쇠붙이는 가라"로 반전 정서를 표현한 대목도 빛난다. 쇠붙이가 무기의 뜻으로 우리 시에 등장한 것도 이것이 처음이리라. "중립의 초례청 앞에 서서"는 통일의 방법에 대한 그 나름의 해법을 제시한 것일 터이다. 물론 아무도 못 하던 말이다. 죽산 조봉암이 단지 평화통일을 주장했다고 해서 사형을 당한 것

신동엽 시인을 대표하는 서사시 〈금강〉의 배경이 된 금강 유역.

이 불과 7, 8년 전의 일이었으니까.

　나는 유감스럽게도 그를 한 번도 만난 일이 없다. 그가 활발하게 시작 활동을 하는 동안 나는 줄곧 시골에 살았고, 내가 뒤늦게 우리 시를 읽으면서 같은 길을 가는 사람을 찾아냈을 때 이미 그는 고인이 돼 있었다. 나는 그의 장례식에도 참석하지 못했고 1년 뒤에 있은 시비 제막식에도 가지 못했다. 하지만 내 주위에는 그와 가까웠던 사람들이 많이 있어 그에 대한 여러 추억담을 들음으로써 차츰 그와 가까워지게 되었다.
　먼저 작가 남정현 씨가 있다. 그 자신 《분지糞地》라는 소설 속에서 남한의 현실을 똥으로 가득한 땅으로 표현, 외세 문제를 소설 속에서 처음 제기한 작가다. 둘 다 술을 좋아하지 않기 때문에 주로 다방에서 만났다. 신동엽 시인은 좋은 사람들 사귀기를 아주 좋아했다. 언젠가 서로 힘이 될 때가 온다고 믿고 있었다는 것이다. 그가 굳이 야간학교(명성여고)의 교사를 고집한 것도 다 뜻이 있는 것 같았다고 그는 말한다. 야간학교 교사가 더 자유로운 시간을 가질 수 있대서다. 그러면서도 트인 사람이었다는 것이 남정현 씨의 인물평이다. 생각이 다른 사람과도 어울리기를 꺼리지 않았다 한다. 지금도 마찬가지지만 그 무렵의 정신 있는 젊은 시인 작가들은 대체로 문학 단체에 대하여 냉소적이었다. 한데 신동엽 시인은 애써서 펜클럽에도 가입하고 그 모임 따위에 열심히 나갔다. "언젠가 다 소용될 때가 있을 거야." 남정현 씨는 당시 이 말을 제대로 이해하지 못했다. 1970년대 중엽 유신 반대 투쟁이 벌어지면서 동료 문인들의 협조가 필요하게 되었다. 신동엽 시인에게 역시 선견지명이 있었던 것이다.
　박봉우 시인은 신동엽 시인과 특별한 관계가 있다. 1959년 신동엽 시인의 장시 〈이야기하는 쟁기꾼의 대지大地〉가 《조선일보》에 입선했을 때 예심을 본 것이 박봉우 시인이다. 투고시 가운데서 이 시를 발견한 박봉우 시인은 흥분했다. "굉장한 장시입니다. 문단이 깜짝 놀랄 겁니다." 그는 이렇게 본심 심사자에게 장담했다. 하지만 본심 심사자들은 이 장시에 그다지 후한 점수를 주지 않았다. 당시 우리 시단의 다른 시들과 너무 달랐기 때문이다. 그래도 몇 군데 빼고 고치고 하는 조건으로 입선을 시켰다. "심사하는 사람들이 무식해서." 이것이 박봉우 시인이 입버릇처럼 하던 말이다. 수상식 날 나타난 신동엽 시인을 보니 바지저고리에 조끼를 입은 완전히 촌놈 그대로의 차림이었다. 그날 박봉우 시인은 그를 제 자취방으로 데리고 가서 재웠다. 혼자서는 도저히 여관을 찾아 들어가 잠을 잘 수 있을 것 같지 않아서였다. "대학도 이름을 잘못 알고 찾아갔다가 귀찮아서 그냥 그 학교 원서 사 가지고 온 인간이랑께."

문학평론가 구중서 교수도 신동엽 시인과 가깝게 지낸 사이일 뿐더러 거의 주목을 받지 못하던 그의 시를 널리 알리는 데 일조를 한 사람이다. 체수가 작으면서도 대범하고, 겉으로는 유순해 보이면서도 안으로는 강한 사람, 이것이 그의 신동엽 시인에 대한 인물평이다. 그는 신동엽을 알려면 〈종로 5가〉를 읽어 보면 된다고 말한다. 그 시에 그의 사람 됨됨이가 다 나타나 있다.

　　이슬비 오는 날.
　　종로 5가 서시오판 옆에서
　　낯선 소년이 나를 붙들고 동대문을 물었다.

　　밤 열한시 반,

통금에 쫓기는 군상 속에서 죄없이
크고 맑기만 한 그 소년의 눈동자와
내 도시락 보자기가 비에 젖고 있었다.

국민학교를 갓 나왔을까.
새로 사 신은 운동환 벗어 품고
그 소년의 등허리선 먼 길 떠나온 고구마가
흙묻은 얼굴들을 맞부비며 저희끼리 비에 젖고 있었다.

충청북도 보은 속리산, 아니면
전라남도 해남땅 어촌 말씨였을까.
나는 가로수 하나를 걷다 되돌아섰다.
그러나 노동자의 홍수 속에 묻혀 그 소년은 보이지 않았다.

그렇지.
눈녹이 바람이 부는 질척질척한 겨울날,
종묘 담을 끼고 돌다가 나는 보았어.
그의 누나였을까.
부은 한쪽 눈의 창녀가 양지쪽 기대앉아
속내의 바람으로, 때묻은 긴 편지를 읽고 있었지.

그리고 언젠가 보았어.
세종로 고층건물 공사장,
자갈지게 등짐하던 노동자 하나이
허리를 다쳐 쓰러져 있었지.

그 소년의 아버지였을까.
반도의 하늘 높이서 태양이 쏟아지고,
싸늘한 땀방울 뿜어낸 이마엔 세 줄기 강물.
대륙의 섬나라의
그리고 또 오늘 저 새로운 은행국銀行國 의
물결이 뒹굴고 있었다.

남은 것은 없었다.
나날이 허물어져 가는 그나마 토방 한 칸.
봄이면 쑥, 여름이면 나무뿌리, 가을이면 타작마당을 휩쓰는 빈 바람.
변한 것은 없었다.
이조 오백년은 끝나지 않았다.

옛날 같으면 북간도라도 갔지.
기껏해야 삐스길 삼백리 서울로 왔지.
고층건물 침대 속 누워 비료광고만 뿌리는 그머리 마을,
또 무슨 넉살 꾸미기 위해 짓는지도 모를 빌딩 공사장,
도시락 차고 왔지.

이슬비 오는 날,
낯선 소년이 나를 붙들고 동대문을 물었다.

그 소년의 죄없이 크고 맑기만 한 눈동자엔 밤이 내리고
노동으로 지친 나의 가슴에선 도시락 보자기가
비에 젖고 있었다.

―〈종로 5가〉 전문

　이 시의 화자도 그이지만 시에 등장하는 동대문을 묻는 소년도 자갈지게 등짐하던 노동자도 말하자면 그의 이미지를 갖고 있다는 것이다. 그렇게 듣고 보면 "흙 묻은 얼굴들을 맞부비며 저희끼리 비에 젖고 있"는 그 소년의 등허리의 고구마들도 어쩐지 그의 이미지를 가지고 있는 것처럼 보인다. 어쨌든 나는 이들의 그에 관한 얘기를 통해서, 또 그의 시를 통해서 신동엽 시인과 가까워졌고, 시비와 생가도 찾게 되었다. 황석영 작가, 염무웅 교수와 동행한 적도 있고, 구중서 교수와 동무가 된 적도 있고, 부인 인병선 시인을 따라 간 적도 있다. 인병선 시인, 구중서 교수와 함께 생가를 찾아가 일박을 했을 때는 다음과 같은 시를 쓰기도 했다.

　　추적추적 비가 내리는데도
　　마당에 피워놓은
　　모닥불은 훨훨 탄다.
　　삼십년 전 신혼 살림을 차렸던
　　깨끗하게 도배된 윗방
　　벽에는 산 위에서 찍은
　　시인의 사진
　　시인의 아내는 옛날로 돌아가
　　집 앞 둠벙에서
　　붉은 연꽃을 딴다
　　추적추적 비가 내리는
　　옛 백제의 서러운 땅에

그가 남긴 것은 무엇인가
모닥불 옆에서 훨훨 타오르고 있는
몇 개의 굵고 붉은 낱말들이여

— 졸작, 〈시인의 집〉 전문

시인의 집은 곧 시인이 태어난 집이요 어린 시절을 보낸 집이다. 한동안 남의 소유가 되어 있던 것을 인병선 시인이 되사서 옛날 그대로 만들어 놓았다. 짚·풀 생활사 박물관을 설립했을 뿐더러 이제 짚·풀 문화 연구에 일가를 이룬 인병선 시인이 그 일에 대해서 쓴 감동적인 시가 있다.

우리의 만남을
헛되이
흘려버리고 싶지 않다
있었던 일을
늘 있는 일로 하고 싶은 마음이
당신과 내가 처음 맺어진
이 자리를 새삼 꾸미는 뜻이라

우리는 살고 가는 것이 아니라
언제까지나
살며 있는 것이다

— 인병선, 〈신동엽 생가〉 전문

그의 생가를 들른 다음 그가 말년에 썼을 것으로 짐작되는 〈조국〉을 읽는다면 그의 시의 정서가 되고 있는 민족적 순수성과 반외세가 현재성을 갖고 새로운 감동으로 다가올 것이다.

화창한
가을, 코스모스 아스팔트가에 몰려나와
눈먼 깃발 흔든 건
우리가 아니다
조국아, 우리는 여기 이렇게 금강 연변
무를 다듬고 있지 않은가.

신록 피는 오월
서부 사람들의 은행銀行 소리에 홀려
조국의 이름 들고 진주코걸이 얻으러 다닌 건
우리가 아니다
조국아, 우리는 여기 이렇게
꿋꿋한 설악처럼 하늘을 보며 누워 있지 않은가.

무더운 여름
불쌍한 원주민에게 총 쏘러 간 건
우리가 아니다
조국아, 우리는 여기 이렇게
쓸쓸한 간이역 신문을 들추며
비통 삼키고 있지 않은가.

그 멀고 어두운 겨울날
이방인들이 대포 끌고 와
강산의 이마 금그어 놓았을 때도
그 벽 핑계삼아 딴 나라 차렸던 건
우리가 아니다
조국아, 우리는 꽃 피는 남북평야에서
주림 참으며 말없이
밭을 갈고 있지 않은가.

……

조국아,
강산의 돌 속 쪼개고 흐르는 깊은 강물, 조국아.
우리는 임진강변에서도 기다리고 있나니, 말없이
총기로 더럽혀진 땅을 빨래질하며
샘물 같은 동방의 눈빛을 키우고 있나니.

― 〈조국〉 부분

박용래
눈물과 결곡의 시인

늦은 저녁 때 오는 눈발은 말집 호롱불 밑에 봄비다

늦은 저녁 때 오는 눈발은 조랑말 발굽 밑에 봄비다

늦은 저녁 때 오는 눈발은 여물 써는 소리에 봄비다

늦은 저녁 때 오는 눈발은 변두리 빈터만 다니며 봄비다.

— 〈저녁 눈〉

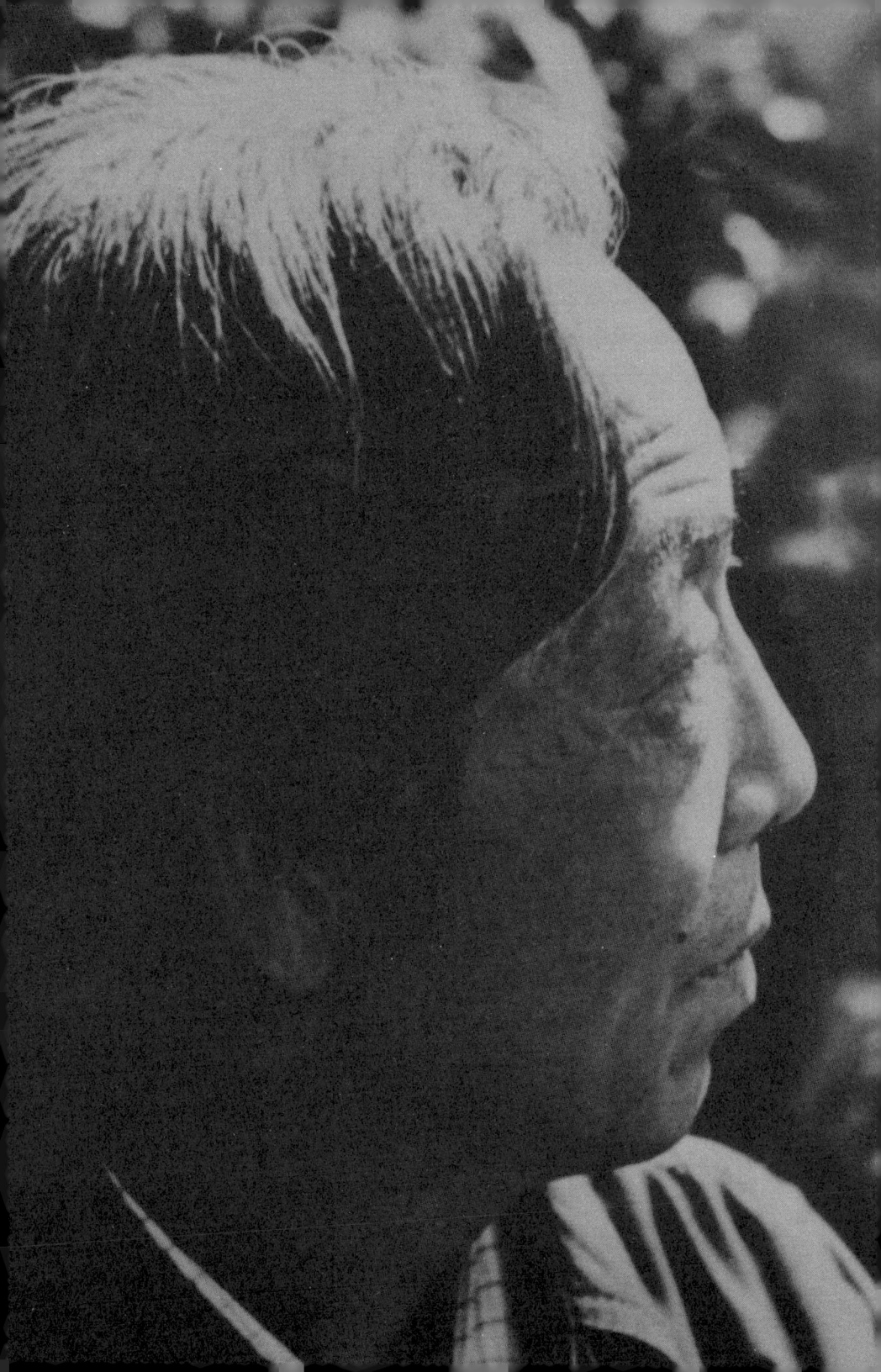

짓광목 차일
설핏한 햇살

사, 오백평 추녀 끝 잇던
인내 장터의 바람

멍석깃에 말리고
도르르 장닭 꼬리에
말리고

산그림자 기대
앉은 사람들

황소뿔 비낀 놀.

―〈차일遮日〉전문

파장이 다 된 시골 장날의 모습을 종결어미를 일절 쓰지 않으면서 극도로 말을 아낀 대담한 생략으로 이렇게 인상적으로 그려 낸 박용래 시인을 나는 생전에 꼭 한 번 본 일이 있다. 1970년대 말, 어느 겨울, 다저녁때가 되어서다. 사무실에 앉아 펑펑 쏟아지는 눈을 멍하니 바라보고 있는데 작가 이문구로부터 전화가 왔다. 박용래 선생이 올라오셔서 꼭 만나야겠다고 하시니 나와 달라는 거였다. 눈도 오고 해서 그러잖아도 심란하던 판이라 나는 책상도 정리하는 둥 마는 둥 그가 일러 주는 대로 청진동의 한 중국집으로 달려갔다. 뒷방 하나를 차지하고 앉아 이미 거나하게 취해 있던 박용래 시인은 전화와 엽서로 이미 구면이던 내 손을 잡고 울기부터 했다.

"글쎄, 아까부터 불러 달라는데두 문구 저놈이 인제서 부르는 거여."

이문구는 대책이 없다는 표정으로 웃으며 설명을 했다. 어젯밤 늦게 전화가 와서 오늘 아침 서울역으로 나가니 박 선생이 개찰구 앞에 가슴을 움켜쥐고 오두마니 섰더라는 것이다. 웬일이냐니까 가슴을 가리키며 여기 딸애 등록금이 들었는데 이 큰돈을 가지고 혼자서는 도저히 다닐 수가 없으니 함께 가서 등록을 좀 해 달라고 부탁하더라는 것이다.

"그래 이 눈 속에 이화여대까지 가서 막 등록 마치고 와 앉은 건데 숨도 돌리기 전에 신 선생 불러내라는 거유."

"아, 은행 다니시던 분이 그까짓 몇 푼 가지고 쩔쩔 맨대유."

내 농에 이문구도 "은행 다니시기만 했나유, 이 양반, 조선은행권 곳간차에 싣고 두만강을 넘으신 분인데" 하고 농으로 받았지만, 박용래 시인은 갑자기 정색을 했다.

"맞아, 두만강을 건너는데 어찌나 눈이 쏟아지던지…… 조선은행권을 곳간차에 가득 싣고 말야…… 내가 조선은행에 근무할 때야, 그래, 눈은 마구 쏟아지고…… 아, 두만강……" 이 대목에서 박용래 시인의 목소리는 흐느낌으로 바뀌었다. "…… 눈…… 두만강……."

결국 눈물 때문에 통금 시간이 임박하도록 이어진 이날의 술자리에서 변변히 얘기도 못 했고, 그 몇 해 뒤에 이 시인이 타계함으로써 이것이 처음이자 마지막 자리가 되었는데, 내 뇌리에 이 시인이 눈물의 이미지로 자리 앉아 있는 데는 이러한 연유가 있다. 그러나 뒤에 이문구의 얘기를 들으니 나는 그의 모습을 반밖에 보지 못한 것 같다. 가령 이런 일이 있었다.

옥천 출신 이 모 시인을 따라 옥천에 가는 길에 박용래 시인을 찾아 술자리를 벌였다. 옥천 간다는 말에 그는 몹시 좋아했다. "옥천 좋지, 정지용 시인 고향이거든." 그러자 옥천 출신 이 모는 눈치도 없이 한마디 끼어들었다. "정지용이가 옥천 사람인가요? 난 그것도 몰랐네." 순간 술잔이 벽에 가 박살이 나고 상이 엎어졌다. "문구 너 이런 놈을 친구라구 따라다니냐? 정지용이 제 고향 사람이란 걸 모르는 이런 것두 시인이라구?"

또 한번은 어떤 술자리에서 이문구가 박용래 시인을 가리켜 호서의 대표적인 시인이라고 치켜세웠다. 자기 깐에는 면찬이라고 한 것인데 느닷없이 날벼락이 떨어졌다. "뭐야! 호서의 대표 시인? 이런 싸가지 없는 놈 봤나. 한국의 대표 시인이래두 시원찮은 판인데 호서의 뭐야? 야, 너 많이 변했구나!" 다 그가 쓴 《박용래 약전》이라는 글에 나오는 얘기지만, 이 얘기 끝에 이문구는 그를 결곡한 사람이라고 표현했다. 다정다감할 뿐 아니라 곧고 맑기도 하다는 뜻이었다.

나는 박용래 시인을 찾는 일을 목원대학의 홍희표 시인을 만나는 일부터 시작하기로 했다. 《눈물점 박용래》라는, 시인을 소재로 하거나 그의 시를 패러디한 한 권의 시집을 낸 시인으로, 생전의 박 시인이 가장 아끼던 후배 중의 하나요 또 말년에 가장 자주 만나던 사이였다. 그 시집의 모두에 실린 〈초례醮禮 박용래朴龍來〉는 4행에 불과한 짧은 시지만 박용래의 뛰어난 데생이다.

> 호박잎에 떨리는 청기와.
> 호박잎에 뒹구는 초례청.
> 호박잎에 나는 흰 모시.
> 담 너머 담 너머 우레소리.
>
> ―〈초례醮禮 박용래朴龍來〉 전문

홍희표 시인은 충남대 대학원에서 석사과정을 하는 박용래 시인의 4녀 진아 양을 불러 주었고, 박용래 시를 좋아하던 대전대의 정의홍 교수까지 합류하면서 더없이 즐거운 기행팀이 만들어졌다.

먼저 찾아간 곳은 시인이 1965년 송악중학교를 사임하고 그 퇴직금으로 장만하여 정착, 타계할 때까지 살던 오류동, 문 옆에 한 그루 감나무가 서 있대서 스스로 청시사靑枾舍로 명명했던 집이다. 이문구는 그 근처를 《박용래 약전》에서 "허름한 제재소와 물엿 가게가 있어 마차꾼, 손수레꾼, 지게꾼이 온종일 두런두런 해동갑을 하고, 짐꾼들의 요기를 돕는 옴팡간 주막이 하나, 나귀랑 노새랑 황소랑 하품 섞인 투레질이 그치지 않던 곳"이라고 묘사했지만, 골목 밖은 지금은 번화한 서대전 사거리요, 바로 옆에 아파트 단지가 들어섰다. 중앙상호신용금고라는 상호가 붙은 20여 층의 대형 빌딩의 위압 아래, 전세를 내주었다는 집은 좀 헌 채로 그대로 있다. 감나무도 까치밥 몇 개를 달고 지붕 한쪽을 덮으며 서 있고 오동나무도 그냥 서 있다. 진아 양의 설명에 따르니 애초에는 초가였던 것을 지금의 25평짜리 양옥으로 신축했다 한다(머릿돌은 그 날짜가 1973년 7월 15일임을 밝히고 있다). 시인은 그 감나무를 특히 좋아했던 것 같다. 그 감나무로 당호를 삼기도 했지만, 친구나 후배가 오면 늘 대문 옆의 그 감나무를 구경시키고는 했다.

바람 부는 새때,
아침 열시서 열한시,
가랑잎 몰리듯 몰리는
골목 안 참새.
갸웃갸웃 쪽문 기웃대다
쫑쫑이 집 쫑쫑이
흘린 밥알 쪼으다
지레 놀래
가지 타고 꼭지 달린
홍시에 새잘거린나.

— 〈홍시 있는 골목〉 부분

한편 강경상업학교를 졸업하고 한때는 조선은행 본점과 대전 지점에서 일을 하고, 그 뒤로는 호서중학교, 보문중학교, 철도학교, 송악중학교 등에서 교편을 잡지만(뒤에는 국어를 가르쳤지만 처음에는 부기, 상업 교사였다) 이 집에 정착한 뒤로는 간호사로 일하는 아내 대신 집에서 밥을 짓고 빨래를 하고 아이들을 키우면서 시를 썼으니 이 집은 그가 그냥 살던 집만은 아니다. 바로 그 자신의 일부였다고 말해도 지나치지 않을 것이다. 자화상으로 읽어도 좋을 〈오류동의 동전〉은 그가 바로 이 집과 깊은 일체감 속에서 살았음을 말해 준다.

> 한때 나는 한 봉지 솜과자였다가
> 한때 나는 한 봉지 붕어빵였다가
> 한때 나는 좌판에 던져진 햇살였다가
> 중국집 처마밑 조롱 속의 새였다가
> 먼 먼 윤회 끝
> 이제 돌아와
> 오류동의 동전
>
> ―〈오류동의 동전〉 전문

시비는 집에서 멀지 않은 보문산 사정공원에 서 있다. 주위의 여러 화려한 비보다 훨씬 아담하고 운치 있는 이 시비는 1984년 동료와 후배들의 노력으로 세워진 것으로, 글은 생시에 그와 가장 가까웠던 친구인 임강빈 시인이 짓고 글씨는 김구용 시인이 썼다.

비양에 새겨져 있는 4행의 시 〈저녁 눈〉은 1970년 제1회 현대시학 작품상의 수상작으로 그의 시적 특징이 가장 잘 나타나고 있다고 평가되는 작품이다.

> 늦은 저녁 때 오는 눈발은 말집 호롱불 밑에 붐비다
>
> 늦은 저녁 때 오는 눈발은 조랑말 발굽 밑에 붐비다

시비는 보문산 사정공원에 서 있다. 비양에는 그의 시적 특징을 가장 잘 나타내고 있다고 평가되는 작품 〈저녁 눈〉이 새겨져 있다. 오른쪽은 박 시인의 4녀 진아 양이다.

늦은 저녁 때 오는 눈발은 여물 써는 소리에 붐비다

늦은 저녁 때 오는 눈발은 변두리 빈터만 다니며 붐비다.

―〈저녁 눈〉 전문

내일은 장날일 것이다. 늦은 저녁, 바야흐로 말집은 호롱불을 밝혀 놓고 달구지에 물건을 싣고 올 장꾼들을 맞이하기에 바쁘다. 펄펄펄 눈발은 그 호롱불 밑에 와서 수런거린다. 이제 막 도착한 말 발굽 밑에 내려 쌓인다. 말집은 말한테 먹일 여물도 썰어야 한다. 서걱서걱 서걱……. 눈발은 그 여물 써는 소리에도 섞여 내린다. 펄펄펄, 눈발은 빈터에도 흩날리고……. 장 전날의 말집의 그 푸짐한 정경을 단 넉 줄로 이렇게 잡아낼 수 있다니, 시비에 새겨진 시를 읽으면서 새삼스럽게 놀란다.

박용래 시를 알기 위해서는 강경은 필수 코스다. 금강 유역 내포평야의 중심지인 이 소읍이 곧 이 시인이 나서 자란 곳이다. 그의 소년 시절을 아는 사람들은 그를 스타로 기억하고 있다. 학교(강경상업) 시절 우등생에다 정구 선수였대서다. 그림도 잘 그리고 지도력도 있어 대대장으로 전교생을 호령하기도 했다. 당연히 외향적이고 활달한 성격으로 틀지워졌을 터인데 실제로 뒤에 그는 그 반대가 되었다.

여기에는 홍래라는 누이의 영향이 컸다는 것이 그 자신의 뒷날의 고백이다(에세이《호박잎에 모이는 빗소리》). 강 건넛마을(황산나루 건너 세도면이라 함)로 시집을 간 그녀는 그가 중학교 2학년 때 초산의 산고로 세상을 떠났다. 3남 1녀의 막내로 태어난 그는 바로 손위인 누이를 몹시도 따라 잠시도 곁을 떠나지 않았다 한다. 작고하기 얼마 전까지도 그는 종종 강경을 찾아가 황산나루나 옥녀봉에서 강 건넛마을을 바라보며 누이를 생각했다. 그 누이는 곧 그의 가장 이상적인 여인상이기도 했다.

멀리서 우레가 울고, 오동꽃 그림자가 담장에 와 떨고, 문득 검정 치마, 흰 저고리에 옆 가르마를 탄, 젊어 죽은 홍래 누이가 생각나고, 잊었던 무덤이 생각나고, 마침내 함부로 노한 일이 뉘우쳐진다고 역으로 읽으면 더 뜻이 분명해질 다음의 시에 그것이 잘 나타나 있다.

오동꽃 우러르면 함부로 노한 일 뉘우쳐진다.
잊었던 무덤 생각난다.
검정 치마, 흰 저고리, 옆 가르마, 젊어 죽은 홍래 누이 생각도 난다.
오동꽃 우러르면 담장에 떠는 아슴한 대낮.
발 등에 지는 더디고 느린 원뢰遠雷.

— 〈담장〉 전문

강경은 한때 대구, 평양과 함께 삼대 시장으로 불릴 만큼 번창하던 곳이다. 특히 금강을 타고 올라온 해산물과 내포평야의 농산물들이 교역되던 강항으로 유명했다.

이제는 퇴락해 가는 촌읍, 여기저기 아파트며 새 건물들도 들어서고 있지만, 박용래 시인이 어린 꿈을 불태우던 거리는 생기를 잃었다. 거리에 일제시대의 건물들이 우중충하게 버티고 있는 것은 이 고장이 근대화 과정에서 뒷전으로 밀려나 있다는 증거다. 닫힌 송방문도 유난히 많다. 다만 엉성한 젓갈 공장들이 모여 있는 젓갈 시장만

박 시인이 생전에 살던 오류동 집. 문 옆에 한 그루의 감나무가 서 있대서 스스로 청시사靑柿舍로 명명했던 곳이다.

은 붐빈다. 젓갈 시장의 명성만은 잃지 않았나 보다. 하지만 지금은 인근 군산에서 올라오는 수산물로 젓갈을 담그는 것은 아니다. 마산, 여수 등 먼 데서 받아다가 여기서는 소금에 절이는 등 말하자면 가공만 하는 것이다.

박 시인이 종종 찾아간 건넛마을로 시집을 가 일찍 죽은 홍래 누이를 생각하며 눈물을 지었다는 황산나루는 강항의 기능은 말할 것도 없고, 나루로서의 기능마저 잃은 지 오래다. 별나게 노을이 짙어 놀뫼나루로 불리던 이 나루에는 10여 년 전에 부여와 강경을 잇는 황산교가 놓였다. 대신 황산옥, 채운옥 등 민물 매운탕집이 들어서서 젓갈 시장 등을 구경하러 오는 나그네들에게 추억을 팔고 있을 뿐이다. 오늘 따라 손님이 없는 것은 강물이 얼었기 때문인데, 홍래 누이가 죽던 날도 강물이 얼었다는 진아 양의 설명을 들으니 오늘 길이 결코 우연만은 아니라는 생각이 든다.

중학교 하급반 땐 온실 당번였어라. 질펀히 진눈깨비라도 오는 늦은 하오라치면 겨운 석탄통 들고 비틀대던 몇 발자국 안의 설핏한 어둠. 지우고 지워진 지 오래건만 강술 한 잔에 떠오누나. 바자 두른 온실 이중창에 볼 비비며 눈 속에 벙그던 히아신스랑 복수초랑 오랑캐꽃 빛깔의 지문, 또 하나의 나. 오 비틀거리며 떠오누나. 바랜 트럼펫의 흐느낌
　　── 언뜻 어제 등에 업혀 가던 사람.

　─〈진눈깨비〉 전문

그가 홍래 누이의 등에 업히거나 손목이 잡혀 올랐을 옥녀봉은 그가 살던 중앙동의 바로 뒷동산으로 산정에 서면 강이 발아래로 내려

다 보이고 강 건너로 시원하게 트인 들판이 바라다보인다. 지금은 많은 계단을 쌓아 그 위 빈터에 어린이 놀이터를 만들고 있지만, 옛날에는 온갖 잡풀이 우거진 산길이었을 터다. 꼭대기에는 두어 그루 늙은 느티나무가 버티고 서 있고 그 받침대가 되고 있는 바위 아래로는 지붕이 초가에서 슬레이트로 바뀐 지 오래지 않아 보이는 오막살이가 몇 채 서 있다. 옆구리에 화려한 옥호를 두른 봉고가 한 대 서서 이곳까지 스며든 상혼을 뽐내 보인다.

박용래 시인이 오면 꼭 들르던 곳이 있었다. 구장터의 서산집, 통칭 욕보네 집이었다. 이문구의 《박용래 약전》에 보면 "어디서 투가리 같은 것만 두 것이나 온다?"라는 첫마디로 찾아간 두 사람을 맞더라는 괴짜다. 1980년대까지만 해도 강경 명물이었던 모양이지만 장사를 하지 않은 지 이미 오래라는 것이 동네 사람들 말이다. 그녀가 없다면 굳이 그 집을 찾을 필요가 없다. 또 그가 어디 거기만 들렀으랴, 놀뫼(황산) 냄새가 있는 곳이면 다 찾아다녔겠지. 그래서 우리는 황산나루에서 잡히는 민물고기를 먹기로 결정, 나루 이름을 딴 집을 찾아 들어가, 진짜 놀뫼산이라는 장어와 메기를 시켰다. 비록 여관은 아니지만 "푸른 강심江心 배다리가 내려다 보이는 / 고향땅 여관집 / 뒷담은 치지 않고 / 마당가 군데군데 / 마른 꽃대 풀대 등을 대고 있었다"(〈고향소故鄕素〉)는 정서가 느껴지는 집이었다.

밀물에

슬리고

썰물에

뜨는

하염없는 갯벌
살더라, 살더라
사알짝 흙에 덮여

목이 메는 백강 하류
노을 밴 황산메기
애꾸눈이 메기는 살더라,
살더라.

―〈황산메기〉 전문

황산메기에 소주를 먹으며 우리는 다시금 박용래의 시 세계를 화제에 올린다. 향토미를 시적 발상의 원천으로 삼고 그것을 제한된 언어 속에 담는다든가 섬세한 감각으로 토속 정서를 형상화한다 등이 대체로 그의 시에 대해서 내려지는 평가들이다. 하지만 아무래도 이것만으로는 설명이 부족한 것이 그의 시들이다. 우선 자칫 투박할 수 있는 사물들을 페어 옥처럼 빛나게 하는 그 탁발한 미적 감각이 간과되어서는 안 되리라. 또 그의 시가 가지고 있는 가는 선과 짙은 색깔도 놓쳐서는 안 된다. 형식미에 대한 강한 집착이라는 점에서 백석이 모더니스트이듯 그 또한 모더니스트인지도 모르겠다. 〈우중행雨中行〉을 보면 분명해진다.

비가 오고 있다
안개 속에서
가고 있다

비, 안개, 하루살이가
뒤범벅되어
이내가 되어
덫이 되어

(며칠째)
내 목양말은
젖고 있다.

— 〈우중행雨中行〉 전문

안개 속에서 자욱하게 오며 가며 하는 비를 안개, 하루살이의 이미지와 묶고 또 그것을 어둡지도 밝지도 않은 이내의 이미지와 연결시켰다가 통틀어 덫으로 표현하면서 "며칠째"를 괄호로 묶은 채 "내 목양말은 / 젖고 있다"로 마무리하여 시 전체를 음산한 색채로 칠하는 고도의 테크닉을 구사한 이 시를 두고 간단히 향토 취향의 시라고 말할 수는 없을 것이다.

박봉우
조국이 곧 나의 직업

언제 한 번은 불고야 말 독사의 혀같이 징그러운 바람이여. 너도 이미 아는 모진 겨우살이를 또 한 번 겪으라는가 아무런 죄도 없이 피어난 꽃은 시방의 자리에서 얼마를 더 살아야 하는가 아름다운 길은 이뿐인가.

산과 산이 마주 향하고 믿음이 없는 얼굴과 얼굴이 마주 향한 항시 어두움 속에서 꼭 한 번은 천동 같은 화산이 일어날 것을 알면서 요런 자세로 꽃이 되어야 쓰는가.

—〈휴전선〉 부분

내 머릿속에는 박봉우 시인이 서로 조화되는 또는 상반되는 몇 개의 이미지로 남아 있다.

첫째는 파고다 공원이다. 그는 1965년 가을 파고다 공원에서 결혼식을 올렸다. 스승인 김현승 시인이 주례를 서고 심우성(민속학자)이 거느리는 남사당패가 축하 마당놀이를 벌인 신나는 한판이었다. 하객 속에는 세 살 난 딸 하나와 태어난 지 몇 개월밖에 안 된 아들 나라도 끼여 있었다.

"파고다 시민사"라는 부제가 붙은 시 〈해방 20년 3〉에서 "우리에게 남겨진 주제는 / 파고다 시민사의 / 온 종일의 이야기"라고 노래한 파고다 공원은 아마 그가 서울에서도 가장 정을 붙였던 곳이 아닌가 싶다. 그는 혼자서도 종종 이곳엘 들렀으며 처음부터 이곳이 아니면 결혼식을 올리지 않겠다고 고집했다 한다. 3·1 운동의 시발점일 뿐더러 그 애국적 열정과 민족적 순수성이 적어도 이곳에는 아직도 남아 있다고 생각해서였다. 그래서 날짜도 3월 1일로 잡았지만 날이 아직 차대서 친구들이 말리고 준비도 안 되어 가을로 미뤄졌던 것이다. 그가 세상을 뜬 날짜는 1990년 3월 1일이다(일부 기록에는 2일로 되어 있으나 아들 나라 군의 말에 따름). "아버님은 돌아가시는 날짜도 스스로 선택했던 것 같아요." 나라 군이 하는 말이다. 1970년대 말

'교육 지표' 사건으로 구속되어 재판을 받고 있던 송기숙(소설가)의 재판을 방청하고 돌아오는 길에 전주의 시립도서관에서 일하고 있던 박봉우 시인에게 들렀을 때, 술 두어 잔에 금방 취해 "나라의 온갖 것들을 쓸어 내고 파고다 공원에서 민족 파고다 회담을 열자"고 주장하던 그의 격앙된 목소리가 아직도 귓가에 쟁쟁하다.

또 하나는 활화산의 이미지다. 1956년 〈휴전선〉이 《조선일보》 신춘문예에 당선한 후 그는 곧장 상경했던 것으로 기억되는데, 나는 박성룡, 강태열, 정현웅 등 광주의 시문학도들의 모임인 '영도零度' 동인들과 특별히 가까웠기 때문에 자연히 그 동인인 박봉우 시인과도 명동 등에서 자주 어울렸다. 박봉우 시인의 첫인상은 무골호인이었다. 수염 자국이 검은 길쭉한 얼굴에 늘 웃음을 띠고 있었고 허허대고 웃기를 좋아했으며 누가 술을 사겠다면 턱없이 좋아하면서 "참 좋은 사람이여" 소리를 연발했다. 그러다 취기가 오르면(그는 술이 별로 세지 못했던 것으로 기억된다) 일어나 큰 소리로 자작시를 암송하기도 하고, 정연하지 못한 말씨로 사회정의 같은 것을 외치기도 했다. 나는 그가 불같이 흥분해서 밖으로 달려 나가는 것도 여러 번 보았다. 무언가 마땅치 않으면 그랬다. 공연히 길가 건물 층계를 달려 올라가기도 하고 파출소로 달려 들어가 순경을 혼내기도 했다. 이때의 그의 모습은 활화산 바로 그것이었다.

나는 그를 또 세상사에 대범한 사람으로도 기억하고 있다. 1960년대 말 오랜만에 그를 만났을 때 그는 호구지책으로 백시걸이라는 무명 시인 밑에서 전사戰史 편찬 일 비슷한 것을 하고 있었는데, 내가 백시걸과 이웃해 사는 탓으로 함께 술자리를 벌이는 일이 많았다. 그때마다 백시걸은 박봉우 시인이 일에 서투르고 무심한 것을 화제로 올렸지만 그는 개의치 않았다. 문장이 서투르다고 흉을 봐도 허허 웃고 교정이 영 돼먹지 않았다고 핀잔을 해도 웃기만 했다. 변명도 하지 않았고 화를 내지도 않았다. 그를 비판하던 목소리는 그래서 맥이 빠졌고, 술자리는 번번이 예의 그 들뜨고 흥분된 박봉우 분위기에 지배당하였다.

그가 사생활에 대해서 얘기하는 것을 들은 기억도 별로 없다. 누가 어떻게 사느냐고 그의 가난을 걱정하면 오히려 몇 마디로 잘될 것이라며 얼버무렸는데 그의 대범한 말투에는 실제로 상대를 안심시키는 힘이 있었다.

난지도 쓰레기장의 퀴퀴한 악취가 바람에 몰려오던 상암동 산동네의 그의 집도 한 번 가서 잔 일이 있다. 백시걸과 함께였는데 이제 겨우 말을 배우기 시작한 하나와 나라 두 남매가 있었던 것으로 보아 1960년대 말이었던 것 같다.

대문도 없는 집 문간을 사글세로 얻어 든 단칸방에는 세간살이라고는 달랑 캐비닛 하나에 책상과 그 위에 책꽂이도 없이 쌓인 여러 권의 책뿐이었다.

"이제 인세 받아 전세 얻을 계획이랑께." 그는 가난한 살림살이를 조금도 부끄러워하는 기색 없이 말했다. 이어 그는 제대로 인사도 시키지 않은 아내한테 김치와 두부조림이 전부인 술상을 내오게 한 다음 아랫목에서 잠든 두 아이를 가리키면서 "큰애가 하나고, 작은애가 나라지." 그 이상은 설명하지 않고 사 가지고 들어간 소주병을 땄지만, 나는 그런 모습에서 자잘한 세상살이를 훌쩍 뛰어넘은 대시인의 풍모를 볼 수 있었던 것이다.

그러나 그는 역시 휴전선의 이미지로 내 머릿속에 가장 강하게 박혀 있다. 비단 그가 〈휴전선〉이라는 시로 신춘문예에 당선해서만도 아니다. 그가 술자리에서 외기를 가장 즐기는 시도 〈휴전선〉이었고,

술자리에서 단편적으로 토로하는 민족이며 조국이며 통일에 대한 신념도 본질적으로 전쟁도 평화도 아닌 〈휴전선〉의 분위기와 정서에 바탕을 두고 있다.

하지만 나는 아무래도 박봉우 시인을 잘 안다고 말하기 어려울 것 같다. 그가 정신병원을 거쳐 전주로 내려가 정착한 뒤로는 기껏 한두 번밖에 만난 일이 없거니와 그 이전에도 그와 깊이 사귄 사이는 못 되었기 때문이다. 실제로 나는 《시와 시학》 1993년 가을 호에 실린 소재호 시인의 〈박봉우 시인의 전주에서의 삶, 그 흐린 하늘〉을 읽고 박봉우 시인의 더 많은 부분을 알게 되었다. 한 대목을 인용해 본다.

박 시인은 천재라 일컬을 만했다. 하루 일과를 술로 시작해서 술로 끝마치는 그이지만 기억력은 빼어나게 좋았다. 자기 시를 모두 다 줄줄 외었다. 지난 일의 어떤 것도 기억해 내는 데 막힘이 없었다. 그리고 그의 천재성은 남을 포근하게 감싸 주는 역할에 쓰여졌고 오만한 점은 티끌만치도 발견되지 않았다.

남들의 어떤 무능함이나 비인간적인 점까지도 그에게는 비난거리가 아니었다. 다만 시에 대해서만 혹독하리만치 비판의 서슬이 퍼랬다. 후배들의 시를 문학성으로만 따져서 꾸짖기를 주저하지 않았다. 그런 점에서 박봉우 시인의 시정신만은 치열성의 화덕에서 벗어나지 않았다.

그는 가끔 너털웃음을 잘 웃었다. 공허한 웃음이었다. 웃음 속에 웃음의 밀도가 해이된 도교풍의 웃음이었다. 무슨 웃을 건덕지가 있을 때 웃는 게 아니라, 껄끄러운 분위기이거나 또는 거만한 자의 무례에 대해서 웃는 것이다. 그렇다고 비웃는 것은 더구나 아니었다. 웃지 않아야 할 때 웃는 그의 슬기로운 반역(?)에 대하여 곰곰이 음미해 보게 되는 것이다.

박봉우 시인의 시는 〈휴전선〉부터 읽는 것이 순서다.

산과 산이 마주 향하고 믿음이 없는 얼굴과 얼굴이 마주 향한 항시 어두움 속에서 꼭 한 번은 천동 같은 화산이 일어날 것을 알면서 요런 자세로 꽃이 되어야 쓰는가.

저어 서로 응시하는 쌀쌀한 풍경. 아름다운 풍토는 이미 고구려 같은 정신도 신라 같은 이야기도 없는가. 별들이 차지한 하늘은 끝끝내 하나인데…… 우리 무엇에 불안한 얼굴의 의미는 여기에 있었던가.

모든 유혈은 꿈같이 가고 지금도 나무 하나 안심하고 서 있지 못할 광장. 아직도 정맥은 끊어진 채 휴식인가 야위어가는 이야기뿐인가.

언제 한 번은 불고야 말 독사의 혀같이 징그러운 바람이여. 너도 이미 아는 모진 겨우살이를 또 한 번 겪으라는가 아무런 죄도 없이 피어난 꽃은 시방의 자리에서 얼마를 더 살아야 하는가 아름다운 길은 이뿐인가.

산과 산이 마주 향하고 믿음이 없는 얼굴과 얼굴이 마주 향한 항시 어두움 속에서 꼭 한 번은 천동 같은 화산이 일어날 것을 알면서 요런 자세로 꽃이 되어야 쓰는가.

— 〈휴전선〉 전문

지금 읽어 보면 거칠고 정돈 안 된 대목도 없지 않다. 그러나 이 시

전주에서 그의 생활은 곤궁함 바로 그것이었다. 전주 시장으로 있는 친구가 시립도서관에 자리를 마련해 주지 않았던들 그나마 곤궁한 삶도 영위할 수 없었으리라.

가 발표되었던 당시의 충격은 컸다. 그때까지 6·25 전쟁은 오로지 반공, 멸공이라는 시각에서만 조명되었지 민족 공동체라는 정서 위에서 형상화된 일이 없었다. 이것이 얼마나 용기 있는 발언인가는 평화적인 통일을 주장했다는 죄로 진보당이 박살이 난 것이 그로부터도 3년이나 지나서라는 사실이 잘 말해 준다(조봉암이 처형당한 것은 그 이듬해인 1959년이다). 이 시는 6·25 이후 최초로 등장한 민족시요 반전시라는 점에서 문학사적 중요성을 갖는다. 조태일 시인이 시집 《황지荒地의 풀잎》의 편집후기에서 "전쟁이 휩쓸고 간 폐허 속에서 대부분의 시인들이 기진맥진한 채 꽃과 여인과 술과 혹은 병든 자아의 한구석을 노래하며 자위하고 있을 때 박봉우 시인은 '산과 산이 마주 향하고 믿음이 없는 얼굴과 얼굴이 마주 향한 ……'이라고 우리의 뼈아픈 분단의 현실과 민족의 갈등을 온몸의 사랑으로 놓치지 않고 노래"했다고 말한 것은 아주 적절한 지적이다. 한편 산문 형식에도 불구하고 이 시가 가진 음악성과 힘찬 리듬에 주목할 필요가 있다. 이는 필시 시인의 민족적 문학적 열정과 무관하지 않을 것이다. 시인의 중학교 때부터의 스승인 김현승 시인은 그의 시를 "비단으로 만든 손수건"과는 전혀 다른 "광목 폭을 찢어 만든 깃발"에 비유했다. 손수건에 비해 깃발이 떨어진다는 소리는 물론 아니다. 거꾸로 그때까지 우리 시가 가지지 못했던 장렬함과 열려 있음, 그리고 더 큰 가능성을 말하는 것일 터이다. 〈휴전선〉이 가지고 있는 음악성과 힘찬 리듬은 바로 "광목 폭을 찢어 만든 깃발"이 만드는 노래요 힘인 것이다.

다음으로 읽어야 할 시들은 4월 혁명을 노래한 시들이다. 4월 혁명을 그가 얼마나 뜨거운 열광으로 맞이했는가는 이 혁명이 완성되기도 전인 4월 25일 자 《동아일보》에 〈젊은 화산〉이라는 헌시를 발표하고 있는 것만 보아도 알 수 있다. 또 그는 혁명 기간 내내 아침 일찍 집을 나와 데모대와 함께 거리를 헤매다가 저녁이면 명동의 할머니 집 또는 쌍과부집에서 술에 취해 혁명과 자유를 소리 높이 외쳤다 한다.

> 이름도 없이 피지 못한 채
> 한국의 민주주의와 정의를 지키려다
> 꽃잎처럼 져버린
> 청춘의 영혼들에게

우리는, 너희는, 시인들은 그저
무엇을 말할 것인가.

잔악한 일제의 무리에서
빼앗긴 봄을 찾은
우리들의 서러움이 다시
4월의 강이 되어 흐르는가.

— 〈젊은 화산〉 부분

또 〈소묘 33〉에서는 이렇게 노래하고 있다.

우리의 숨막힌 푸른 4월은
자유의 깃발을 올린 날.

멍들어버린 주변의 것들이
화산이 되어
온 하늘을 높이높이 흔들은 날.

쓰러지는 푸른 시체 위에서
해와 별들이 울었던 날.

시인도 미치고,
민중도 미치고,
푸른 전차도 미치고,

학생도 미치고,
참으로 오랜만에,
우리의 얼굴과 눈물을 찾았던 날.

— 〈소묘 33〉 전문

말하자면 그는 4월 혁명을 "우리의 얼굴과 눈물을 찾"은 날로 인식했던 것이다. 그리하여 그는 "길고 광활한 얼굴에 잡초처럼 무성한 수염이며 어느 한 곳을 뚫어져라 응시하며 이글이글 불태우는 눈동자며 어떠한 악도 도저히 접근할 수 없는 다정한 미소를 머금은 채 거리를 누비며 '거리의 시인'으로서 4·19 혁명을 노래하고 노래하"(조태일, 시집 《황지荒地의 풀잎》 편집후기)지만, 반혁명의 여러 징후가 곳곳에 나타나자 이내 절망한다. 다음 해(1961년) 3월 《조선일보》에 발표한 그 두 달 뒤에 닥칠 군사독재의 혁명의 도둑질을 예감한 시 〈진달래도 피면 무엇하리〉는 그의 절망감이 얼마나 깊었는가를 말해준다.

4월의 피바람도 지나간
수난의 도심은
아무렇지도 않은
표정을 짓고 있구나.

진달래도 피면 무엇하리,
갈라진 가슴팍엔
살고 싶은 무기도 빼앗겨버렸구나.

아아 저녁이 되면
자살을 못하기 때문에
술집이 가득 넘치는 도심.
약보다도
이 고달픈 이야기들을 들으라
멍들어가는 얼굴들을 보라.

어린 4월의 피바람에
모두들 위대한
훈장을 달고
혁명을 모독하는구나.
이젠 진달래도 피면 무엇하리.

가야할 곳은
여기도,
저기도, 병실.

모든 자살의 집단 멍든 기를 올려라.
나의 병든 데모는 이렇게도
슬프구나.

―〈진달래도 피면 무엇하리〉 전문

모독당하고 농락당하고 사기당하는 혁명……. 살고 싶은 무기마저 빼앗긴 판에 진달래는 피어 무엇하리……. 술집은 그런데도 감히 자살을 택하지 못하는 사람들로 넘치고 그들이 가야 할 곳은 병실밖에 없다. 당시의 허망하고 절망적인 분위기가 35년이 지난 지금 읽어도 감동으로 다가온다.

　어쩌면 그의 정신 질환은 이때 비롯되었는지도 모르겠다. 그의 단순 소박하고 격정적인 성정이 이 혼탁한 사회 현실을 견뎌 내지 못한 것이다. 아니, 거꾸로 그의 칼날처럼 날카롭고 새싹처럼 순수한 시혼을 정상적인 것으로 받아들이기에는 우리 사회가 너무 썩어 있었으리라.

　마침내 그는 병옥病獄에 갇히는 몸이 되고, 다시 그 몇 해 뒤 "긴 겨울 이야기는 / 끝나지 않았다 / 모두 발버둥치는 벌판에 / 풀잎은 돋아나고 / 오직 자유만을 그리워했다 / 꽃을 꺾으며 / 꽃송이를 꺾으며 덤벼드는 / 난군亂軍 앞에 / 이빨을 악물며 견디었다 / 나는 떠나련다 / 서울을 떠나련다"라는 〈서울 하야식下野式〉을 남기고 전주로 낙향한다. 그 사이 그는 가령 크리스마스 밤 소란스러운 술집에서 갑자기 벌떡 일어나 빨치산 노래를 불러 좌중을 참묵시켰다든가, 달리는 버스 안에서 하늘과 땅이 맞붙은 다음 새롭게 열리는 개벽을 외쳐 대다가 정보 형사한테 끌려갔다든가, 정신병원으로 면회를 간 친구한테 김소월을 만났다고 주장했다는 둥 많은 일화를 남겨 기인 소리를 듣기도 했다.

　전주에서의 그의 생활을 소재호 시인은 "극한 상황이랄 수밖에 없었던 '곤궁함' 바로 그것이었다. 가난과 병고를 온 가족이 같이 나누며 단칸방의 사글세를 셈하기에 바빴다. 그의 일상은 항상 술을 마시는 일, 골목을 흔들리며 걷는 일"(〈박봉우 시인의 전주에서의 삶, 그 흐린 하늘〉)이었다고 적고 있다. 전주 시장으로 있는 친구가 시립도서관에 자리를 마련해 주지 않았던들 이나마 곤궁한 삶도 영위할 수 없었으리라. 1985년 아내를 병으로 잃은 뒤 그의 생활은 더욱 처참했다. 그는 이런 생활을 5년을 더 계속한 뒤 아내와 등성이 하나를 사이에 둔 전주시립묘지에 영주하게 된다.

장녀인 하나는 출가해서 성남에 살고 있고, 장남 나라는 전주의 효자플라자에서 일하고 있으며, 막내인 겨레는 서울에서 출가 준비를 하고 있다. 함께 시인의 묘지를 찾은 나라는 말한다. "살아 계실 때는 매일 술에 젖어 사시는 무능하신 아버님이 싫었지만, 지금 생각하면 이해가 됩니다. 아버님같이 예민하신 분이 그렇게 사시지 않고 어떻게 이 어지러운 세상을 사실 수 있었겠어요!"

시비는 광주사직공원에 세워져 있다. 하지만 그를 사랑하던 고교 동문과 문단 동료 등은 박봉우 시비가 마땅히 남북을 동시에 바라보며 함께 아우르기에 적합한 휴전선에 세워져야 한다고 생각했다. 그래서 3년여의 준비 끝에 2001년 11월 경의선 임진강역 역사 플랫폼에 시인의 대표시 〈휴전선〉을 새긴 시비를 세웠다.

직업이 조국인, 그래서 세 자녀의 이름도 각각 하나, 나라, 겨레로 지은 박봉우 시인의 "오늘 밤 머언 별들을 보면서 / 나의 직업은 / 조국 // 연탄 냄새 그득 풍기는 / 우리의 사회에 / 선량한 나의 가정은 / 가을 / 빈 주먹."(〈잡초나 뽑고〉)이라는 시구가 새롭게 사람들의 가슴을 울릴 날도 머지않았다.

임화
역사의 격랑 속에 침몰한 혁명시인

……

눈바람 찬 불쌍한 도시 종로 복판에 순이야!
너와 나는 지나간 꽃 피는 봄에 사랑하는 한 어머니를
눈물나는 가난 속에서 여의었지!
그리하여 너는 이 믿지 못할 얼굴 하얀 오빠를 염려하고,
오빠는 가냘픈 너를 근심하는,
서글프고 가난한 그날 속에서도,
순이야, 너는 마음을 맡긴 믿음성 있는 이곳 청년을 가졌었고,
내 사랑하는 동무는……
청년의 연인 근로하는 여자 너를 가졌었다.

……

— 〈네거리의 순이〉 부분

카프(조선프롤레타리아예술가동맹) 중앙위원회 서기장, 카프 사건 때 검거되었다가 폐병으로 방면, 해방 후 조선문학건설본부 조직, 조선문학가동맹 창건에 주도적으로 참여, 월북, 간첩죄로 사형 언도를 받고 처형됨……. 1980년대까지만 해도 접근이 금지되었던 시인 임화의 간단한 이력으로, 그가 격동의 세월을 얼마나 뜨겁게 살았는가를 알게 하는 대목이다. 또한 그는 시집《현해탄》,《찬가》등으로 프롤레타리아 시의 전범을 제시했을 뿐 아니라, 늘 뜨거운 논쟁 속에 서 있음으로써 우리 비평 문학에서 아직까지 아무도 극복하지 못했다고 말해지는 뛰어난 평론집《문학의 논리》를 남겼다. 그럼에도 그는 우리 문학사 속에 제대로 복원되어 있지 못하다. 해방 후 북쪽을 조국으로 택한 데다, 그 뒤 북쪽에서 버림을 받은 것이다. 임화를 찾는 일은 분단에 의해 갈기갈기 찢긴 우리 문학을 회복한다는 의미도 갖는다. 임화는 아무래도 종로 네거리에서부터 찾아가야 할 것 같다. 그의 대표작으로 일컬어지는 초기작 〈네거리의 순이〉부터 읽어 보자.

눈바람 찬 불쌍한 도시 종로 복판에 순이야!
너와 나는 지나간 꽃 피는 봄에 사랑하는 한 어머니를

눈물나는 가난 속에서 여의었지!
그리하여 너는 이 믿지 못할 얼굴 하얀 오빠를 염려하고,
오빠는 가냘픈 너를 근심하는,
서글프고 가난한 그날 속에서도,
순이야, 너는 마음을 맡긴 믿음성 있는 이곳 청년을 가졌었고,
내 사랑하는 동무는……
청년의 연인 근로하는 여자 너를 가졌었다.

겨울날 찬 눈보라가 유리창에 우는 아픈 그 시절,
기계 소리에 말려 흩어지는 우리들의 참새 너희들의 콧노래와
언 눈길을 걷는 발자국 소리와 더불어 가슴속으로 스며드는
청년과 너의 따듯한 귓속 다정한 웃음으로
우리들의 청춘은 참말로 꽃다웠고,

― 〈네거리의 순이〉 부분

    근로하는 여자인 누이 순이의 연인 용감한 사내는 형무소에 들어가고 그래서 순이는 절망에 빠져 있다……. 그러나 절망해서는 안 된다. 그 용감한 사내를 위하여, 또 근로하는 모든 여자의 연인을 위하여 내일을 준비할 때다……. 말하자면 50행의 긴 이 시는 이러한 내용을 담고 있는데, 시 속에 이야기를 담는 것, 이것이 〈우리 오빠와 화로〉, 〈양말 속의 편지〉, 〈우산 받은 요코하마의 부두〉, 〈젊은 순라의 편지〉 등을 포함한 임화 초기 프로시의 한 특징이었다. 김기진金基鎭은 이를 '단편서사시'라 명명하면서 프로시가 나아갈 올바른 방향이라 격찬했던 바, 당시 임화의 단편서사시가 대중 속에서 큰 호응을

불러일으켰음은 소설가 김남천金南天이 "1930년 봄 평양에서 개최된 신간회 강연 막간에 내가 이 시를 낭독하였을 때 신간회 중앙간부들의 애매한 연설에 불만한 군중이 수차의 재청을 가지고 임화의 〈양말 속의 편지〉를 환영한 것은 나로서는 영원히 잊을 수 없는 감격의 장면이었다."(김남천 〈임화에 관하여〉, 신승엽 〈식민지시대 임화의 삶과 문학〉에서 재인용)고 말하고 있는 것으로도 알 수 있다.

한편 종로 네거리는 이 시에만 나오는 것이 아니다. 1935년에 발표한 〈다시 네거리에서〉에도, 그로부터 다시 10년 뒤에 발표한 〈9월 12일 — 1945년, 또다시 네거리에서〉와 그 뒤에 썼다는 〈서울〉에도 나온다. 그가 종로 네거리를 그만큼 친숙하게 느꼈다는 증좌다.

> 낯선 건물들이 보신각을 저 위에서 굽어본다.
> 옛날의 점잖은 간판들은 다 어디로 갔는지?
> 그다지도 몹시 바람은 거리를 씻어 갔는가?
> 붉고 푸른 네온이 지렁이처럼,
> 지붕 위 벽돌담에 기고 있구나.
>
> 오오, 그리운 내 고향의 거리여! 여기는 종로 네거리,
> 나는 왔다, 멀리 낙산 밑 오막사리를 나와 오직 네가 네가 보고 싶은 마음에…….
>
> — 〈다시 네거리에서〉 부분

그 종로 네거리로부터 시작한 임화의 흔적을 찾아나선 길에는 이기형 시인이 동행을 했다. 그는 소설가 한설야韓雪野의 소개로 임화

임화는 아무래도 종로 네거리에서부터 찾아봐야 한다. 그의 대표작으로 일컬어지는 초기작 〈네거리의 순이〉는 바로 종로 네거리를 배경으로 하고 있다. 사진은 1910년대 종로의 모습.

를 찾은 뒤 결혼식에 축사를 받고 회기동과 연건동에 있던 그의 집을 드나드는 등 가까이 지낸 인연을 가지고 있다. 종로 네거리에는 보신각 이외에는 옛날을 짐작할 수 있는 아무것도 남아 있지 않고(YMCA 건물도 6·25 뒤에 개축한 것이다), 임화가 그 설립에 주도적으로 참여한 조선문학가동맹이 회관으로 썼던, 그래서 〈길〉에 "호올로 돌아가는 / 길가에 밤비는 차가워 / 걸음 멈추고 돌아보니 / 회관 불빛 멀리 스러지고"라고 했던 그 회관 건물은 현대적 빌딩으로 탈바꿈해 있다. 이렇게 달라진 종로 네거리에 서서 이태준, 김남천, 안회남, 오장환 등이 새로운 민족문학 건설이라는 꿈에 부풀어 드나들었을 '회관'을 바라보며, "1945년 또다시 네거리에서"라는 부제가 붙은 〈9월 12일〉을 되새겨 보는 것도 뜻있는 일일 터이다. 이 시는 해방 후 그가 처음 발표한 시로 급박한 호흡, 짧은 가락, 높은 음조 속에 내장된 폭발력을 가지고 전투성과 선동성을 최고조로 끌어올려 선전선동시의 한 전범이 되고 있다. 읽기에 따라서는 이 시를 통해서 임화 개인사의 문으로 들어가는 것도 불가능한 일이 아니다.

조선 근로자의
위대한 수령의 연설이
유행가처럼 흘러나오는
마이크를 높이 달고

부끄러운
나의 생애의
쓰라린 기억이
포석鋪石마다 널린

서울 거리는
비에 젖어

아득한 산도
가차운 들창도
현기로워 바라볼 수 없는
종로 거리
저 사람의 이름 부르며
위대한 수령의 만세 부르며
개아미 마냥 모여드는
천만의 사람

어데선가
외로이 죽은
나의 누이의 얼굴
찬 옥방獄房에 숨지운
그리운 동무의 모습
모두 다 살아오는 날
그 밑에 전사하리라
노래부르던 깃발
자꾸만 바라보며

자랑도 재물도 없는
두 아이와
가난한 아내여

가을비 차거운

길가에

노래처럼

죽는 생애의

마지막을 그리워

눈물 짓는

한 사람을 위하여

원컨대 용기이어라

— 〈9월 12일〉 전문

　　이기형 시인의 설명에 의하면 9월 12일은 조선인민공화국 수립과 조선공산당 재건을 경축하는 시가행진이 있었던 날이다. 당시 중도 좌파 경향의 중외신보 기자로 있던 이기형 시인은 안국동에서 종로로 나오는 거대한 시위 행렬을 목격했다. "마치 붉고 푸르고 허연 산맥이 꿈틀거리면서 압도해 오는 것 같았지요." 《연표 한국현대사》(김천영 엮음)는 이날을 "참여 군중 1만여 명, 조선공산당 재건 만세! 등의 플래카드와 9·9에 죽은 연전 학생 유해를 메고 가두 시위 감행"이라고 쓰고 있다. "위대한 수령"은 박헌영을 이르는 말. 그러나 "어데선가 / 외로이 죽은 / 나의 누이"가 실재 인물인지 가공 인물인지는 밝힐 길이 없지만 가공일 가능성이 더 짙다. 그에게는 미리 이야기를 머릿속에 만들고, 그 이야기에 맞추어 시를 쓰는 경향이 있다. "두 아이와 / 가난한 아내"는 딸 은주와 아들 원배, 아내 지하련을 가리키는 것으로 해석해도 좋을 것이다. 이 무렵 임화는 아내와 딸, 아들과 함께 연건동, 지금의 기독교 백주년기념관에서 가까운 길가 집에 살고 있었다. 본명이 이현욱인 지하련은 마산 출신으로 임화가 첫째 부인 이귀례와 헤어지고 만난 두 번째 아내가 된다. 임화가 결핵 요양차 마산요양소에 가 있는 사이 만났을 것으로 짐작된다.

이기형 시인은 지하련을 미인이라고 할 수는 없지만 얼굴이 갸름하고 눈이 유난히 검고 빛나던 매력적인 여인으로 기억하고 있다. 대화도 세련되었으며 기지가 번득였다. 가령 임화를 "서구라파를 잘 아는 사람이지만 마음의 고향은 경주"라고 한마디로 표현했으며, 당시 일본 탄광 징용에서 돌아와 마구잡이로 글을 써 대고 있던 안회남을 마주하고는 "함부로 팔다리 다 잘라 주고 남은 몸통을 어떻게 하겠어요?" 하고 충고하기를 서슴지 않았다 한다.

수도경찰청이 있던 소공동 일대에서는 〈깃발을 내리자〉를 떠올리는 것이 순서이다. 이 시야말로 해방에도 불구하고 여전히 나라를 지배하고 있던 친일 세력과 그 앞잡이들을 규탄하는 매서운 시이다. 광복 50년에 아직도 친일 잔재를 청산하지 못하고 있는 우리 형편을 생각할 때, 이 시가 갖는 의미는 각별하다. 더욱이 몇몇 대목, 가령 위대한 혁명가를 민주 투사로, 광목과 통조림을 소비재와 밀가루 따위로 바꿔 놓는다면 이는 그대로 오늘의 현실을 비판하는 목소리가 된다.

    노름꾼과 강도를
    잡던 손이
    위대한 혁명가의
    소매를 쥐려는

욕된 하늘에
무슨 깃발이
날리고 있느냐

동포여!
일제히
깃발을 내리자

가난한 동포의
주머니를 노리는
외국 상관의
늙은 종들이
광목과 통조림의
밀매를 의논하는
폐 왕궁의
상표를 위하여
우리의 머리 우에
국기를 날릴
필요가 없다

동포여
일제히
깃발을 내리자

살인의 자유와

약탈의 신성이
주야로 방송되는
남부조선
더러운 하늘에
무슨 깃발이
날리고 있느냐

동포여
일제히
깃발을 내리자

— 〈깃발을 내리자〉 전문

　이 시가 수록돼 있는 시집 《찬가》가 나왔을 때 미군정 당국은 이 시를 시집에서 삭제하도록 요구, 결국 그 뒤의 판에서 삭제되었으며, 임화는 발행자와 함께 검찰로 불구속 송치되는 수난을 겪었다. 하지만 권력과 돈과 언론의 유착을 단 세 대목으로 간결하게 뽑아 비판하고, 쇳된 반복으로 공격한 이 시는 우리 시문학사에서 가장 빼어난 선전선동시의 하나로 자리를 잡게 된다.
　습작시나 초기 다다이즘 계열의 시들을 제외하면 임화의 시는 대체로 해방 전의 단편서사시와 해방 후의 선전선동시의 두 경향으로 나누어 읽을 수가 있다. 앞의 것은 시 속에 일정한 이야기를 담으면서 민중의 삶과 싸움을 구체적으로 형상화하는 특성을 가졌고, 뒤의 것은 현상을 단순화함으로써 싸움을 현장에서 독려하는 성격을 더 짙게 가졌다. 앞의 것이 독자 대중을 의식화하고 조직화하는 데 주목적을 두고 있다면 뒤의 것은 직접적으로 적을 공격하고 동지를 채찍질하는 것을 목적으로 하고 있다. 앞의 것들을 김동석은 "현해탄은 처음부터 끝까지 줄글散文로 내리써도 조금도 어긋나는 데가 없을 것이다."(〈시와 행동 — 임화론〉,《예술과 생활》)라면서 그 산문성을 비판했지만, 뒤의 것들은 그것을 극복하고 운문과 음악성을 회복하고 있다. 이 변화는 검열이 있던 일제시대와 검열이 없어진 해방 후라는 상황 변화와 무관하지 않을 터이다. 물론 양쪽에 다 과도한 센티멘털리즘과 과장벽이라는 흠이 있는데, 영화나 연극에 배우로 출연한 그의 경력과 무관하지 않을 것이다.

한편 홍명희는 한 대담에서 임화의 시는 해방 전 것이 해방 후 것보다 나은 것 같다는 뜻의 말을 했지만, 내 생각은 그 반대이다. 임화의 선전선동시가 가진 그 단순성, 짧은 호흡에 담겨 있는 엄청난 폭발력, 금속처럼 날카로운 그 전투성은 적어도 이 부문에 있어서는 그 뒤 아무도 그를 뛰어넘지 못했다고 해도 지나치지 않을 것이다. 〈깃발을 내리자〉에 조금 앞서 발표된 〈3월 1일이 온다〉도 그에 버금가는 시이다.

    언 살결에
    한층
    바람이 차고

    눈을 떠도
    눈을 떠도

    티끌이

날려오는 날

봄보다
먼저
3월 1일이
온다

불행한
동포의
머리 우에
자유 대신
'남조선
민주의원'의
깃발이
늘어진

외국관서의
지붕 우
조국의 하늘이
각각으로
내려앉는
서울

우리는
흘린 피의

더운 느낌과
가득하였던
만세소리의
기억과 더불어
인민의 자유와
민주조선의 깃발을
가슴에 품고

눈을 떠도
눈을 떠도

티끌이
날려오는 날

봄보다도
일찍 오는
3월 1일 앞에
섰다.

― 〈3월 1일이 온다〉 전문

 아직 바람이 차고 티끌이 날리는 3월 1일, 서울의 하늘은 여전히 어둡고……. 이 시를 읽고 주먹이 불끈 쥐어지고 눈에 핏발이 서지 않는다면 그는 시를 모르는 사람이다. 봄보다 먼저 3월 1일이 온다는 발상 자체도 놀랍다.

종로와 태평로를 지나 이제 임화를 찾아, "나는 왔다, 멀리 낙산 밑 오막사리를 나와 오직 네가 네가 보고 싶은 마음에……."(〈다시 네 거리에서〉)라고 한 그 낙산으로 갈 차례다. 낙산 밑은 그가 태어난 곳 (본명은 인식仁植), "열아홉 살 때 가정의 파산과 더불어 그의 평화한 감상시대는 끝이 났다"(〈어떤 청년의 참회〉,《문장》, 1940)고 스스로 술회하고 있는 점으로 보아 아주 가난한 집 태생은 아니었던 것 같다. 시작 활동을 하는 동안에도 그 집에 살았던 것은 1940년판《문장》의 '조선문예가총람'에 주소가 창신동 178번지로 나와 있는 것으로 알 수 있다. 1940년이라면 〈네거리의 순이〉,〈우리 오빠와 화로〉등을 발표하고서도 10년이 지나서요, 창신동은 바로 낙산 밑이기 때문이다.

당시의 낙산은 가난한 사람들이 모여 살던 곳, 1930~40년대의 낙산의 모습을 임화의 가까운 친구이기도 했던 현덕玄德은 〈군맹群盲〉이라는 소설에서 이렇게 그리고 있다.

…… 남향을 하고 밋밋이 흘러내린 두던은 갑자기 찍어낸 듯 급각도로 비탈이 져 끝이 잘리었다. 전에 채석을 하던 자리로 군데군데 부자연하게 모진 암면을 드러냈다. 그 깎아지른 측면을 의지하고 양철지붕 거적지붕의 토막이 한 채의 고층건물처럼 거친 지붕 위에 거적담 조각 판장이 연해 층층이 올라 앉았다. 지붕과 담 사이를 길게 금을 긋듯 좁다란 길이 집집의 수채물을 받아 흘리며 항상 질척질척 나선형으로 감아 올라갔다. 그 길은 동시에 각각 뜰이 되고 정지간도 되어 고무신짝 다비짝이 구르고 남비가 걸린 화덕 오지항아리 사기사발 조각이 놓이고 새끼 부스러기 나무토막이 쌓이고 그리고 자기네들의 광고폭처럼 헌 누더기가 널려 퍼덕퍼덕, 코를 찌르는 악취가 또한 그래 한 덩어리의 쓰레기덤이란 감이다.

물어물어 찾아간 178번지는 과연 바로 그 낙산 밑이다. 현덕의 소설 그대로는 아니지만 채석장 밑으로 닥지닥지 낮은 지붕들이 붙었고, 언덕을 기어올라 가는 길가에 점복집, 비디오방, 목욕탕, 양념통닭집, 머리방, 왕족발집, 부동산 등의 간판이 어깨를 비비고 들어앉았다. 임화가 살던 집이나 그 자리를 찾을 길은 없다. 다만 "시인의 입에 / 마이크 대신 / 재갈이 물려질 때, / 노래하는 열정이 / 침묵 가운데 / 최후를 의탁할 때,"(〈바다의 찬가〉) 한 대목을 외며, 머리에 도리우찌를 얹은 호리호리한 몸을 절망적으로 흔들며 그가 걸었을 언덕길을 서성여 보는 것으로 만족할 수밖에 없다.

다음으로 찾아갈 곳은 회기동, 청량리역에서 경희대 가는 길가에 있는, 임화가 해방을 맞은 집이다. 이 집은 본디 안회남이 살던 집이었는데 안회남이 해방 직전 충남 전의로 이사 가면서 임화에게 넘겨준 집이라 한다. 진흙으로 질척거렸다는 청량리역에서 회기동 가는 들길은 이제 주택들로 빼곡 들어찼지만, 희한하게도 임화가 살던 62번지 일대는 옛날 그대로이다.

마지막으로 가회동으로 소설 《대하大河》의 작가 김남천이 살던 집을 찾아간다. 이 집이야말로 해방 후의 새로운 문학 운동이 가장 심도 있게 논의되던 곳으로, 임화가 얼마나 이 집에 자주 들렀던지 그를 모델로 한 일본의 작가 마쓰모토 세이초松本淸張의 소설 〈북北의 시인〉은 이곳을 임화의 집으로 오기했을 정도다. 김남천의 집은 임화만 자주 드나든 것이 아니라 거의 집회 장소가 되다시피 했는데, 당시 한민당의 중견이던 장덕수의 동서 김남천의 집이 다른 동지들의 집에 비해 컸기 때문이다.

이기형 시인도 아담한 양옥으로 기억하고 있는 그 집은 높다란 층계 위에 그대로 있었지만, 이제는 큰 집 사이에 낀 흰 타일의 미니 주택일 뿐이다. 저 안에서 "그대는 역시 분주한 게다 / 적이 또 머리를 드는 때문일 게다 / 다시 전투준비를 시작해야 할 것이다"(〈길〉) 하고 임화가 동지들을 독려했을 것을 생각하니 문득 그 집이 정다워지지만, 이내 참다운 인민의 조국이라 하여 찾아간 평양에서 형장의 이슬로 사라진 그의 모습이 떠오르면서 그릇된 조국의 역사가 서글퍼진다.

권태웅
헐벗은 아이들의 가슴에 별을 심은 시인

자주꽃 핀 건 자주 감자,
파 보나 마나 자주 감자.

하얀 꽃 핀 건 하얀 감자,
파 보나 마나 하얀 감자.

─〈감자꽃〉

충주의 탄금대는 삼대 악성의 한 사람으로 일컬어지는 우륵이 가야금을 탄 데서 그 지명이 유래하지만, 임진왜란 때 삼도 도순변사(총사령관 격)이던 신립이 왜군을 맞아 배수의 진을 치고 싸우다가 장렬하게 전사한 곳으로도 유명하다. 마치 무릎까지 물에 담그고 남한강의 본류와 달래강이 만나는 합수머리를 고개를 갸우뚱 바라보고 서 있는 형상의 탄금대는 이제 관광지로 개발되어 관광객의 발길이 끊이지 않는데, 관광객들이 신립의 유적과 함께 꼭 보고 가는 것이 있으니 권태응의 노래비가 그것이다. 노래비에 새겨져 있는 노래는 초등학교 교과서에도 실려 누구에게나 눈에 익은 〈감자꽃〉이다.

    자주꽃 핀 건 자주 감자,
    파 보나 마나 자주 감자.

    하얀 꽃 핀 건 하얀 감자,
    파 보나 마나 하얀 감자.

    ― 〈감자꽃〉 전문

1968년 어린이날, 새싹회 후원으로 지방 유지들이 성금을 모아 세운 노래비다. 당시 새싹회는 신체시 60돌(최남선의 〈해海에게서 소년에게〉가 발표된 해를 기점으로)을 기념하여 전국에서 여섯 군데를 선정해 윤석중, 윤극영, 박영종, 이원수 등의 노래비를 세우기로 하고 탄금대에 권태응의 노래비를 세웠다.

백문기 조각의 노래비는 감자꽃 모양을 하고 있는데 튼튼하게 만들고 발 딛을 곳을 마련하는 등 아이들이 올라가 놀 수 있게끔 배려한 것이 특징이다. 철망도 치지 않는 것을 원칙으로 했다 한다. 하지만 지금 있는 글씨를 새긴 돌판은 건립 당시의 것이 아니다. 당초에는 동판에 글씨를 새겼었으나 그 동판을 엿장수가 떼어다 팔아먹어 도리 없이 1974년 새로 돌판에 글씨를 새겨 달았다. 그 바람에 노래비는 철조망을 새로 덮어쓰고 말았다.

그러나 옛날에는 감자밭으로 덮였을 들판을 내려다보며 노래비에서 〈감자꽃〉을 읽는 감동은 새롭다. 흔히 민족적 동질성 또는 그 운명을 은유한 것으로 풀이되지만, 그런 것은 제쳐 놓고 새로운 사실을 발견했을 때의 아이들의 놀라움과 기쁨을 이렇게 넉 줄로 표현할 수 있다니, 여기 시의 비밀이 숨어 있는 것은 아닐까. 노래비의 시에서 뜨거운 윤오월의 산비탈 밭, 수건으로 머리를 동인 젊은 아낙네, 밭가에서 흙장난을 하고 있는 젖먹이를 연상하는 것도 어려운 일이 아니다. 숲에서는 뻐꾸기가 울고 강물에는 돛배가 두어 채 떠 있겠지…….

〈감자꽃〉은 유명하지만 그 작자인 권태응 시인(1918~1951)은 제대로 알려져 있지 않다. 남긴 동시집이 《감자꽃》 겨우 한 권인 데다 서른네 살의 젊은 나이로 작고했고 줄곧 요양생활을 하느라 본격적인 문학 활동을 하지 못했기 때문이다. 그나마 처음 나온 《감자꽃》

(1948년 글벗집 간행)에는 불과 서른 편의 시밖에 실려 있지를 않다. 1995년에 창작과비평사에서 유작 70여 편을 보태《감자꽃》증보판을 냄으로써 새롭게 알려지게 되었을 뿐이다.

권태응 시인은 바로 시비가 있는 탄금대 아랫마을 칠금리 태생으로 폐결핵으로 여기서 요양하며 살다가 여기서 세상을 떴다. 칠금리는 옻갓, 안골, 금대, 섬들, 밭가운데, 새말 등 자연부락으로 이루어진 마을이다. 그 가운데서 중심 마을인 옻갓이 그가 살던 마을로, 옻나무가 유난히 많대서 그런 이름이 붙었다.

옛날에는 한가운데를 샛강이 흐르는데 장마 때면 물이 들어와 바로 대문 앞에서 배에 쌀섬을 싣고 서울을 갈 수가 있었고, 강물이 빠지면 샛강은 남은 물만으로 안에는 연꽃을 안고 밖으로 버드나무를 낀 연못이 되었다. 강과 연못가로는 널따란 들판이 펼쳐져 갖가지 채소를 키웠다. 〈감자꽃〉은 이런 아름다운 자연에 대한 경이를 어린이의 티 없는 눈을 통해서 재현한 시이다. 실제로 그의 시 거의 전부에 그가 몸담아 살던 아름다운 자연이 스며 있다.

둥둥 엄마 오리,
못 물 위에 둥둥.

동동 아기 오리,
엄마 따라 동동.

풍덩 엄마 오리,
못 물 속에 풍덩.

풍당 아기 오리,
엄마 따라 풍당.

―〈오리〉 전문

　엄마 오리가 앞서고 아기 오리가 그 뒤를 따라 못 물 위를 떠간다. 엄마 오리가 물속으로 자맥질을 하면 아기 오리도 따라서 자맥질을 한다. 연못 위에는 물안개가 자욱하고 물총새며 청호반새도 덩달아 물속을 드나들리라. 방죽 위에는 낚싯대를 드리운 늙은이도 하나쯤 앉아 있겠지. 엄마 오리는 몸이 크니까 둥둥 뜨고, 아기 오리는 몸이 작으니까 동동 뜨고, 또 물속에 들어갈 때는 엄마 오리는 풍덩, 아기 오리는 풍당, 얼마나 재미있는 표현인가. 가령 그가 이렇게 아름다운 못가에 살지 않았더라도 이런 표현을 얻을 수 있었을까.
　아기 오리, 엄마 오리가 동동, 둥둥 떠다니던, 그리고 물이 불면 집 앞에서 배에 쌀섬을 싣고 서울로 갈 수 있던 샛강은 시민의 체육장으로 변해 테니스장 등의 시설을 갖추고 있고, 그가 살던 집은 헐려 머지않아 새 집이 들어설 모양이다. 옻갓, 안골, 금대 등 여러 마을에도 아파트 등 새 집이 들어서서 옛모습은 많이 남아 있지 않다. 다행히 그와 함께 서울과 일본의 도쿄로 유학을 했던 재종 권태성 씨가 양옥의 별채가 덧붙여지기는 했지만 널따란 정원의 옛날 그대로의 고가에 살면서 권태응 시인의 어린 시절, 젊은 시절에 대한 상세한 얘기를 들려준다. "아주 깨끗하고 곧은 사람이었지요." 그는 세 살 아래였다는 권태응 시인을 한마디로 이렇게 표현한다. 그의 동시들을 한마디로 아름다운 남한강변의 자연환경과 깨끗하고 맑은 시인의 마음이 만나 만들어 낸 또 하나의 자연이라는 것, 남달리 다정다감하고 섬세하던 권 시인이 물안개가 자욱한 못가를 거닐며 황새가 날거나 물오리가 노는 것을 바라보던 모습이 아직도 눈에 선하다고 말한다.

세 살 차이의 재종형이면 어렵게 아는 것이 당시의 풍습이었다. 그럼에도 둘이 특별히 가까웠던 것은 세 해 차이를 두고 다 같이 충주보통학교(지금의 교현초등학교)를 나와 서울의 경기고보(지금의 경기고교)로 진학했기 때문이다. 서울서도 하숙을 같이하는 등 함께 생활을 했다. 속칭 옷갓 권씨로 불리는 칠금리의 안동 권씨는 양촌陽村 권근權近의 후손들로서 군내에서도 이름 있는 명문이었으나 서울 유학생은 단 둘뿐이었다.

"재주가 뛰어나 어려서부터 수재 소리를 들었어요. 하지만 꽉 막힌 그런 성격은 아니었던 것 같아요. 농사지어도 다 머슴 있고 일꾼 있었지만 그들하구 잘 어울렸어요. 소작인들 집에도 스스럼없이 드나들었던 걸로 알아요."

그런 성정이었기 때문에 가령 〈막대기 들고는〉 같은 당시 농민이 사는 모습이 생생하게 드러난 작품을 쓸 수 있었다는 얘기다.

막대기 들고는
무엇 하나?
  벼 멍석에 덤벼드는
  닭을 쫓고.

막대기 들고는
무엇 하나?
  양지쪽에 묶어 세운
  참깨 털고.

위는 출입을 막아 놓은 지금의 노래비. 아래 사진은 예전의 시비로 아이들이 자유롭게 접근할 수 있었다. 동요 시인을 기리는 시비가 아이들과 격리되고 있다니 아이러니입니다.

막대기 들고는
무엇 하나?
　뒤곁에 오볼 달린
　대출 따고.

— 〈막대기 들고는〉 전문

　부지깽이도 함께 뛴다는 가을날, 아이들에게는 놀 시간이 없다. 멍석에 넌 벼에 덤벼드는 닭도 쫓고 할머니를 도와 참깨도 털어야 한다. 게다가 대추를 따는 일도 아이들 차지, 새빨간 가을 하늘과 불긋불긋 달린 대추나무를 배경으로 동생과 흙장난을 하느라 잠시 한눈을 판 사이 닭들이 꼬꼬댁대며 벼 멍석으로 달려드는 모습을 그린 한 편의 풍속도이다.
　농촌에 살았다고 아무에게나 이런 표현이 가능하지는 않다. 농민 생활에 대한 친화와 섬세한 감각이 없었다면 불가능했을 것이라고 권태선 씨는 설명한다.
　권태응 시인은 옻갓 권씨 중에도 종손이요, 조부는 향교의 직원이었던 만큼 전통적인 유가의 집에서 생장했대도 좋을 것이다. 그러나 부친은 일본 유학을 했으며 경서 등 한학서보다는 일역된 세계문학전집을 더 가까이 했다. 그러나 시인은 우리말의 아름다움에 더 취했으며, 이 현실이 〈책 자랑〉 같은 세태를 풍자한 시를 낳게 했으리라.

　할아버지 책 자랑은 어려운 한문 책,
　그렇지만 그것은 중국의 글이고.

아버지 책 자랑은 두꺼운 일본 책,
그렇지만 그것은 일본의 글이고.

언니의 책 자랑은 꼬부랑 영어 책,
그렇지만 그것은 서양의 글이고.

우리 우리 책 자랑은 우리나라 한글 책,
온 세계에 빛내일 조선의 글이고.

─〈책 자랑〉전문

권태응 시인에게 영향을 준 사람에는 그의 숙부가 있다. 그는 1930년대 초 《동아일보》가 "농민 속으로"라는 구호를 내걸고 앞장선 '브나로드 운동'에 호응, 마을 회관을 짓고 문맹 퇴치 운동 민중 계몽운동에 열중했던 사람이다. 시인의 반일 민족 사상은 그에 힘입은 바가 클 것이라는 것이 권태성 씨의 말이다.

뒤에 시인은 해마다 추석 때면 마을의 젊은이들을 모아 소인극을 꾸미곤 했는데, 그 내용은 고리키나 체호프의 것을 번안한 것들이거나 우리 역사에서 취재한 것들로서 대개 민족의식이나 계급의식을 깨우치는 계몽적인 것이었다. 고보 시절의 그의 행적 중에서 특이한 것은 싸움을 해서 구속된 사건이다. 학적부에도 그렇게 나와 있는데, 싸움의 상대는 유명한 친일파의 아들이다. 시인의 뒤의 행적과 일치하는 대목이다.

시인은 경기고보를 나온 뒤에 태성 씨의 뒤를 이어 일본으로 건너가 와세다대학 전문부 정경학과에 입학을 하지만(태성 씨는 동경제대

농학부로 진학) 학교생활을 오래 지속하지 못한다. 유학생들끼리 독서회를 만들어 모이다가 발각되어 이른바 치안유지법 위반으로 구속되었기 때문이다.

1년이나 미결수로 스가모 형무소에 갇혀 있는 사이 그는 폐결핵이라는 당시로서는 무서운 병을 얻게 된다. 석방되었지만 공부를 계속하지 못하고 귀국하여 인천의 사나토리움(적십자요양원)에서 3년여의 요양 생활에 들어간다.

해방 직전 그는 퇴원하여 사나토리움에서 만난 여인과 결혼하여 집에서 투병 생활에 들어가지만, 소인극과 한글 강습 등 계몽운동에 대한 열정은 버리지 못하고 마을 청년들을 의식화시키는 일을 계속한다. 그 결과 해방 전후와 6·25 전후 마을은 군내에서도 가장 수난을 당하는 마을이 되었다.

해방 후의 분단과 민족상잔의 갈등 속에서 그가 어떠한 심정으로 살았는가를 잘 말해 주는 시가 〈북쪽 동무들〉이다.

북쪽 동무들아
어찌 지내니?
겨울도 한 발 먼저
찾아 왔겠지.

먹고 입는 걱정들은
하지 않니?
즐겁게 공부하고
잘들 노니?

너희들도 우리가
궁금할 테지.
삼팔선 그놈 땜에
갑갑하구나.

— 〈북쪽 동무들〉 전문

　동요라는 단순한 형식으로도 분단의 처절한 아픔, 소식 모르는 북쪽 친구들에 대한 간절한 그리움과 깊은 걱정을 얼마든지 효과적으로 표현할 수 있음을 보여 주는 시다. 물론 그는 다른 무엇이기에 앞서 착하고 아름다운 마음씨를 가진 동요 시인이지만, 그 착하고 아름다운 마음씨는 곧 나라를 걱정하는 마음과도 통한다는 점도 생각해 볼 필요가 있을 것이다.

　그가 동요를 언제부터 쓰기 시작했는지 분명히 알 수는 없지만 동요에 담긴 그의 생각을 알기 위해서는 글벗집 판 《감자꽃》 뒤에 붙어 있는 '지은이의 말'을 읽어 보는 것도 좋을 것 같다.

　"나는 여러 해째 요양 중에 있습니다. 그래 좋은 일을 많이 하고는 싶으면서도 마음뿐입니다. 이번 처음으로 내놓는 동요집 《감자꽃》이 서투르고 변변하지는 못하나마, 여러 어린 동무들에게 보내드리는 조그만 선물이 되고자 하지만, 몇 개나 즐겁게 노래 부를 수 있을는지요?
　조마스러운 마음에서도 새 나라 여러 어린 동무들이 언제나 씩씩하게 무럭무럭 자라나기를 나는 정성껏 빌겠습니다."

돌이켜 보면 나는 〈감자꽃〉을 꽤 일찍 읽었던 것 같다. 윤석중이 주간을 하던 《소학생》이라는 잡지에서였을 게다. 또 시집 《감자꽃》도 바로 그 얼마 뒤에 읽었다. 그리고 그 작자가 사는 칠금리를 수도 없이 지나다녔다. 중·고교를 다니는 동안 읍내에서 자취를 했는데, 매주 먹거리를 등에 지고 오는 길은 부득이 칠금리를 관통하는 길밖에 없었기 때문이다. 그러면서도 나는 〈감자꽃〉의 작자가 칠금리에 살고 있는 것을 몰랐다. 알았더라면 틀림없이 그를 찾아가 보았을 것이다. 시를 쓰는 분이라면 덮어놓고 좋아하던 시절이었다. 시를 즐겨 읽는 사람이 있다고 해서 찾아갔더니 아버지 친구여서 낭패를 봤지만 버릇없이 오랫동안 친구로 지냈던 기억도 가지고 있다. 그러나 〈감자꽃〉보다도 내가 더 좋아한 시는 〈고추 잠자리〉와 〈어젯밤 손님〉이었다.

    혼자서 떠 헤매는
    고추 잠자리,
    이다시 시리 찬 밤
    잠을 잤느냐?

    빨갛게 익어 버린
    구기자 열매,
    한 개만 따먹고서
    동무 찾아라.

    ―〈고추 잠자리〉 전문

지붕이며 마당에 하얗게 서리가 내린 아침 맵싸리 위에 고추잠자리 한 마리가 날고 있는 것을 본 것은 한두 번이 아니다. …… 어제 저녁 신작로에서 떼로 몰려 날던 동무들은 다 어떻게 되었을까? 우물쭈물하다가 동무를 놓치면 어쩌나? 구기자 열매 한 개만 따 먹고 동무를 찾으렴. …… 이 시를 읽으면서 나는 늘 눈에 글썽 눈물이 고인 아이의 얼굴을 떠올리고는 했다. 〈어젯밤 손님〉은 전혀 정서가 다르다. 해방 이후 가슴을 조이면서 살지 않은 사람은 결코 이 정서를 모를 것이다.

사랑방 문 앞에
낯선 구두.

엄마 엄마 어젯밤
누가 왔수.

밤늦도록 떠들썩
웃음소리가

잠결에 자꾸만
들려 오데.

어젯밤 꿈같이
오신 손님.

너는 너는 누군지

모를 거야.

너 낳던 해 똑 한번
다녀 가신

아빠의 젤 친한
동무란다.

―〈어젯밤 손님〉 전문

'어젯밤 손님'이 세상을 마음대로 나다닐 수 없는 사람임은 문면에 잘 나타나 있다. 이 시는 해방 정국의 온갖 어려움을 상상하게 해주는 아름다움이 있다. 말하자면 권태응은 이런 사람을 제일 친한 친구로 두고 있는 처지인 것이다.

권태응 시인은 6·25 선생 바로 다음 해인 1951년 세상을 떠난다. 폐결핵을 치료할 약을 더이상 구할 수 없었던 것이 세상을 뜬 직접적인 원인이다.
"지금같이 약이 좋다면 그렇게 일찍 죽지는 않았을 텐데……."
권태성 씨는 지금도 그것이 안타깝다. 하지만 세상은 자기 몫을 다하면서 산 사람의 값을 싼거리질하지는 않아, 1987년에는 출신학교인 교현초등학교(23회 졸업생임)에 다시 노래비가 섰다. 1996년에 개교 100주년을 맞은 교현초등학교에서는 권태응 시인을 기리는 행사도 열었다. 5월이면 권태응 노래제도 연례행사로 열린다고 한다.
이쯤에서 창비에서 새로 나온 동시집 《감자꽃》의 발문에서 문학평론가 유종호가 한 말을 되새겨 보는 일이 권태응 시를 깊이 아는 데 도움이 될 것이다.

"여러분들이 이 동요집을 되풀이 읽음으로써 지난날 우리들 삶의 터전이던 농촌은 우리들의 머릿속에 되살아날 것입니다. …… 우리나라 사람 모두의 고향이던 농촌의 삶이 눈앞에 선하게 떠오를 것입니다. 이렇게 동요와 시는 우리가 겪은 것을 다시 경험하게 하면서 동시에 겪어 보지 않은 일도 상상 속에서 경험하게 해 주는 것입니다."

이육사
변형된 자화상 — 초인

내 고장 칠월은
청포도가 익어가는 시절

이 마을 전설이 주저리주저리 열리고
먼데 하늘이 꿈꾸며 알알이 들어와 박혀

하늘 밑 푸른 바다가 가슴을 열고
흰 돛단배가 곱게 밀려서 오면

내가 바라는 손님은 고달픈 몸으로
靑袍를 입고 찾아온다고 했으니

내 그를 맞아 이 포도를 따 먹으면
두 손은 함뿍 적셔도 좋으련
……

— 〈청포도〉 부분

많은 사람들이 애송하는 "내 고장 칠월은 / 청포도가 익어가는 시절 // 이 마을 전설이 주저리주저리 열리고"로 시작되는 〈청포도〉의 시인 이육사는 으레 그 머리에 민족, 애국, 지사 같은 수식어를 가지고 다닌다. 무장 항일 투쟁 단체인 의열단에 가담, 열일곱 번에 걸친 감옥살이, 북경 감옥에서의 죽음 등 그의 행적을 생각할 때 조금도 이상할 것이 없다. 하지만 당연히 명예스러워야 할 이러한 이력이 이육사 시를 위해서는 반드시 좋은 것만도 아니다. 그의 비유나 상징이 의심의 여지없이 애국적이고 민족적인 것만으로 한정 해석되면서 그의 시적 상상력은 제한된 것으로 여겨지기 때문이다. 독자로부터 존경은 받되 사랑을 받지 못한다면 그는 행복한 시인은 못 된다.

육사(본명 원록源祿)가 태어난 곳은 경북 안동, 더 상세하게 말하면 도산면陶山面 원천遠川 퇴계 이황退溪 李滉을 모신 도산서원에서 멀지 않은 곳이다. 그 자신 퇴계의 14대 손으로, 말하자면 그는 전통적인 유가의 집에서 태어났다. 원천은 낙동강변의 강마을로서 '먼내'(안동을 기준으로)라는 뜻.

지금은 안동에서 차로 불과 20분 안팎의 거리이지만 초행도 아닌 이번 길에 그 멀다는 사실을 다른 뜻으로 실감한 것은 실로 아이러니다. 원천이라는 똑같은 지명을 가진 곳이 또 있어 헷갈린 데다 사람들이 터무니없이 이육사라는 이름을 몰라 물을수록 혼란이 가중되어 무려 두 시간이나 허비했던 것이다. 특히 차를 몰고 다니는 젊은이들은 육사 생가 운운의 말을 들을 적마다 무슨 생뚱한 질문이냐는 얼굴들을 했는데, 일본이나 프랑스에 갔더니 웬만큼 알려진 시인이나 소설가의 생가를 찾기 위해서는 초등학교 학생을 잡고 물어도 알더라는 어느 시인의 얘기가 생각나면서 새삼스럽게 우리 문화 수준이 돌아보아졌다.

그래도 육사 생가 찾아가는 길이 지루하거나 짜증스럽지 않았던 것은 산과 들과 마을을 뒤덮은 꽃 덕이었다. 산은 진달래와 싸리꽃과 벚꽃으로 울긋불긋했고 산과 산 사이의 골짜기는 온통 과수원으로, 사과꽃은 아직 피지 않았지만 복숭아꽃과 배꽃이 한창이었다. 개나리가 울타리를 뒤덮었고 집집이 살구꽃은 서 있는 뜰이 비좁아 담 밖으로 몸을 내밀었다. 퇴계가 즐겨 읊던 매화는 보이지 않았지만 "이른 매화 만발하고 늦은 매화 피기 시작 / 진달래 벚꽃들도 보란 듯 다닥다닥 / 꽃다운 물건치고 열흘 없다 뉘 일렀노 / 아마도 딴 봄 만나 오래도록 남은 게지早梅方盛晚初開 鵑杏紛紛超我來 莫道芳菲無十日 長留應得別春回"라 한 〈늦봄에 도산 정사精舍에 돌아와 우거하면서 본 것을 기록하다〉라는 시가 절로 입에서 나왔다.

한창 온천이 개발 중인 도산 면소재지 어름을 지나 다시 고개를 하나 넘어서 있는 원천은 안동댐이 세워지면서 차 두 대가 가까스로 비킬 수 있는 길을 경계로 반은 헐리고 반은 남았다. 그 반은 당장 물이 들어오지는 않더라도 장마가 지면 물이 들어올 수 있는 수몰 예상 지역으로 육사가 살던 집도 바로 거기 들어간다. 그래서 집은 1975년에 안동 시내의 태화동으로 이전, 민속자료 제10호로 보존되었고, 옛 집터에는 유허비遺墟碑와 시비가 서 있다. 옛날에는 집터에 이곳이 육사의 생가임을 알리는 팻말 정도가 서 있던 것을 1992년 3백여 평의 터를 잔디와 나무를 심어 다듬고 유허비와 시비를 세운 것이다.

유허비에 새겨져 있는 육우당六友堂은 이 집의 당호, 그들이 육형제(육사는 둘째임)라 해서 형이 명명한 것이다. 유허비에는 그들 여러 형제(형 원기, 동생 원일)가 장진홍의 조선은행 대구 지점 폭탄 테러 사건(1927년)에 연루되어 함께 옥에 갇혔다가 나온 사실이 기록되어 있다. 장진홍은 일본에서 체포되어 본국으로 송환되어 사형 언도를 받고 대구감옥에서 복역하다가 자결한 분이다. 문학평론가 이원조는 육형제 중 다섯째로, 월북했다가 1950년대 초 남로당 숙청 때 반당분자로 몰려 숙청당했다.

시비 비양碑陽에는 〈청포도〉가 새겨져 있고, 비음碑陰에는 능참봉이던 조부에게서 한문을 배우고 북경으로 가 무장 항일 단체인 군정서와 정의부와 의열단에 가담하고, 조선은행 대구 지점 폭탄 테러 사건으로 옥살이를 하고, 조선군관학교와 북경대학을 다니고, 광주 학생 사건, 대구 격문 사건 등으로 검거되는 등 무려 17회나 대구와 북경에서 징역을 실고 마침내 북경의 감옥에서 옥사한 일대기가 쓰여 있다. 육사라는 이름이 수인 번호 64에서 유래했다는 내력도 적혀 있다.

깨끗이 잔디를 심고 가로는 벚나무, 소나무, 은행나무를 심은 유허지는 무르익은 봄볕과 함께 자못 윤기가 흐른다. 마을 앞에는 승용차 세 대가 놓여 그리 메마른 고장만은 아님을 말해 주고 있고, 비닐하우스가 드문드문 박힌 들판에서 사람들은 땅 고르고 씨 뿌리기에 한창이다. 장마가 지면 물이 들 땅에도 이 고장 사람들은 농사를 짓는다. 보상금을 타 가지고 안동 읍내 등 외지로 나갔다가도 농사철만 되면 농사꾼들은 돌아온다. 장마 지면 파농할 것이 뻔하지만 에멜무지로 옛날 자기 땅에 농사를 짓는 것이다. 장마 안 들어 그대로 남기를 바라면서다. 검은 강물이 멀리 보이니 옛날에는 그곳이 곧 흰 돛단배가 뜨던 곳이다. 〈청포도〉의 "흰 돛단배가 곱게 밀려서 오면"은 필시 여기서 얻은 시상일 것이라는 추론의 근거가 되고 있다.

안동 시내로 들어와 안동댐 아래 있는 시비를 찾아가 본다. 비양에는 시 〈광야〉가 새겨져 있고, 비음에는 "광야를 달리는 준마의 의지에는 탄식이 없고 한 마음 지키기에 생애를 다 바치는 지사의 천고일철天古一轍에는 성패와 영욕이 아랑곳 없는 법이다"로 시작되는 일대기가 쓰여 있다. 조지훈 시인이 동탁東卓이라는 본명으로 찬한 글이다. 시비는 안동댐에서 흘러나오는 도도한 강물을 내려다보고 있다. 뒤로는 수몰 지역에서 옮겨다 놓은 고가들이 몇 채 서 있다. 초라한 백성의 집이 호화스러운 양반의 집 사이에 섞여 있다.

옛날 낙동강변에 박씨 성을 가진 집에 종살이를 하는 계집종이 있었다. 얼굴이 뛰어난 데다 재주도 출중했는데 특히 시문에 능했다. 주인 박가는 처녀에게 혹해서 달콤한 말과 협박으로 유혹하지만 계집종은 시 한 편을 써 놓고 낙동강 물에 몸을 던져 그 갈등을 푸니 〈낙동강〉이라는 시 한 편이 지은이의 이름 없이 19세기 중엽 조종섭이 엮은 《해동시선海東詩選》에 전한다.

> 위엄은 서릿발 같고 은혜도 또한 태산 같소
> 안 따를 수도 없고 따를 수도 없습니다
> 낙동강 강물은 끝없이 푸르니
> 이 몸 빠져 죽으면 이 마음 편안하겠지요

威如霜雪恩如山(위여상설은여산)

不去爲難去亦難(불거위난거역난)
回水洛東江水碧(회수낙동강수벽)
此心危處此心安(차심위처차심안)

  태화동으로 옮겨 심은 민속자료 10호의 생가는 하룻밤을 자고 이튿날 아침 일찍 찾아갔다. 홑처마 일자집으로 맞배지붕의 안채와 팔각지붕의 사랑채가 나란히 붙어 있는데, 간수가 같다. 안채와 사랑채가 본디도 이렇게 붙어 있었을까? 집터가 유허지에서 상상했던 것보다 터무니없이 좁다. 뜰은 을씨년스럽게 비어 있고 이 구석 저 구석 쓰레기가 아무렇게나 널려 있다. 육사 육형제가 뜰에 꽃나무 하나 심어 놓지 않고 살았으리라고는 아무래도 생각할 수 없다. 이왕 복원했을 바에는 제대로 보존하는 노력도 기울였어야 하지 않았을까.

  낙동강변의 시비에 새겨져 있는 〈광야〉로부터 들어가는 것이 육사 시 읽기의 순서일 것 같다.

> 까마득한 날에
> 하늘이 처음 열리고
> 어데 닭 우는 소리 들렸으랴
>
> 모든 산맥들이
> 바다를 연모해 휘달릴 때도
> 차마 이곳을 범하던 못하였으리라
>
> 끊임없는 광음을

부지런한 계절이 피어선 지고
큰 강물이 비로소 길을 열었다

지금 눈 내리고
매화향기 홀로 아득하니
내 여기 가난한 노래의 씨를 뿌려라

다시 천고의 뒤에
백마 타고 오는 초인이 있어
이 광야에서 목놓아 부르게 하리라

—〈광야〉전문

    다섯 연으로 된 내용의 첫 연과 둘째 연은 광야의 생성 과정이다. "어데 닭 우는 소리 들렸으랴" 하고 이어 "모든 산맥들이" "차마 이 곳을 범하던 못하였으리라" 함으로써 사람이니 짐승 하나 없는 태초의 막막하고 광활한 광야를 보여 준다. 바다를 연모해 휘달리는 산맥들도 범하지 못했다는 표현은 광야의 이미지에 신비감마저 더한다. 셋째 연은 광야의 역사다. 그 광야에 많은 세월(광음)이 지나고 숱한 계절이 바뀐 것이다. 주목할 곳은 "큰 강물이 비로소 길을 열었다"라는 대목. 이를 설명하면 "강에 사람이 모여 살고 길을 만들었다"로 될 것이니, 곧 광야에 인간의 역사와 문명이 시작되었음을 나타내는 말일 터이다. 뿐 아니라 이 말은 사람이 사는 온갖 세목을 함축함으로써 시의 맛을 뽐낸다.
    다음 연에서 시는 많은 말을 생략한 채 오늘로 돌아온다. "지금 눈

복원해 놓은 육사의 생가를 찾아가는 길. 전교조 경북지부의 조영옥 선생(왼쪽)과 이상철 선생(가운데)이 동행했다. 오른쪽은 필자.

내리고 / 매화향기 홀로 아득하니"라는 한시 한 가락을 떠오르게 하는 이 표현은 고결한 삶, 이 시인이 가장 이상으로 생각하는 삶의 은유일 수도 있다. 눈 내리는 속에 매화 향기 홀로 아득하다니 얼마나 높고 맵고 깨끗한가. 이 시인이 뿌리는 "가난한 노래"는 곧 이러한 삶을 기리는 노래임이 분명하다. 마지막 연에서 시는 아주 먼 훗날로 달려간다. "초인"은 누구이며 "백마"는 무엇을 뜻하는 것일까? 그것을 쉽게 단정해 말하기는 어렵지만, 그가 "초인"을 기다리고 있으며 그 초인은 기차를 타거나 달려서 오는 것이 아니라 백마를 타고 온다는 점이다. 그 초인으로 하여금 자신이 뿌린 가난한 노래를 목놓아 부르게 한다니 실로 도도한 기상으로, 이 시인의 세상을 사는 자세와 시를 쓰는 태도가 가장 잘 드러난 시가 이 시라고 말하는 것은 당연하다. 한편 초인은 〈청포도〉에서 변형되어 나타나고 있다.

> 내 고장 칠월은
> 청포도가 익어가는 시절
>
> 이 마을 전설이 주저리주저리 열리고
> 먼데 하늘이 꿈꾸며 알알이 들어와 박혀
>
> 하늘 밑 푸른 바다가 가슴을 열고
> 흰 돛단배가 곱게 밀려서 오면
>
> 내가 바라는 손님은 고달픈 몸으로
> 청포를 입고 찾아온다고 했으니

내 그를 맞아 이 포도를 따 먹으면
두 손은 함뿍 적셔도 좋으련

아이야 우리 식탁엔 은쟁반에
하이얀 모시 수건을 마련해 두렴

―〈청포도〉 전문

  육사의 시로서는 드물게 세련되고 아름다운 이 시에서 말하자면 "초인"은 "내가 바라는 손님"으로 모습을 달리해 있고, 백마를 타고 오는 대신 "청포를 입고 찾아온"다. 여기서 그가 누군가가 오기를 기다리고 있다는 사실은 분명히 알 수 있다. 그의 연대기로 미루어 그것이 일제의 억압으로부터 민족을 해방시킬 사람으로 추론하기도 하는데, 터무니없는 것은 아닐 터이다. 그러나 이 시에서 더 주목할 것은 선명하고 밝고 깨끗한 이미지이다. 전설 ― 하늘 ― 푸른 바다 ― 청포도   청포로 이어지는 푸른 빛깔과 흰 돛단배 ― 은쟁반 ― 하얀 모시 수건의 하얀 빛깔의 대비가 시를 수채화처럼 아름답게 만든다. "하늘 밑 푸른 바다가 가슴을 열고 / 흰 돛단배가 곱게 밀려서 오면"의 표현도 그야말로 곱다. "두 손은 함뿍 적셔도 좋으련"은 이 시가 발표될 당시 아직 맞춤법이 제대로 성립되어 있지 않았다는 점을 상기할 때, "좋으련만"의 뜻으로 읽어야 옳을 것이다. 청포도가 우리나라에 들어와 보편화되어 있지 않았다고 시비하는 소리도 있지만 공연한 트집이다. 시는 눈에 보이는 것만을 쓰는 것이 아니라 마음의 눈에 보이는 모든 것을 쓰는 것이기 때문이다. "이 마을 전설", "흰 돛단배", "청포", "은쟁반", "모시수건"에도 불구하고 시가 전체적으로 서구적 정서에 바탕하고 있다는 점도 눈여겨 보아야 할 것이다.

〈절정〉도 그 치열성으로 해서 자주 인구에 회자된다.

> 매운 계절의 채찍에 갈겨
> 마침내 북방으로 휩쓸려 오다
>
> 하늘도 그만 지쳐 끝난 고원
> 서릿발 칼날진 그 우에 서다
>
> 어데다 무릎을 꿇어야 하나?
> 한발 재겨 디딜 곳조차 없다
>
> 이러매 눈 감아 생각해 볼밖에
> 겨울은 강철로 된 무지갠가 보다
>
> ―〈절정〉 전문

"매운 계절의 채찍"은 일제의 압박을 얘기하는 것이요, "북방"은 만주를 가리키는 것이리라. 그렇게 볼 때 이 시는 만주로 망명했을 때의 그 절망감을 노래한 시라고 해석할 수 있다. "하늘도 그만 지쳐 끝난 고원" "한발 재겨 디딜 곳조차 없다"라고 했으니 그곳이 얼마나 척박하고 삭막하고 가파른 땅이랴. "어데다 무릎을 꿇어야 하나?"는 종교적인 뜻을 포함하고 있다기보다 오히려 의지할 데가 없음을 뜻하는 것으로 해석해야 할 것이다. "겨울은 강철로 된 무지개"라는 비유는 두드리면 쨍그렁 소리가 날 것 같이 새파랗게 얼어 붙은 북방의 겨울 하늘, 산도 들도 미동도 않는 그 겨울의 모습을 극적으로 드러내기 위한 표현일 터이지만 아무래도 작위적이다. 실재하지도 않고 아무도 본 일이 없는 "강철로 된 무지개"가 상기시키는 이미지는 너무 막연하다.

다 알다시피 육사는 평생을 민족의 해방과 나라의 독립을 위해 싸우다가 옥사했다. 반드시 우리 민족은 일제로부터 해방될 것이요, 나라는 독립을 성취하리라고 믿지 않았다면 이러한 삶을 살지 못했을 것이다. 그의 시 곳곳에서 역사에 대한 낙관주의 같은 것을 읽을 수 있는데 그것이 가장 두드러지게 나타나 있는 시가 감옥에서 남긴 유시로 추정되는 〈꽃〉이다.

동방은 하늘도 다 끝나고
비 한 방울 나리쟎는 그 땅에도
오히려 꽃은 빨갛게 피지 않는가
내 목숨을 꾸며 쉬임없는 날이여

북쪽 툰드라에도 찬 새벽은
눈속 깊이 꽃 맹아리가 옴작거려
제비떼 까맣게 날라오길 기다리나니
마침내 저바리지 못할 약속이여!

한바다 복판 용솟음치는 곳
바람결 따라 타오르는 꽃성에는
나비처럼 취하는 회상의 무리들아

오늘 내 여기서 너를 불러보노라

— 〈꽃〉 전문

　이 시에 대해서 김영무 교수는 "자유로운 삶의 공간인 하늘도 끝나 버리고 생명의 물줄기인 비는 한 방울도 내리지 않는 척박한 절망의 고장, 시인은 이러한 절망의 땅에서 오히려 붉게 피어나는 꽃송이의 존재를 믿으며, 얼어붙은 시베리아의 동토대 깊은 얼음 속에 불씨처럼 살아 숨쉬며 제비떼 까맣게 날아올 봄을 기다리는 꽃봉오리가 있음을 믿"(이육사 시집 《광야》 해설, 〈절망의 변증법〉, 민음사)었다고 말하고 있고, 김종길 교수는 균형과 절제가 (〈꽃〉에서) "각박한 목숨의 응시를 무절제한 자기 표현이나 공허한 울부짖음으로 떨어지지 않게 하고 있다"(이육사 시집 《광야》 해설, 〈시와 비극정신〉, 미래사)고 말하고 있지만, 그에 앞서 나는 이 시에서 역시 비극적 초인의 이미지를 본다. 어쩌면 〈광야〉나 〈청포도〉의 초인 또는 '내가 기다리는 사람'은 실은 자신의 변형된 자화상이 아닐까.

　육사가 남긴 시는 36편뿐이다. 25, 6세에 첫 작품을 발표, 작고하기까지 15여 년간의 문학 활동치고 되게 과작인 편이다. 더욱이 높은 수준에 이르러 있는 작품은 불과 6, 7편에 지나지 않는다. 그는 위대한 삶을 살았지만 그의 시가 전부 위대하다고 말하기는 어렵다. 위대한 시가 위대한 삶에서 나오는 것은 분명하지만, 위대한 삶이 다 위대한 시를 낳는 것은 아닌 것 같다.

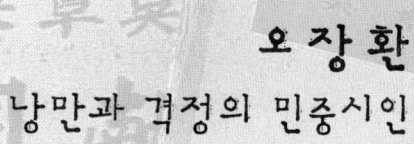

오장환
낭만과 격정의 민중시인

......

병든 서울, 아름다오, 그리고 미칠 것 같은 나의 서울아
네 품에 아무리 춤추는 바보와 술취한 망종이 다시 끓어도
나는 또 보았다.
우리들 인민의 이름으로 씩씩한 새 나라를 세우려 힘쓰는 이들을……
그리고 나는 외친다.
우리 모든 인민의 이름으로
우리네 인민의 공통된 행복을 위하여
우리들은 얼마나 이것을 바라는 것이냐.
아, 인민의 힘으로 되는 새 나라

......

— 〈병든 서울〉 부분

1980년대 초, 광주 대학살로 세상이 뒤숭숭하던 때다. 한 지방도시의 고교 국어 교사가 금서로 묶여 있던 오장환의 시집 《병든 서울》 복사판을 구했다. 그는 당시의 우리 시에서는 찾아볼 수 없는 정서와 가락과 힘에 압도당하면서 그 시집에 사로잡혔다. 시집을 주머니에 넣고 다니면서 틈만 나면 꺼내 읽있다. 그러다가 시내버스에서 시집을 흘렸다. 당연히 시집은 수사기관의 손에 들어갔는데 불운하게도 시집 갈피에 소지자의 소속을 알게 하는 단서가 들어 있었다. 소지자가 그러잖아도 손 좀 보아 주어야겠다고 노리고 있던 인물인데 수사기관은 쾌재를 불렀다. 며칠 미행 끝에 그가 몇몇 친구들과 만나는 자리를 덮쳤다. 이렇게 해서 어처구니없는 용공 조작 사건인 오송회는 만들어진다. 지난 권위주의 시대에 흔히 있던 일로, 오장환 시집이 고생을 시킨 사람이 이 교사 하나뿐이 아니고, 또 많은 사람들에게 이와 비슷한 고생을 시킨 것이 오장환 시인만이 아니었겠지만, 당시 오장환 시를 읽는 감동은 이런 고생쯤 해도 별로 억울하지 않을 만큼 큰 것이었다. 그의 시에는 군사독재라는 폭력 아래 사는 사람들의 피를 끓게 하고 주먹을 부르쥐게 하는 힘이 있었다.

   병든 서울, 아름다운, 그리고 미칠 것 같은 나의 서울아

네 품에 아무리 춤추는 바보와 술취한 망종이 다시 끓어도
나는 또 보았다.
우리들 인민의 이름으로 씩씩한 새 나라를 세우려 힘쓰는 이들을……
그리고 나는 외친다.
우리 모든 인민의 이름으로
우리네 인민의 공통된 행복을 위하여
우리들은 얼마나 이것을 바라는 것이냐.
아, 인민의 힘으로 되는 새 나라

—〈병든 서울〉 부분

   해방 후 월북, 북에서 시작 활동을 하다가 1950년대 초엽 신장결핵 치료를 위해 모스크바로 갔다가 거기서 사망한 것으로 알려지고 있는(박남수 시인의 증언) 오장환은 출생부터가 예사롭지 않다.
   그는 1918년 충북 보은군 회인에서 태어났는데 그의 어머니는 호적에 첩으로 등재되어 있다. 아버지 오학근은 본디는 안성 사람으로 시인의 어머니를 첩으로 들이면서 전장이 있는 회인에 살림을 차린 것이 아닐까 하는 것이 회인(지금의 회북)과 안성을 오가며 호적을 조사하고 이웃 사람들의 얘기를 들은 충북 민예총의 김하돈의 추론이다. 그 일가는 그가 열 살이 되던 해에 안성으로 되돌아가는데 그것이 바로 오학근의 본처가 사망하고서 두 해 뒤가 된다. 이 출생이 그의 일생을 좌우한 콤플렉스로 작용했을 가능성이 없지 않다. 실제로 그의 시에는 "어머니는 무슨 필요가 있기에 나를 만든 것이냐!"(《향수》) 등 자신의 출생을 저주하거나 냉소하는 표현이 적지 않게 나타나 있는 바, "오래인 관습 — 그것은 전통을 말함이다"라는 앞말이

붙은 〈성씨보姓氏譜〉가 그 대표적인 예로, 이 시에서 그는 그의 오씨라는 성을 무겁게 느끼며 그것이 필요치 않다고 고백하고 있다.

내 성은 오吳씨. 어째서 오가인지 나는 모른다. 가급적으로 알리어 주는 것은 해주로 이사온 일청인—淸人이 조상이라는 가계보의 검은 먹글씨. 옛날은 대국숭배를 유 — 심히는 하고 싶어서, 우리 할아버지는 진실 이李가였는지 상놈이었는지 알 수도 없다. 똑똑한 사람들은 항상 가계보를 창작하였고 매매하였다. 나는 역사를, 내 성을 믿지 않아도 좋다. 해변가로 밀려온 소라 속처럼 나도 껍데기가 무척은 무거웁고나. 수통하고나. 이기적인, 너무나 이기적인 애욕을 잊으려면은 나는 성씨보가 필요치 않다. 성씨보와 같은 관습이 필요치 않다.

— 〈성씨보姓氏譜〉 전문

회인공립보통학교(지금의 회북초등학교)에서 처음 3년을, 안성공립보통학교에서 다음 3년을 보낸 그의 초등학교 시절은 평범했던 것 같다. 다른 성적은 중간인데 도화(미술)만은 점수가 높다. 보통학교 졸업 후 중학교 시험에 떨어져 속성과를 다닌 것을 보면 공부에는 애당초 별 재미를 붙이지 못했던 모양이다. 이후 휘문고보에 들어가지만 자퇴하고 도쿄로 유학, 지산중학교를 거쳐 메이지대학에 들어갔다가 역시 중퇴로 끝낸다. 문예과 별과라 했는데 아마 청강생 비슷한 위치가 아니었나 싶다. 휘문고보 시절에는 정지용 시인으로부터 배웠으며 이로써 둘은 사제지간의 연을 맺게 된다. 끊임없이 나도는, 오장환의 권유로 정지용이 월북했다는 설도 여기에 연유한다.

그는 대학을 중퇴하고 곧바로 귀국, 종로 관훈동에 '남만서점南蠻書

충북 보은군 회북면 중앙리 140번지, 속칭 '사짓골'에 자리 잡고 있는 오장환의 생가.

店'이라는 책방을 내는데 이때 그의 나이 스물하나였다. '남만서고'라는 이름으로 출판도 했는데, 남만이라는 이름으로 한껏 멋을 낸 점이 과연 오장환다웠다는 것이 첫 시집인 《성벽》의 재판에 발문을 붙인 소설가 이봉구의 말이다. 같은 해 부친이 사망한 것으로 미루어 유산이 그 자본금이 되었을 것으로 짐작된다. 이때의 오장환을 이봉구의 소설 〈도정道程〉은 갖가지 색깔의 넥타이를 매일처럼 갈아 매고 툭하면 가게문을 닫고 명동과 종로로 놀러 다니는 멋쟁이로 그리고 있다.

이미 그는 서정주, 김광균, 함형수, 김동리 등과 '시인부락' 동인을 하면서 〈성벽〉, 〈어포漁浦〉, 〈모촌慕村〉, 〈전설〉, 〈우기雨期〉, 〈온천지溫泉地〉, 〈매음부〉 등 한국의 현실을 은유적으로 형상한 짧은 산문 형식의 음울한 분위기의 시들을 발표하고 있을 때였다. 자비출판의 첫 시집 《성벽》을 백 부 한정판으로 낸 것도 그 직전의 일이다.

세세전대만년성世世傳代萬年盛하리라는 성벽은 편협한 야심처럼 검고 빽빽하거니 그러나 보수는 진보를 허락지 않아 뜨거운 물 끼얹고 고춧가루 뿌리던 성벽은 오래인 휴식에 인제는 이끼와 등넝쿨이 서로 엉키어 면도 않은 터거리처럼 지저분하도다.

―〈성벽〉 전문

헐리고 무너진 성이 꼭 나라를 빼앗기고도 멍청한 얼굴로 그날그날을 살아가는 우리들 바보스러운 모습처럼 느껴지게 만드는 시다.

장판방엔 곰팡이가 목화송이 피듯 피어났고 이 방 주인은 막벌이꾼. 지게목바리도 훈김이 서리어 올랐다. 방바닥도 눅진눅진하고 배창자도 눅진눅진하여 공복은 헝겊오라기처럼 꾀어져 나오고 와그르르 와그르르 숭얼거리어 뒷간 문턱을 드나들다 고이를 적셨다.

―〈우기〉 전문

방바닥도 눅진눅진하고 배창자도 눅진눅진하여 공복이 헝겊오래기처럼 꾀어 나오는, 그리하여 뒷간 문턱을 드나들다 고이를 적시는 것이야말로 당시 조선인의 초상이 아니고 무엇이랴. 이 끈끈하고 축축한 분위기에 더하여 다이아몬드처럼 단단한 언어의 응축, 팽팽한 긴장감, 산문 속에 내재한 힘찬 리듬을 가진 그의 시는 크게 주목을 받게 된다.

남만서점을 내기는 했지만 그는 장사에는 별로 열심이었던 것 같지 않다. 장사를 시작하자마자 팔릴 까닭이 없는 시인부락의 동인인 서정주의 첫 시집을 호화판으로 만든 것만 보아도 그가 돈벌이에 큰 뜻도 특별한 재주도 없었음을 알 수 있다. 이어 낸 자신의 두 번째 시집 《헌사獻詞》는 자신이 발행인이면서도 싸구려로 만들었다. 자기보다 친구를 더 중히 여기는 그의 성격이 잘 나타나 있다. 남만서점 경영을 그가 오래 한 것 같지는 않다. 1940년 4월에 쓴 산문 〈여정旅情〉에 "오늘도 무위한 날을 보냈다. 어제도 무위한 날을 보냈다. 내일도 무위한 날을 보내리라" 한 것이나, 7월에 쓴 〈팔등잡문八等雜文〉에 "오늘도 명치정엘 나와 당구를 하며 콩가루 섞인 커피를 마시며 어쩌면 지방 문청文靑이나 올라와서 어떻게 인사할 기회를 얻어가지고 맥주나 마실까 맥주나 마실까……" 한 것을 보면, 남만서점 경영은 겨우 2년 남짓으로 끝나고 이내 전형적인 식민지의 룸펜으로 전락하지 않았는가 짐작된다.

그러나 룸펜 의식은 이미 《헌사》 이전부터 그를 지배, 그의 시에 무게와 깊이를 더해 준다. 그리하여 《성벽》에서 약간은 추상적인 분위기로 나타났던 암울한 식민지적 현실은 《헌사》에서 구체화되면서 큰 울림을 지니게 된다.

> 눈 덮인 철로는 더욱이 싸늘하였다
> 소반 귀퉁이 옆에 앉은 농군에게서는 송아지의 냄새가 난다
> 힘없이 웃으면서 차만 타면 북으로 간다고
> 어린애는 운다 철머구리 울듯
> 차창이 고향을 지워 버린다
> 어린애는 유리창을 쥐어뜯으며 몸부림친다.

—〈북방의 길〉 전문

……기차는 눈 덮인 철로를 느릿느릿 달려간다. 일제에 농토를 빼앗기고 만주로 쫓겨가는 농민들을 실은 기차다. 짐이라야 무엇이 있겠는가. 다 부서진 소반에 바가지가 두엇, 그리고 좁쌀이나 강냉이를 담은 자루가 고작이리라. 어린애는 청개구리처럼 울어 대고 아직 몸에서 빚으로 빼앗긴 송아지 냄새가 빠지지 않은 농군은 어린애를 달랠 염도 않고, 힘없이 웃기만 한다. 어린애와 함께 훌쩍이는 헐벗은 아내에게 그는 말하겠지, "이제 차 탔으니 북으로 갈 테고, 거기 가면 무슨 수가 안 생길라구" 겨우 여섯 줄로 그린 이농민의 모습이 감동적이다.

무거운 쇠사슬 끄으는 소리 내 맘의 뒤를 따르고
여기 쓸쓸한 자유는 곁에 있으나
풋풋이 흰눈은 흩날려 이정표 썩은 막대 고이 묻히고
드런 발자국 함부로 찍혀
오직 치미는 미움
낯선 집 울타리에 돌을 던지니 개가 짖는다.

어메야, 아직도 차디찬 묘 속에 살고 있느냐.
정월 기울어 낙엽송에 쌓인 눈 바람에 흐트러지고
산짐승의 우는 소리 더욱 처량히
개울물도 파랗게 얼어
진눈깨비는 금시에 나려 비애를 적시울 듯
도형수徒刑囚의 발은 무거웁다.

—〈소야小夜의 노래〉 전문

　작중 화자가 스스로를 "무거운 쇠사슬을 끄"는 "도형수"로 인식하고 있는, 식민지 지식인이면 당연히 가짐 직한 증오와 절망으로 가득한 시다. 오죽이나 절망적이면 이정표를 "썩은 막대"로, 눈 위에 찍히는 발자욱을 "드런 발자욱 함부로 찍"힌다고 표현했겠는가. 미움이 치밀어 "낯선 집 울타리에 돌을 던지니 개가 짖는다"라는 알레고리가 이 시에서는 절창이다. 낯선 집 울타리란 곧 일제의 관청을 뜻하며 개는 바로 경찰을 가리키는 것은 더 설명할 것도 없다.
　그를 단박에 가장 인기 있는 시인으로 올려놓은 것은 역시 그 리듬이 흡사 통곡과도 같아서 낭송에 가장 적합한, 오늘의 감각으로 보면 조금은 치기가 엿보이는 시 〈The Last Train〉이다. 이 시야말로 당시 젊은이들의 절망적이고 허무적이고 퇴폐적이고 병적인 정서를 가장 잘 표현했기 때문에 어느 술자리에서고 자주 낭송되는 시였다는 것도 이봉구의 소설에 나오는 얘기다.

　　저무는 역두에서 너를 보냈다.
　　비애야!

　　개찰구에는
　　못 쓰는 차표와 함께 찍힌 청춘의 조각이 흩어져 있고
　　병든 역사가 화물차에 실리어 간다.

　　대합실에 남은 사람은
　　아직도

누굴 기다려
나는 이곳에서 카인을 만나면
목놓아 울리라.

거북이여! 느릿느릿 추억을 싣고 가거라
슬픔으로 통하는 모든 노선이
너의 등에는 지도처럼 펼쳐 있다.

— 〈The Last Train〉 전문

《헌사》 이후에도 그는 중단 없이 시를 써, 그것이 대개 해방 뒤 네 번째 시집 《나 사는 곳》으로 묶이지만, 세월 탓도 있는 듯 이때의 시가 그의 시로서는 가장 처진다. 그는 해방을 신장병으로 입원해 있던 병원에서 맞는다. 해방을 맞자 그의 시는 우렁차고 씩씩해지면서 조금은 병적이고 퇴폐적이었던 가락을 말끔히 씻어 버린다. 〈깽〉, 〈연합군 입성 환영의 노래〉, 〈지도자〉, 〈병든 서울〉을 잇달아 발표, 그의 시는 마침내 인민의 정서를 대표하는 인민의 시로 자리잡게 된다. "8·15 이전부터 나의 바란 것은 조선의 완전한 계급 혁명이었다. 이것만이 우리 민족을 완전 해방의 길로 인도할 줄로 확신"(〈예세닌에 관하여〉, 《예세닌 시집》, 오장환 역)했다는 고백으로 미루건대 뜻밖의 일은 아니다. 이때 그가 그 나름의 확고한 정치적 신념을 가지고 시를 썼다는 것은 "깽은 고도한 자본주의 국가의 첨단을 가는 직업이다 …… / 그리하여 그들은 그들의 번창해질 장사를 위하여 / '한국'이니 '건설'이니 '청년'이니 / '민주'니 하는 간판을 더욱 크게 내건다"(〈깽〉) 또는 "동무, 동무들의 가슴, 동무들의 입, 동무들의 주먹, /

아 모든 것은 우리의 것이다"(〈연안延安서 오는 동무 심沈에게〉)라는, 우익을 직접적으로 공격했거나 진보 진영에 지지를 보낸 표현에서 쉽게 알 수 있다. 이때의 오장환에 대해서 김동석은 "'탁류' — 나비들은 역사를 이렇게 본다 — '탁류'를 마음껏 노래하라. 조선시단이 '탁류의 음악'을 낳을 수 있다면 장환이 누구보다 기대되는 바 클 것이다"(〈탁류의 음악 — 오장환론〉)라고 격려한다.

> 뵈지 않는 쇠사슬 절그적거리며
> 막다른 노래를
> 노래부르는 벗이여!
> 전에는 앞서가며 피 흘리던 이만이
> 조용조용 부르던 노래
> 이제는 모두 합하여
> 우리도 크게 부른다.
> "비겁한 놈은 갈려면 가라"
>
> ......
>
> 우렁찬 우렁찬 노래다.
> 모두 다 합하여 부르는 이 노래
> 그렇다.
> 번연히 앞서보다 더한 쇠줄을
> 배반하는 무리가 가졌다 하여도
> 우리들 불타는 억세인 가슴은
> 젊은이 불을 뿜는 노래는

이런 것을 깨끗이 사뤄버릴 것이다.

우리들의 귀는 한 번에 두 가지를 들을 수 없다.
우리들의 마음은 한 번에 두 가지를 생각할 수 없다.
벗이여! 점점 가까워온다.
얼마나 얼마나 하늘까지 뒤덮는 소리냐
"비겁한 놈은 갈려면 가라"

— 〈찬가〉 부분

내 나라 오 사랑하는 내 나라야,
강도만이 복받는
이처럼 화려한 세월 속에서
아 우리는 어찌하여
우리는 어찌하여
우리의 원수를 우리의 형제와 우리의 동무 속에 찾아야 하느냐.

— 〈내 나라 오 사랑하는 내 나라〉 부분

  오장환의 '탁류의 음악'은 1948년 그가 월북함으로써 아쉽게 막을 내린다. 당연히 북에서도 작품 활동을 했겠지만 알 길이 없다. 시집 《붉은 깃발》을 출간했다고 전하나 그것도 확인되지 않는다. 6·25 때는 서울까지 왔었다고 하는데 실제로 그를 만났다는 사람은 없다. 그의 생사에 관해서는 1950년대 초 신장결핵을 치료하기 위해 모스크바에 갔다가 거기서 사망했다는 설이 역시 사실에 가까운 것 같다.

그것도 확인하지 못한 채 그는 1971년 이복 누이 오열환에 의해 실종으로 신고되어 호적에서도 제적당한다.

그래도 그의 생가는 주인이 바뀐 채 바깥채와 행랑채가 헐린 변형된 모습으로 옛고을 회인, 지금은 보은군 회북면으로 행정명이 바뀐 중앙리 140번지에 남아 있다. 늙은 감나무로 둘러싸이고 넓은 텃밭에 콩, 상추, 아욱 등이 심긴 그 집을 이웃 할머니들은 아직도 오부자집으로 부른다. 씨만 천석을 넘긴 큰 부잣집이었다는 것이다. 충북 민예총에서는 1996년 5월 4일 청주의 예술의 전당 소극장에서 '오장환 문학제'를 하는 한편 보은 문협과 함께 생가 입구에 '시인 오장환 생가터' 라는 표지석을 세울 계획을 했다가 주인의 반대로 일단 면사무소 마당에 세워 두었다. 그가 열 살에 떠나 한 번도 돌아온 일 없는 고향.

그러나 그가 〈전설〉에서 "느티나무 속에선 올빼미가 울었다. 밤이면 운다. 항상, 음습한 바람은 얕게 나려앉았다. 비가 오든지, 바람이 불든지, 올빼미는 동화 속에 산다. 동리 아이들은 충충한 나무 밑을 무서워한다."라고 표현한 그 고향은 옛 정취를 짙게 안은 채 그의 시처럼 아직도 아름다움을 간직하고 있다. 그 고향이 자신의 무릎에서 자란 시인의 우렁하고 씩씩한 노래가 한 세대를 뛰어넘어 1970~80년대에 이르러 비로소 이 땅의 민중시의 한 전범이 되었다는 사실을 어찌 알랴.

김영랑
쓸쓸함과 애달픔

모란이 피기까지는
나는 아직 나의 봄을 기다리고 있을 테요
모란이 뚝뚝 떨어져 버린 날
나는 비로소 봄을 여읜 설움에 잠길 테요
오월 어느 날 그 하루 무덥던 날
떨어져 누운 꽃잎마저 시들어 버리고는
천지에 모란은 자취도 없어지고
뻗쳐 오르던 내 보람 서운케 무너졌느니
모란이 지고 말면 그뿐 내 한 해는 다 가고 말아
삼백예순날 하냥 섭섭해 우옵내다

"오—매 단풍 들것네"
장광에 골붉은 감잎 날아와
누이는 놀란 듯이 치어다보며
"오—매 단풍 들것네"

추석이 내일모레 기둘리리
바람이 잦이어서 걱정이리
누이의 마음아 나를 보아라
"오—매 단풍 들것네"

―〈오—매 단풍 들겄네〉

모란이 피기까지는
나는 아직 나의 봄을 기다리고 있을 테요
모란이 뚝뚝 떨어져 버린 날
나는 비로소 봄을 여읜 설움에 잠길 테요
오월 어느 날 그 하루 무덥던 날
떨어져 누운 꽃잎마저 시들어 버리고는
천지에 모란은 자취도 없어지고
뻗쳐 오르던 내 보람 서운케 무너졌느니
모란이 지고 말면 그뿐 내 한 해는 다 가고 말아
삼백 예순 날 하냥 섭섭해 우옵내다
모란이 피기까지는
나는 아직 기다리고 있을 테요 찬란한 슬픔의
봄을.

영 랑

1960년대 말 이한직 시인이 일본에서 귀국했을 때의 얘기다. 장면 정부의 문정관으로 일본에 나가 있다가 5·16 쿠데타를 맞자 그에 반대하는 성명을 내었대서 오랫동안 입국 정지가 되어 있던 그가 돌아오자 연일 술자리가 벌어졌다. 《민족일보》사건으로 무기징역형을 받았다가 7년여의 옥고를 치르고 나온 언론인 송지영, 《비호》라는 베스트셀러 소설로 한참 주가가 올라 있던 소설가 김광주, 이태준의 제자인 소설가 최태응 등이 바뀌지 않는 멤버들이었는데, 20년이라는 나이 차에도 불구하고 내가 그 자리에 종종 끼는 것은 술자리의 주인인 이한직 시인의 추천으로 문단에 나왔다는 인연이 있어서였다. 한데 그 자리에는 나 말고 또 한 사람의 젊은이가 있었다. 《비호》를 펴낸 출판사에서 세계문학전집 중의 한 권으로 발자크의 《외제니 그랑데》를 번역해 내놓은, 대학에서 불문학을 가르치는 김현태라는 사람이었다. 그때 내가 그의 이름을 정확히 알고 있었던 것은 그가 《외제니 그랑데》의 역자여서가 아니라 김영랑 시인의 아들이었기 때문이다.

그 얼마 전에 《신동아》에서 작고 문인들의 아들들을 모아 좌담회를 열었는데, 사회를 본 심훈의 아들 심재호의 얘기와 함께 김현태의 시인 아버지에 대한 추억이 가장 깊은 인상을 남겼던 터였다. 그러나 그는 막상 술자리에서는 아버지 얘기를 별로 하지 않아, 화제에 오르면 말없이 그냥 웃기만 했다. 그는 《신동아》에서 아버지를 "영문학을 전공했다지만 영서를 보는 것은 보지 못했다"면서 시를 쓰는 일 말고는 아무것도 할 수 없는 사람으로 말했었는데, 술자리에서도 그 이상의 얘기를 들은 기억이 없다. 젊은 사람들만이 남아 3차, 4차를 하게 될 때 내가 짐짓 "언덕에 바로 누워 아슬한 푸른 하늘 뜻없이 바래다가 나는 잊었읍네 눈물 도는 그 노래를" 하고 영랑의 시 한 구절을 외워도 그는 반응을 보이지 않았다. 술자리가 질긴 점에서는 절대로 젊은이들에게 지지 않는 최태응 씨가 내 뒤를 이어, 놀기를 좋아하고 남들에게 후하여 많은 후배들을 도왔다는 등의 덕담을 하면 그는 못 들은 체 화제를 돌리기가 일쑤였다. 민의원에 입후보했을 때 아마 당선되리라고 생각한 사람은 본인 외에는 없었을 것 아니냐고 최태응 씨가 말을 유도하면 그는 마지못해 고개를 끄덕여 시인하는 정도였다. 이런 그를 가리켜 최태응 씨는 그 아버지에 그 아들이란 말로 그의 사람됨을 평했었다.

이런 인연이 있기 때문에 영랑의 옛집을 찾아가는 데는 꼭 그의 아들과 동행을 하고 싶었다. 그래서 취재 날짜가 결정된 뒤 함께 술 마시던 사람, 그의 역서를 낸 출판사로 급히 연락을 해 보았으나 그의 거처를 아는 사람을 갑자기 찾을 수는 없었다. 부득이 《우리교육》의 류우종 사진기자와 단 둘만의 취재가 되었고, 그의 바쁜 일정에 맞추어 목포까지는 항공편으로, 거기서 차를 빌리는 것으로 정했으나 폭우로 목포행 비행기가 결항하는 바람에 그것도 광주까지의 항공편으로 변경되었다. 하지만 앞이 안 보이는 폭우 속의 아름다운 남도길을 두 시간여 달려 영랑의 옛집을 찾아가는 재미는 별난 데가 있었다.

영랑의 생가가 있는 곳은 강진군청에서 멀지 않은 읍내 탑동, 1948년 서울로 이사하면서 남의 소유가 되었던 것을 1985년 강진군에서 매입 복원해 놓았다. 실제로 없어진 것을 옛모습 그대로 새로 만들어 놓은 것은 광과 헛간 등으로 이루어진 행랑채일 뿐, 안채와 사랑채는 몇 군데 손질을 하는 데 그쳤으니, 복원했다기보다 수리했다는 개념이 맞다.

행랑채 안으로 널찍한 마당을 끼고 살림집인 안채가 있고 영랑이 기거하면서 집필을 하던 사랑채는 좀 떨어져서 조그만 인조 연못까지 지닌 제법 호사스러운 정원을 마주하여 옆으로 서 있다. 곳곳에 모란이 무리지어 서 있는데, 꽃이 진 지 한참이어서 잎만 무성하다. 더 볼 만한 것은 집 뒤로 퍼붓는 빗속에서 윤기를 뽐내며 서 있는 동백나무들, 생전의 영랑이 특히 사랑하던 수령 2백 년의 나무들이라고 군에서 나와 있는 안내원은 설명한다. 몇 그루 살구나무에서는 누렇게 익은 살구가 떨어져 질척거리는 땅에 널려 있다. 울 안에는 굴학나무, 목백일홍, 천리향, 만리향, 돈나무며 고산식물인 속악 등 희귀 식물이 적지 않다. 대부분 뒤의 주인이 구해다 심은 것이라고 하는데, 영랑의 손때가 묻은 나무도 몇 가지는 된다. 영랑에게 마실 물뿐 아니라 노래의 물줄기까지 대 주던 우물은 옛 모습 그대로 오래전에 복원해 놓았다. "별이 총총한" 그 우물을 영랑은 "내 영혼의 얼굴"이라면서 이렇게 노래했었다.

마당 앞
맑은 새암을 들여다본다

저 깊은 땅 밑에

위는 영랑의 생가가 있는 전남 강진. 아래 사진은 영랑 생가의 사랑채. 그의 시는 모두 여기서 써졌대도 틀리지 않는다.

사로잡힌 넋 있어
언제나 머 – ㄴ 하늘만
내어다보고 계심 같아

별이 총총한
맑은 새암을 들여다본다

저 깊은 땅속에
편히 누운 넋 있어
이 밤 그 눈 반짝이고
그의 겉몸 부르심 같아

마당 앞
맑은 새암은 내 영혼의 얼굴

— 〈마당 앞 맑은 새암〉 전문

　맑은 샘을 들여다보며, 저 깊은 땅 밑에 사로잡힌 넋이 있어 언제나 먼 하늘만 내어다보고 계시는 것 같고, 저 깊은 땅 속에 편히 누운 넋이 있어 이 밤 그 눈을 반짝이면서 그의 겉몸을 부르는 것 같다고 상상한다는 것은 그의 시혼이 얼마나 티없이 맑은가를 말해 주는 대목일 터이다. 안채 옆으로는 장광도 그냥 있다. 그 옆에는 〈모란이 피기까지는〉의 한 구절을 새겨 놓은 시비가 서 있고, 이곳이 "오 — 매 단풍 들것네"의 모티프가 된 곳이라는 설명도 붙어 있다. 과연 장광 뒤에는 대나무와 함께 감나무가 몇 그루 장광을 향해 허리를 비스듬히 서 있다. 비록 추석이 내일모레는 아니지만, 입에서 "오 — 매 단 풍 들것네" 하고 절로 터져 나옴을 어쩌지 못한다.

"오 — 매 단풍 들것네"
장광에 골붉은 감잎 날아오아
누이는 놀란 듯이 치어다보며
"오 — 매 단풍 들것네"

추석이 내일모레 기둘리리
바람이 잦이어서 걱정이리
누이의 마음아 나를 보아라
"오 — 매 단풍 들것네"

— 〈오 — 매 단풍 들것네〉 전문

이슬이 손발에 찬 초가을 아침, 누이는 장을 뜨러 나왔겠지. 장을 뜨려 장독을 여는 그녀의 손에 문득 골붉은 감잎이 하나 날아 떨어진다. 누이는 놀란 눈으로 장광 뒤의 감나무를 쳐다본다. 감이 붉게 익어 갈 터이지만 누이는 울긋불긋 단풍 들어 가는 잎에 더 마음이 쏠렸으리라. 가을이 깊어지면 시집 갈 날도 머지 않은 터, "오— 매 단 풍 들것네" 놀라는 누이의 모습이 얼마나 아름다운가. 이것이 첫 연이다. 둘째 연은 누이를 바라보는 시인의 심정. 그는 지금 건너편 사랑방 툇마루에서 감나무를 쳐다보는 누이를 보고 있는 것이다. 추석도 내일모레, 바람이 잦은 것이 걱정이 되는, 혼인을 앞둔 누이의 마음을 왜 모르랴. 불과 8행의 짧은 시행 속에 세 번이나 반복된 "오—

매 단풍 들것네"에 얼마나 따스한 오누이의 정감이 내포돼 있는가를 생각하면서 바라보는 장광이 정겹다.

안채 안방에 글을 쓰는 시인의 등신대 마네킹이 자리하고 있지만, 실제로 영랑이 글을 쓰던 곳은 사랑방으로, 이곳이 그의 작품의 산실이다. 서울로 이사한 뒤 발표한 시가 없는 만큼 그의 시는 모두 여기서 쓰여졌대도 틀리지 않는다.

뿐 아니라 이 사랑방은 1930년 그가 박용철, 정지용 등과 함께《시문학》을 만들 때도 중요한 몫을 했다. 여기서 멀지 않은 송정의 박용철은 가끔 이곳에 들러 그와 상의를 했을 것이다. 또 이 사랑방에는 문인 묵객의 발길이 끊이지 않았는데, 마음이 넉넉하고 손이 큰 그는 늘 이들을 마다하지 않았다. 영랑은 가끔 소리꾼들을 불러 모아 이곳에서 소리판을 벌이기도 했다. 남도의 예인답게 그는 풍류도 즐겼던 것이다.

꽤 넓은 사랑방은 툇마루로 둘러쳐져 있고 바로 앞은 인조 연못이다. 영랑은 이 툇마루에서 연못과 나무와 돌담을 바라보며 더 많은 시간을 앉아 보냈을 것이다. 다음의 시가 그것을 말해 준다.

　　사개틀린 고풍의 툇마루에 없는 듯이 앉아
　　아직 떠오를 기척도 없는 달을 기둘린다
　　아무런 생각 없이
　　아무런 뜻 없이

　　이제 저 감나무 그림자가
　　사뿐 한치씩 옮아오고
　　이 마루 우에 빛깔의 방석이

보시시 깔리우면

나는 내 하나인 외론 벗
가녈픈 내 그림자와
말없이 몸짓 없이 서로 맞대고 있으려니
이 밤 옮기는 발짓이나 들려 오리라

— 〈달〉 전문

툇마루는 고풍스럽지만 손을 보아서인지 사개가 틀린 것 같지는 않다. 하지만 이 툇마루에 앉아 달이 떠오기를 기다리면서 "가녈픈 내 그림자와 말없이 몸짓 없이 서로 맞대고 있"는, 그지없이 외롭고 쓸쓸한 시인을 상상하기란 어려운 일이 아니다.

이 집은 원래는 절자리였다. 탑동이라는 동네 이름도 거기서 유래한 것. 영랑의 선대 때 사들여 여염집으로 바뀌면서 그때까지 있던 희귀한 4층탑은 일인들이 저의 나라로 가져가 버렸다. 물론 영랑은 이 집에서 태어났다. 지주이던 김정호의 장남으로 본명은 윤식允植이다. 어려서는 한문을 배웠으며 강진보통학교(초등학교)를 나와서는 상경하여 휘문의숙(지금의 휘문고교)에 진학, 1919년 3·1 운동 전후해서는 강진에서 학생운동을 도모하다가 경찰에 체포되어 대구형무소에서 6개월간 복역을 한다. 그뒤 일본으로 건너가 청산학원에서 영문학을 전공하지만 관동대지진 때 귀국함으로써 학업은 중단된다. 박용철, 정지용 등과 동인지 《시문학》을 간행, 거기 시를 발표하면서 시작 활동, 해방 후에는 민의원(국회의원)에 입후보했다가 낙선도 하고, 그 뒤 공보처 출판국장도 지내지만, 6·25 때 피난을 못 하고 서울에 숨어 있다가 수복 직전 유탄에 맞아 사망한다.

　영랑이 남긴 시는 모두 해서 86편이다. 시집으로는 《영랑시집》(1935)과 《영랑시선》(1949) 두 권이 있는데, 《영랑시집》은 작품 제목 없이 일련번호만 붙여 53편을 싣고 있으며, 《영랑시선》은 《영랑시집》의 53편에 17편을 보태어 70편을 싣고 새로 제목을 달았다. 《영랑시집》에서 시에 제목을 붙이지 않았다는 점은 매우 중요한 뜻을 갖는다. 많은 시인들이 제목에서 이미 상당한 부분을 말하고 있다는 사실에 비추어 볼 때 이는 그 자신 시에서 메시지를 중시하지 않는다는 의지의 표현으로 볼 수 있기 때문이다. 따라서 그의 시에서 삶의 중요한 메시지를 얻으려는 것은 도로이다. 그의 시가 가지고 있는 것은 의미가 아니고 노래이다. 이것은 그의 시가 삶의 구체에 뿌리를 박고 그 굴곡과 경험 내용을 진술하기보다는 그것의 단편적이고도 순간적인 느낌과 인상을 드러내는 데 더 힘을 쓰고 있다는 얘기도 된다. 또 그의 노래는 정감 있는 남도 사투리와 더불어 독특한 분위기의 가락을 가지고 있는데, 그 가락에는 쓸쓸함과 외로움, 애달픔 같은 정서가 배어 있다. 의미가 아니고 노래라는 지적이 그의 시를 폄하하는 것이 아님은 말할 것도 없다. 머클리쉬처럼 "시는 존재하는 것이지 의미하는 것이 아니다"라고 생각하는 사람도 많이 있으니까 말이다. 시가 무엇일까라는 본질적인 물음에 앞서 '북에는 소월, 남에는 영랑' 이라는 말을 되새기면서 도서관 앞의 소공원을 찾아가 시비에 새겨져 있는 〈모란이 피기까지는〉을 한 번 더 읽어 보는 것도 의미 있는 일이리라.

　　모란이 피기까지는

나는 아직 나의 봄을 기둘리고 있을 테요.
모란이 뚝뚝 떨어져버린 날
나는 비로소 봄을 여읜 설움에 잠길 테요.
오월 어느날, 그 하루 무덥던 날
떨어져 누운 꽃잎마저 시들어버리고는
천지에 모란은 자취도 없어지고
뻗쳐오르던 내 보람 서운케 무너졌느니
모란이 지고 말면 그뿐, 내 한해는 다 가고 말아
삼백 예순날 하냥 섭섭해 우옵네다.
모란이 피기까지는
나는 아직 기둘리고 있을 테요, 찬란한 슬픔의 봄을

— 〈모란이 피기까지는〉 전문

이 시를 뜯어 읽으면 1, 2행은 봄을 기다리는 마음, 3, 4행은 봄을 여의었을 때의 서러워질 마음, 5~8행은 봄의 잃어버림, 9, 10행은 봄을 잃어버린 현재의 느낌, 11, 12행은 봄을 기다리는 마음을 노래하고 있다. 말하자면 '기다림 — 잃어버림 — 기다림'이 반복되는 것이다. 이 반복 속에서 우리가 느끼는 것은 삶의 애달픔이요 외로움이요 쓸쓸함이다. 기다려도 잃어버리고 잃어버려도 기다려야 하는 삶이 어찌 애달픔이고 외로움이고 쓸쓸함이 아니겠는가. 그러나 이 시가 우리에게 더욱 감동을 주는 것은 그 내용 때문이 아니고, 달빛 소리 같기도 하고 벌레 소리 같기도 하고 바람 소리 같기도 하고 개울물 소리 같기도 한 그 음악성 때문이다. 그리고 그 음악성은 남도 사투리의 절묘한 활용에 의해서 더 빛난다. 미당이 늘 남도 사투리의 맛을 지용보다 영랑을 한껏 윗길로 친 것도 이해가 간다.

영랑이 "고금도 마주 보이는 남쪽 바닷가 한많은 귀양길 / 천리망아지 얼렁소리 쉰 듯 멈추고 / 선비 여윈 얼굴 푸른 물에 띄웠을 제"(〈두견杜鵑〉)하고 노래했듯 강진은 남쪽 바닷가로 귀양곳이었다. 옛 이름은 탐진耽津, 다산茶山 정약용丁若鏞이 19년이나 귀양살이를 한 곳이 바로 이곳으로, 그가 대작《목민심서牧民心書》를 완성한 다산초당도 영랑 생가에서 불과 30리 길이다. 일제 치하의 비참한 현실과 고통에 찬 민중의 삶을 시 속에 표현한 일이 없는 영랑이 생전에, 이곳 바닷가까지 쫓겨와 귀양살이를 하며 백성들의 간고한 삶을 아파한 다산을 어떻게 생각했을까. 유감스럽게도 그 기록은 없다. 하지만 영랑의 생가를 찾는 길에 도암의 다산초당에 들러 "누리령 고개 위에 우뚝한 바위들이 / 나그네 뿌린 눈물에 언제나 젖어 있네 // 월남 땅 향하여 월출산 보지 말자 / 봉마다 도봉처럼 뾰족하기 그지없다樓犁嶺上席漸漸 長得行人淚酒沾 莫向月南瞻月出 峰峰都似道峰尖"라 한 〈탐진촌요耽津村謠〉한 구절을 외워 보는 것 역시 즐거운 일이 아니랴. 그러나 영랑이 걸었을 바다를 낀 시골길을 비를 맞고 걸으면서 애달프고 쓸쓸하고 외로운 시가 우리 마음을 얼마나 맑고 깨끗하게 해 주는가를 생각하는 일은 결코 다른 시인을 찾았을 때는 맛보지 못했던 재미이다.

> 내 마음의 어딘 듯 한편에 끝없는
>   강물이 흐르네
> 도처 오르는 아침 날빛이 빤질한
>   은결을 도도네
> 가슴엔 듯 눈엔 듯 또 핏줄엔 듯
>   마음이 도른도른 숨어 있는 곳

내 마음의 어딘 듯 한편에 끝없는
강물이 흐르네

―〈끝없는 강물이 흐르네〉 전문

이한직

우수와 허무

높새가 불면
당홍 연도 날으리

향수는 가슴에 깊이 품고

참대를 꺾어
지팽이 짚고

짚풀을 삼아
짚세기 신고

다시는 돌아오지 않을
슬프고 고요한
길손이 되오리

……

— 〈높새가 불면〉 부분

박목월 시인이 "세상의 궂은 길을 / 흰 두루마기 사려 입고 // 혼자 걸어 온 고고한 / 정신의 귀공자"라고 노래한 이한직 시인을 기억하는 사람은 많지 않을 것이다. 그가 남긴 시집은 유시집으로 《이한직 시집》(문리사, 1976) 단 한 권. 여기 실려 있는 시도 겨우 21편뿐이다. 그 2년 뒤에 일본에서 나온 일문판에 두 편의 시가 추가되었으니, 1939년 열아홉 살의 어린 나이로 시단에 나와 1976년 쉰여섯 살에 타계하기까지 그가 쓴 시는 모두 해서 23편이 되는 셈이다.

그러나 분량이 적다 해서 별 볼일 없는 시인일 수는 없다. 뻔한 얘기지만 시는 질로 따져야지 양으로 따져서는 안 되기 때문이다. 그 단적인 예가 함형수다. 그가 남긴 시는 〈해바라기의 비명〉 단 한 편뿐이지만, 수백 편, 수천 편의 시를 남긴 시인 가운데 단 한 편의 〈해바라기의 비명〉이 없는 시인이 허다한 판에, 누가 감히 그를 형편없는 시인의 대열에 쑤셔 넣으랴.

이한직도 몇 해 전에 타계한 신동문 시인과 함께 바로 그러한 시인의 한 사람으로, 남긴 시는 많지 않지만 그의 시 몇 편은 자갈처럼 쌓인 시의 돌무덤을 뚫고 우리 시사에 우뚝 솟을 시다. 너무 안 알려져 있으니 그의 특이한 이력부터 살펴보자.

그는 1921년 경기도 고양군 용강면 아현리(지금의 서울 아현동)에서 이진호의 2남 1녀 중 장남으로 태어난다. 이진호는 한말에 평안도 관찰사를 지냈고 일제 때는 중추원 참의와 경북지사, 그리고 총독부의 학무국장을 지낸 거물 친일파다. 때문에 이한직은 일본인들만이 다니는 남산심상소학교(지금의 남산초등학교)와 경성중학교(지금의 서울고교)에서 공부하게 된다. 이 경력은 필시 그를 귀족주의자로 만들었을 것이다. 이 일인 자제를 위한 학교는 지도자를 만드는 데 그 교육의 역점이 주어져 있었기 때문이다. 그러나 그는 우리말로 시를 써, 경성중학을 졸업하고 일본의 게이오대학에 입학한 1939년 봄, 《문장》에 정지용의 추천으로 발표한다.

우리말을 배울 기회가 없었던 그가 우리말로 시를 썼다는 점은 크게 주목할 대목이다. 이는 친일 귀족의 아들로 일인과 섞여 살던 그에게도 민족의식이 싹텄음을 의미한다. 이런 그에게 민족의식은 갈등을 불러오고 어쩌면 허무주의까지 심었을는지 모른다. 대학 재학 중 학병으로 나갔다가 해방 후에 귀국하지만, 친일파의 아들이라는 도형수의 낙인이 찍힌 그로서는 조국의 해방을 단순히 기쁨으로만 받아들일 수 없었을 것이다.

1950년에는 당시 부통령이던 김성수의 딸 김상현과 결혼하는데, 이 결혼은 축복받은 것이 되지 못했다. 친일파 아들과의 결혼을 반대한 김성수는 피난지 부산에서 있은 딸의 결혼식에 참석조차 하지 않았고, 이후 이들의 신혼 생활은 가난에 시달린다. 1960년에는 4·19 이후 성립한 장면張勉 정부의 주일문정관駐日文政官으로 도일하지만, 5·16 쿠데타를 반대하는 성명서를 발표하여 한동안 입국 정지를 당한다. 1976년 일본에서 타계.

이 이력만 가지고 보면 그의 문단 생활은 36년, 문정관으로 도일한 이후의 기간을 빼고도 20년이나 된다. 그 20년 동안에 쓴 시가 겨우

23편이라니 어지간히 게을렀다는 핀잔도 들을 법하다. 문단 활동을 전혀 안 했느냐 하면, 적어도 문정관으로 도일하기 이전까지는 그렇지도 않다. 해방 직후 청년문학가협회의 창립에도 적극적으로 참여했으며, 6·25 중에는 문인으로 종군하여 공군 소속 창공구락부의 멤버로 활약했고, 그 뒤 한국시인협회를 만드는 데도 주도적 역할을 했다. 또한 오영진, 박남수 등이 주재하던 《문학예술》에 조지훈과 함께 시 추천을 맡아 많은 신인을 배출하기도 했다. 이쯤에서 그가 스물에 쓴 출세작 한 편을 읽어 보기로 한다.

>사구 위에서는
>호궁을 뜯는
>님프의 동화가 그립다.
>
>계절풍이여
>캬로반의 방울소리를
>실어다 다오.
>
>장송보도 없이
>나는 사구 위에서
>풍장이 되는고나.
>
>날마다 밤마다
>나는 한 개의 실루엣으로
>괴로워했다.

깨어진 올갠이
묘연한 요람의 노래를
부른다. 귀의 탓인지

장송보도 없이
나는 사구 위에서
풍장이 되는고나.

그립은 사람아

— 〈풍장〉 전문

    이 시는 두 장면의 그림을 떠오르게 한다. 하나는 사구 위에서 호궁을 뜯는 전설 같은 환상의 소녀요, 또 하나는 커튼 뒤에서 올갠을 켜는 현실의 소녀다. 두 그림은 하나의 실루엣으로 겹쳐지는데, 그것을 바라보면서 작중 화자는 "장송보도 없이" "사구 위에서 / 풍장이 되는" 것이다. 말하자면 올갠을 켜는 소녀에서 호궁을 뜯는 님프의 동화를 생각해 내고, 다시 캬로반의 방울 소리를 연상하고, 마침내 사구 위의 풍장으로까지 상상을 확대시키는 데서 이 시는 있게 되는 것이다.
    3행으로 계속되다가 마지막 행만이 한 행으로 처리된 점도 주목할 필요가 있겠다. 이 연을 그만큼 중시했다는 뜻인데, 앞 연의 모든 이미지가 마지막 한 행으로 집중되는 효과를 얻고 있다. 기껏 "그대를 위해서라면……" 따위 상투적인 것이 아니면 "그리운……" 운운의 유치하고 감상적인 미사여구의 나열이 연시로 행세하고 있는 우리 시에서 드물게 아름답고 활달한 연시다. 20대의 젊음이 아니면 쓰지 못할 시로, 이 시를 《문장》에 추천하면서 정지용은 "패기도 있고 꿈도 슬픔도 넘치는 청춘 20이라야 쓸 수 있는 시"라고 찬사를 보냈다. 그러나 구김살이라고는 없는 이 "청춘 20"의 바탕에는 도도한 귀족주의가 깔려 있다는 점도 간과해서는 안 될 것 같다. 한데 거의 같은 시기에 쓴 〈높새가 불면〉의 정서는 사뭇 다르다. 삶을 벗어나기를 바라는 것 같은 짙은 우수와 허무가 바탕에 깔려 있다.

　　높새가 불면
　　당홍 연도 날으리

　　향수는 가슴에 깊이 품고

　　참대를 꺾어
　　지팽이 짚고

　　짚풀을 삼아
　　짚세기 신고

　　다시는 돌아오지 않을
　　슬프고 고요한
　　길손이 되오리

　　높새가 불면
　　황나비도 날으리

생활도 갈등도
그리고 산술도
다 잊어버리고

백화白樺를 깎아
묘표墓標를 삼고

동원에 피어오르는
한 떨기 아름다운
백합꽃이 되오리

높새가 불면——

— 〈높새가 불면〉 전문

　이 시에 대해서 이형기 시인이 "'다시는 돌아오지 않을 …… 길손'이나 '동원에 피어오르는 …… 백합꽃'은 죽음의 세계를 표상한다. 장례식 때 짚는 대지팡이와 백합 묘표는 그러한 이해를 가능케 하는 단서"(〈어느 귀족주의자의 자각적 파멸〉, 《시와 언어》)라고 한 말은 옳은 것 같다. 그러나 이어 "그 죽음의 세계가 이 시의 화자에게는 생활과 갈등과 산술을 다 잊게 하는 안식처로 인식되고 있다. 조금도 새로울 것 없는 진부한 인식"이라면서 "그것은 청춘 20의 특징을 드러내는 인식이라 할 수는 없다. …… 삶에 지친 노년층의 몫인 것"이라고 단정한 데는 아무래도 동의하기 어렵다. 오히려 청춘 20에만 느낄 수 있는 죽음이라든가 떠남에 대해서 갖는 막연한 동경이 시의 바

이한직이 다녔던 남산심상소학교(지금의 남산초등학교).

탕이 되고 있다고 보는 것이 옳지 않을까. 오히려 유종호 교수가 이 시를 인용하면서 "기계적 일상의 반복에서 벗어나 지금의 이곳을 떠나 보려는 출발에의 충동은 젊은 시절에 강렬한 법이지만 평생을 지속하는 여진餘震일 것이다"(《시란 무엇인가》)라고 일깨운 점이 흥미롭다. 이 시의 바탕색을 이루고 있는 우수와 허무도 그렇다. 현실과 인식의 모순과 갈등에서 오는 것으로 보는 편이 "삶에 지친 노년층의 몫"이라고 보는 편보다 훨씬 앞뒤가 맞을 것 같다. 어쨌든 이 시는 아름답다. "참대를 꺾어 / 지팽이 짚고 // 짚풀을 삼아 / 짚세기 신고 // 다시는 돌아오지 않을 / 슬프고 고요한 / 길손이 되오리"야말로 누구나 젊어서 한번쯤 꿈꾸어 본 행위가 아닐까. 죽음과 떠남의 이미지들조차 낯설지 않으면서도 신선하고 이국적이어서 조금도 청승맞고 찐득거리지를 않는다. 그는 이 시 한 편으로도 독자의 뇌리에서 쉽게 사라질 수 없는 시인이 되고 있다고 말한대도 조금도 지나치지 않다.

이한직 시인을 처음 만나던 날의 일을 나는 아직도 생생하게 기억하고 있다. 이한직 시인이 특별히 인상적이어서가 아니라 내가 한 행동이 낯이 뜨거워서다. 1956년 초봄 내가 《문학예술》에 〈갈대〉로 두 번째 추천(《문학예술》은 세 번 추천으로 기성 대접을 해 주었다)을 마쳤을 때다. 나는 함께 《문학예술》에 시 추천을 받은 박성룡 시인에 이끌려 명동에 있던 사무실로 그를 찾아갔다.

그 무렵 그는 《전망》이라는 월간지를 창간호만 내놓은 채 개점휴업 상태로 사무실만 지키고 있었다. 그는 마침 자리에 있었다. 내 인사를 받고 얼굴에 잠깐 미소를 보이는 그의 인상은 어느 한 곳 빈 데가 없이 깔끔해서 쉽게 정을 붙일 곳이 없어 보였다. 몰락했으면서도 완전히 씻어 버리지 못한 귀족의 티 같은 것도 남아 있다는 느낌이었다. 그는 마주 앉은 사람과 하던 얘기를 마치고 외투를 걸치더니 모자까지 썼다. 그러고는 앞장서 나와 우리를 데리고 다방으로 들어갔다. 차를 앞에 놓고도 그는 별로 말이 없었다. 시가 어땠다느니 앞으로 열심히 쓰라느니 따위 상투적인 말치레도 없었다. 박성룡 시인이 나에 대해서 몇 마디 말하자 한두 마디 되물었을 뿐이다. 그리고 이내 옆에 있는 일식집으로 자리를 옮겼다. 늘 카바이트술에 비지 아니면 빈대떡이 고작이던 우리들인지라 일식집은 엄청난 호사였다. 고급스러운 분위기와 정종과 처음 먹어 보는 꼬치안주에 나는 홰까닥 취했다.

나는 횡설수설 떠들기 시작했다. 내가 얼마나 많은 문학을 읽었는가, 시를 얼마나 잘 알고 있는가 따위를 시위했던 것 같다. 역시 그는 웃으면서 듣기만 했고, 곁에서 박성룡 시인이 "이 사람 취했구먼" 하고 주의를 주었다. 그 소리가 다 귀에 들리는데도 나는 자제할 수가 없었다. 마침내 나는 도중에 화장실 가서 꾸역꾸역 토하는 추태까지 벌였다. "술이 약하군" 하면서 집에까지 잘 데려다 주라고 차비까지 주면서 박성룡 시인에게 이르는 말을 들으면서도 나는 내가 얼마나 술이 센가를 보여 주기 위해 내 앞에 놓여 있는 술잔을 비웠다.

그 며칠 뒤에 봄방학이 되어 시골에 내려와 있는데 문학예술사에서 엽서가 왔다. 4월 호에 마지막 시를 추천키로 결정되었으니 천료(薦了) 소감을 써 보내라는 것이었다. 역시 이한직 시인 추천임은 책이 나온 뒤에서야 알았다. 술주정이 주효하여 나는 이한직 시인이 문단에 소개한 십수 명의 신인 중 첫 번째가 되는 영광을 얻었다.

그 뒤로 나는 가끔 이한직 시인을 찾아갔다. 역시 이한직 시인의 추천으로 나온 인태성 시인과 동행하는 일이 많았는데, 박성룡 시인이 개점휴업 상태인 전망사에 취직을 해서 사무실에서 아예 숙식까지 했기 때문에 찾아다닐 핑계가 더 좋았다. 이한직 시인은 번번이 술을 샀는데 자리에 없으면 사무실 근처 술집으로 찾아가면 되었으니, 서너 집을 돌기 전에 친구들과 어울려 술을 마시는 그를 어김없이 찾을 수 있었다. 그는 우리를 합석시키지 않고 따로 자리를 차리게 하는 경우가 많았지만, 그때도 그는 절대로 우리가 술값을 내지 못하게 했다. 어떤 술자리고 술값을 도맡는 버릇이 그에게는 있어, 나는 한 번도 그가 끼인 술자리에서 다른 사람이 술값을 내는 것을 본 일이 없다.

그러나 시를 열심히 쓸 생각은 뒷전으로 사회 현실에 너무 관심을 갖고, 문학서 대신 사회과학서를 끼고 다니는 내가 그는 걱정스러웠는지도 모르지만, 나를 탐탁히 생각지 않는 눈치가 확연해지면서, 나도 그를 자주 찾지 않게 되었다. 그렇다고는 하나 나는 그가 동아일보사에서 김성수 전기를 위한 무슨 자료를 뒤지고 있을 때나, 그가 갈 곳이 없어 고대 구내에 오막살이 같은 집을 짓고 살고 있을 때도 몇 번 찾아가서 술을 얻어 먹은 기억이 있다.

이한직 시인이 주일대표부의 문정관이 되어 일본에 갔다는 소식도, 5·16 군사 쿠데타를 맞아 이철승, 양일동 등 일본에 체류하던 정치인들과 함께 군사 쿠데타를 반대하는 성명을 내 입국이 금지되었다는 소식도 나는 시골에서 들었다. 그리고 6, 7년 지난 1960년대 말 내가 서울에 온 지 얼마 안 되어서 전에 전망사에 있던 사람으로부터 이한직 시인이 귀국한다는 전갈을 받았다. 나는 인태성 시인과 함께 공항에 나갔고, 이후 이한직 시인이 중심이 된 술자리에 늘 끼이게 되었다.

오랜 외국에서의 고생살이에도 불구하고 그의 귀족 취미는 여전하여 어느 술자리에서고 술값은 그가 맡는 것 같았다. 그는 내가 다시 시를 쓰게 되었다는 점은 기뻐했지만 시에 대해서는 가타부타 별말이 없었다. 다만 한 젊은이가 "당신 같은 모더니스트가 신 모의 시를 좋아한다는 것은 거짓이다"라고 했을 때, "나는 나와는 다른 시가 좋거든" 하고 그가 하던 말은 아직도 기억하고 있다.

사실 그는 흔히 김기림, 이상, 김광균으로 대표되는 1930년대 모더니스트의 후예로 분류되지만, 그 자신 모더니즘과는 일정한 선을 긋고 있었던 것이 분명하다. 그는 추천을 마치고 쓴 〈한翰〉이라는 소감의 글에서 "……그 작품을 통하여 본 Ideal 씨의 모습은 시류를 이용하는 데 대단히 교묘하였던 것 같은 투기사의 한 사람이었음에 실망치 않을 수 없었습니다……. 우리 시단에서 더욱 타협할 수 없는 요술사 한 분이 있다는 것은 형과 함께 시단을 위하여 슬퍼하지 않을 수 없습니다. 그는 일찍이 측후소의 기상예고 같은 시집을 활자화함으로써 자위하던 사람입니다"(《문장》 1939. 9.)라고 말하고 있다. Ideal은 理想＝李箱을 말함이고 "측후소의 기상예고 같은 시집"이란 김기림의 《기상도氣象圖》를 가리킴은 물론이다. 말하자면 그는 모더니스트라는 딱지를 달고 문단에 나오는 결로 선배 모더니스트들을 한 방 갈김으로써 차별성을 부각시킨 것이다. 김규동 시인의 말에 의하면 그는 그 뒤 50년대 초 모더니스트들의 모임인 〈후반기〉가 동참해 주기를 희망했지만 냉담했다고 한다.

시에 대해서 별로 얘기를 하지 않는 그가 어느 날, 선생님이 왜 모더니스트로 분류되는지 모르겠다는 나 아니면 인태성의 질문에 이렇게 대답했었다. "예술가는 늘 새로운 내용과 형식을 찾아야 한다는 부담을 안고 있으니까 좋은 예술가는 모두 모더니스트지."

박목월이 조시에서 "프랑스의 조숙한 천재 랭보는 / 30여 편의 작품을 남겼다지만 // 겨우 20편의 작품을 남긴 / 그 준엄한 결백성"하고 노래한 그 20여 편 가운데 4·19를 노래한 시가 〈깨끗한 손을 가진 분이 계시거든〉과 〈진혼의 노래〉 두 편이나 되는 것은 흥미롭지만, 그 시들에는 젊음과 패기가 없다. 역시 그의 시에서는 〈북극권〉 같은 젊음과 허무에 차 있는 "청춘 20"만이 쓸 수 있는 시들이 좋다. 특히 자신을 유배당한 황제에 비유, "깨어진 훈장의 파편을 / 주워 모으는 하얀 손, 손, // 파리한 내 손"이라는 한 대목은 절창이다. 정지용은 이 시에 대해서 외래어가 그다지도 쓰고 싶으냐고 꼬집었지만.

초록빛 지면 위에
한 개 운석이 떨어지고

바람은 남쪽으로 간다더라
징 툭툭한 구두를 신고

소란타, 마음의 계절
나의 Muse 그대, 각적角笛을 불라
귓속에선 메아리도 우짖어라

묘망渺茫히 창천 아래 누운
나형裸形의 Neptune!
추위를 삼가라

색채 잊은
그날밤의 꿈이어

밤마다
유찬流竄의 황제처럼
깨어진 훈장의 파편을
주워 모으는 하얀 손, 손

파리한 내 손

— 〈북극권〉 전문

윤동주
하늘과 바람과 별

죽는 날까지 하늘을 우러러
한 점 부끄럼이 없기를,
잎새에 이는 바람에도
나는 괴로워했다.
별을 노래하는 마음으로
모든 죽어가는 것을 사랑해야지
그리고 나한테 주어진 길을
걸어가야겠다.

오늘밤에도 별이 바람에 스치운다.

— 〈서시〉

죽는 날까지 하늘을 우러러
한 점 부끄럼이 없기를,
잎새에 이는 바람에도
나는 괴로워했다.
별을 노래하는 마음으로
모든 죽어가는 것을 사랑해야지
그리고 나한테 주어진 길을
걸어가야겠다.

오늘밤에도 별이 바람에 스치운다.

— 〈서시〉 전문

 우리나라 시를 한두 편이라도 읽은 사람이라면 모르는 사람이 없을 이 유명한 시를 나는 지금은 고인이 된 성래운 교수와 함께 기억을 한다. 1970년대 중엽 초대면의 술자리에서 그가 처음 암송한 시가 바로 이 시였고, 그 뒤로도 그는 시를 암송할 때면 꼭 이 시를 앞에 놓았다. 이 땅에 살아 있는 모든 것을 사랑하면서 부끄럼 없는 삶을 살겠다는, 당시 유신 독재를 반대하다가 강단(연세대)에서 쫓겨난 그의 각오와 심경을 더없이 잘 보여 주는 시였던 것 같다.

"죽는 날까지 하늘을 우러러 / 한 점 부끄럼이 없기를 / …… / 그리고 나한테 주어진 길을 / 걸어가야겠다" 하고 결연한 목소리로 외어 가다가 한 박자 쉰 다음 "오늘밤에도 별이 바람에 스치운다" 하고 소년처럼 감상적이면서도 티없이 맑은 가락으로 끝막을 때 자리는 늘 숙연해졌다. 이때 대개 비슷한 처지에 있던 청중은 한 점 부끄럼이 없이 살겠다고 다 같이 속으로 다짐했을 것이다. 그는 윤동주 시인과는 또 다른 인연이 있으니, 출신 학교인 연세대 교정에 시비를 세우는 일에 앞장을 섰었다. 그는 교육학자 또는 교육행정가(잠시 문교부 장학실장을 지낸 일이 있다)로서의 자신에 대해서는 자괴심을 감추지 않으면서도 윤동주 시비를 세운 일은 자랑하기를 서슴지 않았다.

또 이 시와 더불어 생각나는 것은 1970년대의 동아, 조선의 언론 파동이다. 정보기관의 언론 통제에 항거하여 동아와 조선 기자들이 언론자유 수호운동을 벌이자 정부는 광고 탄압으로 맞섰는데, 이때 언론자유 수호를 지지하는 독자들의 광고에 가장 많이 등장하는 시구가 "하늘을 우러러 한 점 부끄럼이 없기를"이었다. 그 어둡던 시절 어떻게 살 것인가라는 젊은이들의 시대적 고뇌가 이 시에 담겨 있었기 때문에 이 구절은 쉽사리 모든 탄압받는 사람들의 화두가 되었던 것이다.

이 점은 스물아홉의 젊은 나이로 일본의 후쿠오카 감옥에서 마감한 짧으면서도 치열한 시인의 삶에 의해 더욱 돋우어졌으니, 실제로 그 무렵 이 시를 외거나 들으면 숨막힐 것 같은 어둠이 조금은 걷히고 앞이 부옇게나마 밝아 오는 것 같은 느낌이 들곤 했었다. 또한 이 시에 넘치는 깨끗한 젊음과 개결한 의지도 독자들을 사로잡는 요인이 되었다.

"잎새에 이는 바람에도 / 나는 괴로워했다"는 구절을 읽으면 권력과 돈이 판치는 흐린 세상에 한 줄기 맑은 샘물이 솟는 것을 보는 느낌이 든다고 말하는 사람들이 많았다.

내가 윤동주 시를 좋아한 것은 훨씬 이전부터다. 특히 〈새로운 길〉을 좋아했는데, 이 시가 나로서는 처음 읽은 윤동주 시였다. 그의 첫 시집 《하늘과 바람과 별과 시》에서가 아니고 김용호라는 이의 《시문학입문》이라는 개론서였다. 6·25 다음 해 봄, 마을마다 장티푸스가 돌아 뒷산에 매일처럼 새 무덤이 생기고 있을 무렵이었다. 그런데도 이 시를 읽고 나니 문득 마을과 마을 앞으로 난 길과 길가에 핀 민들레와 길가의 미루나무에서 우짖는 까치가 밝고 환하게도 느껴졌다. 전쟁과 병에 대한 두려움으로 기가 죽어 집 안에만 틀어박혀 있던 나는 이 시를 읽으면서 밖으로 나다니게 되었고 활기를 되찾았다.

    내를 건너서 숲으로
    고개를 넘어서 마을로

    어제도 가고 오늘도 갈
    나의 길 새로운 길

    민들레가 피고 까치가 날고
    아가씨가 지나고 바람이 일고

    나의 길은 언제나 새로운 길
    오늘도…… 내일도……

내를 건너서 숲으로

　　고개를 넘어서 마을로

　　— 〈새로운 길〉 전문

　"나의 길은 언제나 새로운 길" 같은 표현은 지금 보면 미숙하게 느껴지는 부분도 없지 않지만, "내를 건너서 숲으로 / 고개를 넘어서 마을로"의 힘찬 리듬은 당시 금방 나를 사로잡았다. 더욱이 "민들레가 피고 …… 바람이 일고"의 청순한 이미지는 이 힘찬 리듬에 상승으로 작용했다.

　이 시를 읽으면서 신작로와 논둑길을 가면 절로 힘이 났고, 길가의 작은 들풀이며 돌멩이 하나도 아름답게 보였다. 나는 비로소 이웃 마을로 전쟁통에 죽지 않고 살아남은 동무를 찾아가기도 하고, 강까지 나가 물 위에 떠다니는 청둥오리를 구경하기도 했다. 좋은 시는 사람이 사는 데 힘이 된다는 구체적 예를 나는 지금도 〈새로운 길〉에서 본다. 윤동주 시인이 어떠한 생애를 살았는가를 알기 전이었으니 이 힘은 시인의 생애로부터 온 것이 아닌, 시 자체가 가진 힘이라 할 수 있을 것이다.

　그 뒤 시집 《하늘과 바람과 별과 시》를 구해 읽고 가장 좋아하게 된 시는 〈자화상〉과 〈소년〉이었으며, 지금도 나는 윤동주 시 중에서 이 두 편을 특히 좋아한다. 이 시가 가진 청순함, 개결함, 젊음이 좋다.

　　산모퉁이를 돌아 논가 외딴 우물을 홀로 찾아가선 가만히 들여다봅니다.

우물 속에는 달이 밝고 구름이 흐르고 하늘이 펼치고 파아란 바람이 불고 가을이 있습니다.

그리고 한 사나이가 있습니다.
어쩐지 그 사나이가 미워져 돌아갑니다.

돌아가다 생각하니 그 사나이가 가엾어집니다.
도로 가 들여다보니 사나이는 그대로 있습니다.
다시 그 사나이가 미워져 돌아갑니다.
돌아가다 생각하니 그 사나이가 그리워집니다.

우물 속에는 달이 밝고 구름이 흐르고 하늘이 펼치고 파아란 바람이 불고 가을이 있고 추억처럼 사나이가 있습니다.

― 〈자화상〉 전문

   이미지니 상징이니 하는 시의 장치들을 이해하고 그런 것들을 통해 읽는 방식에 익숙하지 않았던 내가 이 시를 특히 좋아했던 것은 어째서였을까. 우물 속에 밝은 달과 구름, 하늘과 파아란 바람과 가을과 함께 서 있는 깨끗하고 젊은 시인이 떠올라서였지 않았을까. 또 그것이 장차의 내 모습이 되었으면 하는 바람이 있어서였지 않았을까. 이 시를 읽고 나서 나는 밤에 여러 번 우물을 가서 들여다보았던 기억이 난다. 그 우물 속에서 시에 형상화된 달과 구름과 하늘과 바람을 보았을 때의 기쁨, 어쩌면 그것이 시를 읽는 즐거움일는지도 모르겠다. 한편 〈소년〉의 "손금에는 맑은 강물이 흐르고, 맑은 강물이 흐르고, 강물 속에는 사랑처럼 슬픈 얼굴 — 아름다운 순이의 얼굴이 어린다. 소년은 황홀히 눈을 감아 본다"는 곧 그 무렵의 내 감정을 그대로 옮겨 놓은 것같이 생각되어서 나는 좋았다.

연세대 구내(윤동주 시인이 연희전문 시절 지냈던 기숙사 앞이라고 함)에 세워져 있는 시비의 비양에는 〈서시〉가 작시 일자와 함께 새겨져 있고 비음에는 다음과 같이 일대기가 새겨져 있다. "윤동주는 민족의 수난기였던 1917년 독립운동의 거점 북간도 명동에서 태어나 그곳에서 자랐고 1938년 봄 이 연희동산을 찾아 1941년에 문과를 마쳤다. 그는 다시 일본으로 건너가 학업을 계속하며 항일 독립운동을 펼치던 중 1945년 2월 16일 후쿠오카 형무소에서 모진 형벌로 목숨을 잃으니 그 나이 29세였다. 그가 이 동산을 거닐며 지은 구슬 같은 시들은 암흑기 민족문학의 마지막 등불로서 겨레의 가슴을 울리니 그 메아리 하늘과 바람과 별과 더불어 길이 그치지 않는다. 여기 시 한 수를 새겨 이 시비를 세운다."

그가 어떠한 삶을 살았는가를 한눈에 보게 해 주는 글이지만 조부가 회령에서 살다가 북간도로 망명하여 황무지를 개척했다는 것, 아버지는 명동에서 교원으로 일했다는 것, 일가족이 그 무렵 들어온 기독교의 독실한 신자가 되었다는 것 정도의 개인사와 함께, 그는 간도의 명동소학교(용정에 있는) 시절 급우들과 등사판 문예지를 만들어 동시 등을 발표했고 광명학원 중학부 시절에는 연길에서 나오던 잡지에 동시를 발표했으며, 연희전문 시절에도 문과에서 나오던 《문우》에 이미 〈자화상〉, 〈새로운 길〉을 발표, 졸업하던 해에는 19편으로 된 자선 시집 《하늘과 바람과 별과 시》를 간행할 계획이었으나 뜻을 이루지 못했다는 문학 이력은 알아 두는 것이 윤동주 시인을 보다

윤동주 시집들의 표지 모습. 시인은 《하늘과 바람과 별과 시》라는 시집 제목을 스스로 달았다.

깊이 이해하기 위해서 필요할 것 같다. 이 사실은 대개의 항일 민족 시인이 항일운동 과정에서 어쩔 수 없이 시인이 된 데 반하여 윤동주 시인은 "하늘을 우러러 한 점 부끄럼이 없"는 시인으로 살려니까 항일사상가가 될 수밖에 없었음을 말해 주기 때문이다.

그의 시의 성격을 한마디로 말해 주는 시집 제목 '하늘과 바람과 별과 시'를 스스로 지었다는 점도 주목할 대목이다. 이로써 그는 일제의 강점하에서는 항일 이외에는 어떠한 것도 아무 가치가 없다고 생각하는 경직된 투사이기에 앞서 시를 쓰는 것을 천직으로 아는 타고난 시인이었음을 알 수 있는 까닭이다. 그가 매 시편에 또박또박

제작 일자를 써 놓은 것도 장인 의식과 무관하지 않을 터로, 가령 그의 시를 읽으면 폴 발레리가 "불은 아무리 위대하다고 하더라도 기계에 의해 기술상의 구속을 받음으로써 유용한 것이 되며 비로소 원동력이 된다. 마찬가지로 시에 있어서도 적절한 속박이 있어 불이 소멸되지 않게끔 조정하지 않으면 안 된다"면서, "큰 자유는 큰 엄격성 밑에서만 얻어진다"고 시 창작의 방법을 제시한 말이 떠오른다.

그의 시 가운데서 비교적 사람들의 입에 덜 오르내리는 〈눈감고 간다〉를 읽어 보자.

> 태양을 사모하는 아이들아
> 별을 사랑하는 아이들아
>
> 밤이 어두웠는데
> 눈감고 가거라.
>
> 가진 바 씨앗을
> 뿌리면서 가거라.
>
> 발부리에 돌이 채이거든
> 감았던 눈을 와짝 떠라.
>
> ─ 〈눈감고 간다〉 전문

말할 것도 없이 이 시는 식민지 시대의 삶의 방법을 암시하고 있다. 식민지 시대에 사는 "아이들" 치고 누가 태양을 사모하지 않으며 별을 사랑하지 않으랴. 그러나 밤이 되어 아무것도 보이지 않는데 어쩌랴. 차라리 눈을 감고 가되 가진 씨앗일랑 땅에 뿌리고, 혹여 씨앗을 뿌리는 일을 막기라도 하거든 번쩍 눈을 뜨고 대어들어라. 이 시에서 이러한 메시지를 읽는 일 또한 어렵지 않다. 그러면서도 가락은 차분하게 가라앉아 있다. 불이 소요되지 않게끔 조정하는 적절한 속박이 있는 것이다. 그 큰 엄격성 밑에서 이 시는 큰 자유를 얻고 있는 터로, 장인정신 없이는 불가능한 일이다. 〈눈감고 간다〉라는 제목으로 스스로 시의 대상이 되면서 자칫 고압적이 될 수 있는 명령형을 순화시키는 방법도 상당한 시적 훈련을 거치지 않고는 해낼 수 없는 일이다.

내게는 윤동주 시인의 개인사를 알 기회가 여러 번 있었다. 먼저 그 아우 윤일주 씨가 있다. 공학도로 시인이기도 한 그와는 《문학예술》에 함께 시를 가지고 추천을 받았기 때문에 두세 번 만날 기회가 있었다. 그러나 지금 기억으로는 그가 형에 관한 얘기를 별로 하지 않았다는 느낌이다. 아마 나이 차가 많은 형과 함께 산 기간이 그렇게 많지 않았던 것 같다. 그 뒤 윤동주 시인의 숙부가 되는 중국문학가 윤영춘 교수와 한동안 꽤 가깝게 지냈다. 내가 관계하는 출판사에서 그의 번역으로 장자와 공자를 냈기 때문이다. 그는 술자리에서마다 글재주가 뛰어나고 그림도 잘 그렸다는 둥, 심성이 맑고 깨끗하다는 둥, 조카 윤동주의 어린 시절에 대해서 얘기했지만 대개 책에서 읽었거나 짐작할 수 있는 내용인 것 이상은 아니었다. 그리고 역시 간도의 용정 출신으로 명동중학을 함께 다닌 문익환 목사를 만났다. 그는 윤동주 시인과 특별히 가까운 사이는 아니었다고 말했지만, 그의 깨끗하고 치열했던 삶, 특히 그 영원한 젊음을 더없이 부러워했다. 어쩌면 그의 그 뒤의 민주화 운동, 통일 운동은 윤동주 시인이 시로 만들어 놓은 세상을 현실 속에서 구현하려는 노력이었는지도 모른다.

>너는 스물아홉에 영원이 되고
>나는 어느새 일흔 고개에 올라섰구나
>너는 분명 나보다 여섯달 먼저 났지만
>나한텐 아직도 새파란 젊은이다
>너의 영원한 젊음 앞에서
>이렇게 구질구질 늙어가는 게 억울하지 않느냐고
>그냥 오기로 억울하긴 뭐가 억울해할 수야 있다만
>네가 나와 같이 늙어가지 않는다는 게
>여간만 다행이 아니구나
>너마저 늙어간다면 이 땅의 꽃잎들
>누굴 처다보며 젊음을 불사르겠니
>김상진 박래전만이 아니다
>너의 '서시'를 뇌까리며
>민족의 제단에 몸을 바치는 젊은이들은
>후꾸오까 형무소
>너를 통째로 집어삼킨 어둠
>네 살 속에서 흐느끼며 빠져나간 꿈들
>온몸 짓뭉개지던 노래들
>화장터의 연기로 사라져 버린 줄 알았던 너의 피묻은 가락들
>이제 하나 둘 젊은 시인들의 안테나에 잡히고 있다

— 문익환, 〈동주야〉 부분

그러나 윤동주 시의 가장 큰 미덕은 그 청순하고 개결한 젊음과 함께, 시집의 제목이 암시하듯 하늘과 바람과 별을 지향하는 밝음과 맑음, 빛의 이미지에 있다. 그의 시에는 유난히 해와 달과 별과 하늘이 많이 나온다. 비록 식민지라는 어둠 속에서 살면서 "육첩방은 남의 나라 / 창 밖에 밤비가 속살거리는데, // 등불을 밝혀 어둠을 조금 내몰고, / 시대처럼 올 아침을 기다리는 최후의 나"(〈쉽게 씌어진 시〉), 또는 "지조 높은 개는 / 밤을 새워 어둠을 짖는다. // 어둠을 짖는 개는 / 나를 쫓는 것일 게다"(〈또다른 고향〉)라고 분명히 그 어둠을 인식, 노래하고 있었으면서도, 밝음을 지향하고 있는 것이 그의 시다.

어머님, 나는 별 하나에 아름다운 말 한마디씩 불러 봅니다. 소학교 때 책상을 같이했던 아이들의 이름과, 패, 경, 옥 이런 이국 소녀들의 이름과, 벌써 애기 어머니된 계집애들의 이름과, 가난한 이웃 사람들의 이름과, 비둘기, 강아지, 토끼, 노새, 노루, 프랑시스 잠, 라이너 마리아 릴케 이런 시인의 이름을 불러 봅니다.

이네들은 너무 멀리 있습니다.
별이 아슬히 멀듯이,

어머님,
그리고 당신은 멀리 북간도에 계십니다.

나는 무엇인지 그리워

이 많은 별빛을 내린 언덕 위에
내 이름자를 써보고,
흙으로 덮어 버리었습니다.

딴은 밤을 새워 우는 벌레는
부끄러운 이름을 슬퍼하는 까닭입니다.

그러나 겨울이 지나고 나의 별에도 봄이 오면
무덤 위에 파란 잔디가 피어나듯이
내 이름자 묻힌 언덕 위에도
자랑처럼 풀이 무성할 게외다.

―〈별 헤는 밤〉부분

  별을 노래한 이 시는 분명 어둠이 그 배경이다. 그럼에도 시가 어둡지 않은 것은 밝음을 지향하는 푸른 젊음 탓이다. 윤동주 시에 색깔이 있다면 그것은 분명 푸른 가을 하늘빛이리라. 한편 윤동주는 국내 시인 가운데서는 백석 시인을 가장 좋아했다는데, 이 시에서와 마찬가지로 백석의 〈흰 바람벽이 있어〉에도 프랑시스 잠과 라이너 마리아 릴케가 똑같이 나오고 있어 흥미롭다.

박인환
근원을 알 수 없는 슬픔과 외로움

......

사랑은 가고
과거는 남는 것
여름날의 호숫가
가을의 공원
그 벤치 위에
나뭇잎은 떨어지고
나뭇잎은 흙이 되고
나뭇잎에 덮여서
우리들 사랑이 사라진다 해도
지금 그 사람 이름은 잊었지만
그의 눈동자 입술은
내 가슴에 있어
내 서늘한 가슴에 있건만

― 〈세월이 가면〉 부분

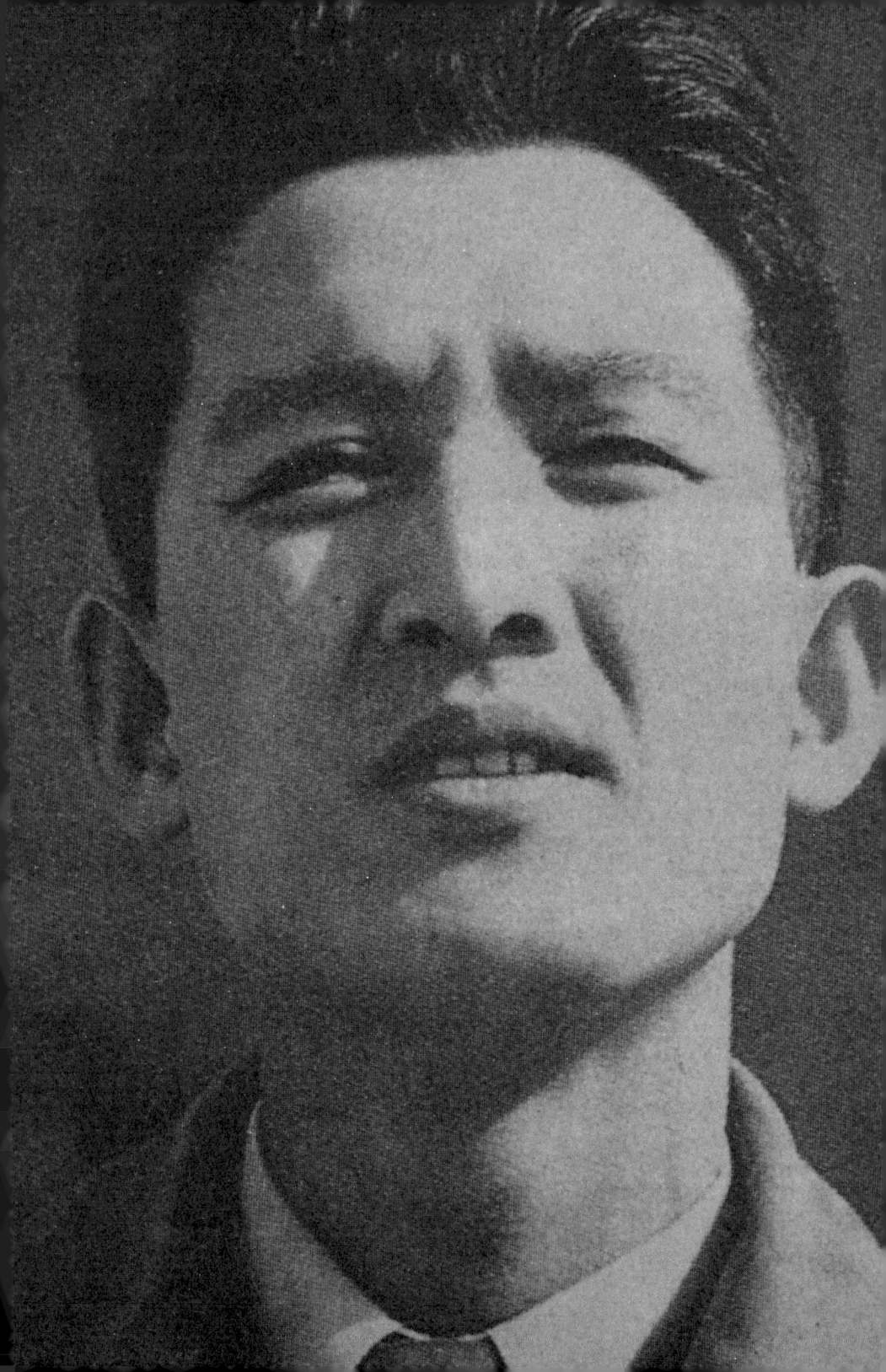

잠이 오지 않아 뒤척이다가 라디오를 들으면 단골로 듣게 되는 것이 음악을 배경으로 축축하게 젖은 성우의 목소리에 담긴 박인환 시인의 〈목마와 숙녀〉다. 시가 무언가 서럽고 외롭고 애달픈 분위기를 이렇게 강렬하게 전달하는 경우는 그리 많지 않을 것이다. 음색과 배경음악과 밤 시간이라는 조화도 있을 터이지만, 과연 라디오의 단골 메뉴가 될 만하다는 느낌이다.

> 한잔의 술을 마시고
> 우리는 버지니아 울프의 생애와
> 목마를 타고 떠난 숙녀의 옷자락을 이야기한다
> 목마는 주인을 버리고 그저 방울 소리만 울리며
> 가을 속으로 떠났다 술병에서 별이 떨어진다
> 상심한 별은 내 가슴에 가벼웁게 부숴진다
> 그러한 잠시 내가 알던 소녀는
> 정원의 초목 옆에서 자라고
> 문학이 죽고 인생이 죽고
> 사랑의 진리마저 애증의 그림자를 버릴 때
> 목마를 탄 사랑의 사람은 보이지 않는다

세월은 가고 오는 것
한때는 고립을 피하여 시들어가고
이제 우리는 작별하여야 한다
술병이 바람에 쓰러지는 소리를 들으며
늙은 여류작가의 눈을 바라보아야 한다
……등대에……
불이 보이지 않아도
그저 간직한 페시미즘의 미래를 위하여
우리는 처량한 목마 소리를 기억하여야 한다
모든 것이 떠나든 죽든
그저 가슴에 남은 희미한 의식을 붙잡고
우리는 버지니아 울프의 서러운 이야기를 들어야 한다
두개의 바위 틈을 지나 청춘을 찾은 뱀과 같이
눈을 뜨고 한잔의 술을 마셔야 한다
인생은 외롭지도 않고
그저 잡지의 표지처럼 통속하거늘
한탄할 그 무엇이 무서워서 우리는 떠나는 것일까
목마는 하늘에 있고
방울 소리는 귓전에 철렁거리는데
가을 바람 소리는
내 쓰러진 술병 속에서 목메어 우는데

―〈목마와 숙녀〉 전문

이 시에서 메시지는 그리 중요하지가 않다. 이 시에 담긴 근원을 알 수 없는 슬픔과 외로움, 그리고 그 분위기를 읽을 수 있으면 된다. 세 번씩이나 나오는 버지니아 울프에 대해서 약간의 예비 지식이 우선 필요할 것이다.

　버지니아 울프는 19세기 말에서 20세기 초(1882~1941)에 걸쳐 살았던 영국의 여류 소설가, 소위 빅토리아 시대의 지적 귀족을 대표하는 집안에서 태어났다. 시에 나오는 《등대로》(《등대에 To the Lighthouse》는 그녀의 대표작으로, '등대로'가 옳은 역어이다)는 페미니즘 소설의 효시로 일컬어지며 그 밖에 《파도》, 《댈러웨이 부인》 등의 대표작이 있다. 내면의 묘사와 시적인 문체로 특징 지워지는 그녀의 소설은 조금은 귀족적이고 또 조금은 탈속적脫俗的이었다. 또한 감정의 명암에 대한 미묘하고 정확한 감각을 지닌 문장에도 불구하고 소설의 분위기는 늘 어두웠다. 삶의 고독과 남과 함께할 수 없는 오뇌, 이것이 그녀의 소설의 밑바닥을 흐르고 있다고 말해지기도 한다. 아마 이런 요소들이 박인환 시인을 사로잡았으리라.

　그 자신 영국의 시인 루이스 매크니스의 말을 빌려 인생은 고독한 것이며 본질적으로 이것이 다른 사람에게 전달될 수 없다는 뜻의 말을 했다고 한다. 그러나 이 시를 읽으면서 우리는 한 늙은 여류작가를 상대로 술을 마시면서 떠나간 여인을 생각하고 있는 시인을 떠올리는 것만으로도 족할 것이다. 물론 '목마'는 상징이다. 한편 이 시의 분위기를 이루고 있는 '가벼움'도 주목할 대목이다. 슬픔이니 외로움이니 떠남이니 죽음 같은 내용들이 하나같이 인생의 중압을 가지고 있지 않다는 느낌이다.

　"한잔의 술을 마시고"라든가 "술병에서 별이 떨어진다"든가 "상심한 별"이라든가 "세월은 가고 오는 것"이라든가 "청춘을 찾은 뱀과 같이"라든가 "가을 바람 소리는 / 내 쓰러진 술병 속에서 목메어 우

박인환 시인은 강원도 인제에서 태어났다. 그의 고향은 한국전쟁 때 동족상잔의 매운 바람이 사납게 핥고 지나간 곳이다. 그러나 강물은 유유히 흐를 뿐 아무 말이 없다.

는데" 같은 감상적이고도 날씬한 표현 탓도 있겠지만, 따지고 보면 이런 표현도 박인환 시인의 세상을 보는 시각에 뿌리를 두고 있는 것일 터이다. 굳이 버지니아 울프를 끌어낸 데서도 알 수 있듯이 그의 시가 가진 정서는 지극히 서구 취향적이며 도시적이다. 여기에 삶의 무게가 실리지 않음으로써 가벼움의 분위기가 만들어지는 것 같다. 이 가벼움은 이 시를 가장 인기 있는 시로 만들어 주고 있지만, 거꾸로 그의 시를 격 낮은 시로 보는 편견의 원인도 되고 있다. 그러나 "인생은 외롭지도 않고 / 그저 잡지의 표지처럼 통속하거늘" 같은 절창을 뽑아낸 시인이 과연 우리 시사에서 몇이나 있을까.

 이 시에서 또 간과해서는 안 될 것은 서구 취향적 도시적 서정과 함께 리듬이다. 실제로 그의 시에 있어 리듬은 생명으로, 이 시가 아직도 많은 사람들에게 애송되고 있는 것은 바로 그 리듬 덕이다. 그는 선배 시인 중에서 오장환 시인을 가장 높이 평가했는데 그것은 오장환 시가 리듬을 가지고 있대서였다.

 그는 시를 얘기할 때면 늘 오장환을 들먹이면서 오장환의 시에는 젊은이의 슬픔이 깔려 있고 또한 리듬이 있지만 오늘의 시인 가운데는 그것을 가지고 있는 시인이 아무도 없다고 한탄했다. 이 시(뿐 아니라 박인환 시 전부가 그렇지만)를 자세히 뜯어보면 지나치게 장식이 많은데 이 역시 리듬에 대한 집착에서 오는 것이다. 리듬을 맞추기 위하여 형식적 내용적으로 불필요한 장식들이 동원되고 있는 것이다. 〈목마와 숙녀〉에서도 오직 리듬을 위하여 불필요한 부분이 장식적으로 들어가 있는 대목이 어렵지 않게 찾아진다.

 박인환 시인은 문학적으로는 말할 것도 없고 개인적으로도 오장환 시인에게서 많은 영향을 받았다고 생전의 그의 가장 가까웠던 문우의 한 분인 김규동 시인은 말한다. 그는 오장환의 시를 무척 좋아해서 해방 이전부터 10여 년 연상인 오장환 시인을 따라다녔는데, 해방 후 낙원동 입구에 연 고서점 '마리서사'도 오장환 시인이 물려준 것이다. 오장환 시인이 해방 후의 급격한 시국의 전개 속에 서점을 경영할 만큼 한가하지 못하게 되자 가장 사랑하던 후배에게 물려주었던 것이다. 오장환 시인이 키가 자그마한 데 비하여 박인환 시인은 키가 컸지만, 그는 옷차림이며 행동거지도 오장환과 비슷했다. 주머니는 늘 비어 있었지만(평생 제대로 돈벌이를 해 본 일이 없다 한다), 모습만 보면 그는 갈 데 없는 부잣집 도령이었다. 또한 귀족 취미도 있어 고급이 아니면 무엇이고 거들떠보지 않았다. 그러면서도 그는 곧잘 보수적이고 봉건적인 사회체제 속에서는 결코 사람이 행복할 수 없다는 뜻의 말을 하곤 했는데 여기에도 그를 키운 환경과 함께 오장환 시인의 영향이 컸다.

그러나 그는 국내 시보다는 외국 시를 좋아하여 특히 칼 샌드버그, 스티븐 스펜더, W. H. 오든 같은 시인들의 시집을 끼고 다녔다. 미국의 자본주의를 비판한 샌드버그의 《시카고 시집》은 그의 교본이었으며 진보주의를 찬양하고 서구의 제국주의를 비판하는 성격이 짙은 시집들인 스펜더의 《헌정獻呈 시집》과 오든의 《불안한 시대》를 모르는 동료 시인들을 경멸했다. 그가 스펜더와 오든을 좋아하는 것은 그들이 스페인 시민전쟁(1936년) 때 스페인으로 달려가 인민전선에 가담 총을 들었대서였다. 이 시민전쟁은 공화파인 인민전선의 패배로 끝나고 프랑코의 오랜 독재의 길을 열었지만, 헤밍웨이, 앙드레 말로, 조지 오웰 같은 전 세계의 진보적인 문인들이 대거 참여했던 싸움이다.

박인환 시인은 기질적으로 진보주의자였고 이것이 진보적인 서구

시 취향과도 무관하지 않을 터이다. 가령 〈인도네시아 인민에게 주는 시〉, 〈남풍〉, 〈인천항〉 같은 시는 그가 어떠한 기질의 시인인가를 잘 말해 준다. 제2차 세계대전 중 잠시 물러갔다가 종전 후 다시 점령하려는 네덜란드군을 상대로 독립을 쟁취하기 위하여 싸우는 인도네시아 인민에게 그는 이렇게 외치고 있다.

> 제국주의의 야만적 제재는
> 너희뿐만 아니라 우리의 모욕
> 힘 있는 대로 영웅 되어 싸워라
> 자유와 자기보존을 위해서만이 아니고
> 야욕과 폭압과 비민주적인 식민정책을 지구에서
> 부숴내기 위해
> 반항하는 인도네시아 인민이여
> 최후의 한 사람까지 싸워라
>
> 참혹한 옛날이 지나면
> 피 흘린 자바섬에는
> 붉은 칸나꽃이 피려니
> 죽음의 보람은 남해의 태양처럼
> 조선에 사는 우리에게도 빛이려니
> 해류가 부딪치는 모든 육지에선
> 거룩한 인도네시아 인민의 내일을 축복하리라
>
> ―〈인도네시아 인민에게 주는 시〉 부분

자칫 그는 오장환 시인을 따라 북으로 갔을 법한 사람이다. 당시의 남쪽이라는 것이 친일파, 민족 반역자, 모리배, 사기꾼으로 득시글거렸기 때문이다. 그러나 그는 북행을 하는 대신 남쪽에 남았다. 지식을 행동으로 옮길 만큼 용기 있는 사람은 못 되었던 모양이다. 어쩌다 친구들이 왜 월북하지 않고 서울에 남아 있느냐고 빈정대면 그는 씩 웃기만 했지만, 좌익으로 치부되는 점에 은근히 신경을 썼다 한다. 근원적인 슬픔 — 서구 취향 — 도시적 감성 — 행동으로까지는 가지 못하는 진보주의 — 이에 따른 가벼움 — 리듬, 이러한 그의 특성이 잘 나타나 있는 시가 당대의 딜레탕트 이진섭의 작곡으로 유명해진 〈세월이 가면〉이다.

지금 그 사람의 이름은 잊었지만
그의 눈동자 입술은
내 가슴에 있어.

바람이 불고
비가 올 때도
나는 저 유리창 밖
가로등 그늘의 밤을 잊지 못하지

사랑은 가고
과거는 남는 것
여름날의 호숫가
가을의 공원
그 벤치 위에

나뭇잎은 떨어지고

나뭇잎은 흙이 되고

나뭇잎에 덮여서

우리들 사랑이 사라진다 해도

지금 그 사람 이름은 잊었지만

그의 눈동자 입술은

내 가슴에 있어

내 서늘한 가슴에 있건만

―〈세월이 가면〉 전문

   박인환 시인이 태어난 곳은 강원도 인제다. 여기서 보통학교에 입학하지만, 열한 살에 상경 덕수보통학교에 편입, 이어 경기중학에 입학했다가 그것도 중퇴, 한성학교 야간부와 황해도 재령의 명신중학을 다닌다. 그가 이렇게 학교를 옮겨 다닌 것은 아버지가 일정한 장소에 뿌리박은 생활을 하지 못하고 떠돌아다녔기 때문이다. 이후 그는 가난에 대한 공포심 같은 것을 생래적으로 갖게 되었다. 옷을 깔끔히 입는 버릇도, 뒤에 오장환 시인으로부터의 영향에 의해 굳어졌지만, 이때부터 생긴 버릇으로, 겉모습이 후줄근해서는 어데 가서 밥 한 끼 얻어먹지 못한다는 처세 철학을 생활을 통해 익힌 것이다. 중학을 나온 뒤에는 평양에 가서 의학전문학교에 들어가지만 이것도 해방으로 마치지는 못한다. 가난에서 벗어날 수 있는 기회를 해방이 앗아간 것이다.

   해방 후 상경해서는 낙원동에서 '마리서사'라는 고서점을 하는데 이는 앞에서도 말했듯 오장환 시인으로부터 물려받은 것이다. 이 서

점도 겨우 이태로 막을 내렸지만 이 동안 많은 사람을 사귀어 뒤에 도움을 받는다. 특히 10여 세 연장자들을 친구로 갖게 되는데, 이는 조숙한 탓도 없지 않지만 나이 많은 사람과 친해야 덕을 본다는 생각으로 의도적으로 사귄 것이라는 게 김규동 시인의 말이다. "비슷한 또래하고만 사귀면 누가 밥 한 끼 제대로 사겠는가." 종종 그는 이렇게 말했다 한다. 더욱이 그는 사람 사귀는 데 재주가 있어 시인, 소설가뿐 아니라 각계에 친구가 많았다.

그가 작품 발표를 시작한 것은 해방되던 이듬해. 그러나 본격적인 시작 활동은 김경린, 김수영, 김병욱 등과 모더니즘을 기치로 내건 동인지 《신시론》을 발간하면서부터가 된다. 그 뒤 이들은 합동 시집 《새로운 도시와 시민들의 합창》을 발간하는데, 이 시집에서 박인환 시인은 이렇게 말한다. "……자본의 군대가 진주한 시가지는 지금은 증오와 안개낀 현실이 있을 뿐…… 더욱 멀리 지난날 노래하였던 식민지의 애가哀歌며 토속의 노래는 이러한 지구地區에 가라앉아 간다." 자본의 군대란 미군을 이르는 말일 터, 이 표백 속에는 전통에 대한 거부와 새로운 시를 향한 진군의 몸짓이 숨어 있다.

시인이 되어 피란지 부산과 수복 후의 서울 명동을 떠돌면서 박인환 시인은 많은 일화를 만든다. 그러나 김규동 시인은 무엇보다도 그를 정직하고 선량하면서도 치열하고 순수했던 사람, 따스한 인간의 체온을 가졌던 사람으로 기억을 한다. 사람도 잘 사귀고 활동적이면서, 감격도 잘하고 눈물도 잘 흘렸으며 앞뒤를 재서 행동할 줄 모르고 직설적이었다. 또 책을 읽어도 대충대충 읽는 법 없이 열중해서 집중적으로 읽었다. 특히 영화를 좋아해서 그 무렵 많이 들어온 외화치고 거의 안 보는 것이 없었으며 그것들을 소개하거나 비평하는 글을 써서 생활비를 벌기도 했지만, 이렇게 보는 경우에도 대충대충이

군축령 고갯마루에 세워져 있던 시비는 도로 공사로 그 옆 골짜기로 피난 가 있다가 1998년 합강공원으로 이전, 건립되었다.

없었다.

수도극장(지금의 스카라극장)에서 그레이엄 그린 원작의 스릴러 영화 《제3의 사나이》 시사회가 있던 날이었다. 문단의 여러 선후배가 함께 관람하고 있었는데 반쯤 진행되었을 때 박인환 시인은 흥분을 참지 못하고 자리에서 일어서서 뒷자리의 백철 평론가를 보고 소리쳤다. "어이 백철 씨 저걸 알아야 돼, 저걸 모르고 무슨 평론을 쓴단 말이오!" 당시 백철은 문단에서 대가로 대접받고 있던 평론가였다. 자칫 큰 손해가 따를 이러한 행동을 할 수 있는 사람은 시단에서 그뿐이었다. 어느 날 그는 허리띠가 달리고 발끝까지 치렁치렁 내려오는 긴 외투를 입고 나타났다. 의아해하는 친구들 앞에서 그는 의기양양하게 말했다. "이게 바로 예세닌이 입던 외투란 말야." 잡지에서 자살하기 전 예세닌의 외투 입은 사진을 보고 그것을 본떠 미군용 담요를 뜯어 만들어 입은 것이었다. 그는 로맨티시스트이기도 했던 것이다.

열한 살 때 떠난 고향, 그 고향을 그는 어떻게 생각하고 있었을까. 그에게는 〈고향에 가서〉라는 시 한 편이 있다.

> 갈대만이 한없이 무성한 토지가
> 지금은 내 고향.
>
> 산과 강물은 어느 날의 회화
> 피 묻은 전신주 위에
> 태극기 또는 작업모가 걸렸다.
> 학교도 군청도 내 집도

무수한 포탄의 작열과 함께
세상엔 없다.

인간이 사라진 고독한 신의 토지
거기 나는 동상처럼 서 있었다.
내 귓전엔 싸늘한 바람이 설레이고
그림자는 망령과도 같이 무섭다.

어려서 그땐 확실히 평화로웠다.
운동장을 뛰다니며
미래와 살던 나와 내 동무들은
지금은 없고
연기 한 줄기 나지 않는다.

황혼 속으로
감상 속으로
차는 달린다.
가슴속에 흐느끼는 갈대의 소리
그것은 비창한 합창과도 같다.

밝은 달빛
은하수와 토끼
고향은 어려서 노래부르던
그것뿐이다.

비 내리는 사경斜徑의 십자가와
아메리카 공병工兵이
나에게 손짓을 해준다

— 〈고향에 가서〉 전문

이 시에서 말하고 있는 대로 박인환 시인의 고향 인제는 동족상잔의 매운 바람이 가장 사납게 핥고 지나간 자리다. 지금까지도 그 상처는 남아 그가 태어나 유년 시절을 보낸 인제읍 상동리 159번지 강촌마을은 을씨년스러운 벌판으로 바뀌어 있다. 그와 유년 시절을 함께 보낸 노인은 찾을 길이 없고 그가 다녔다는 지금의 인제 남초등학교에도 그가 다닌 흔적은 남아 있지 않다. 그래도 그가 밟았을 운동장의 흙을 밟아 보면서 그가 어떤 모습으로 유년기를 보냈을까 상상해 보는 일은 결코 헛된 일이 아니리라.

우리가 찾았을 때 마침 찬바람에도 아랑곳없이 장구 다섯에 꽹과리 하나인 남녀 혼성의 어린이 풍물패가 신바람나게 삼채가락을 치고 있었다. 박인환 시인을 아느냐는 질문에는 한결같이 무슨 뚱딴지 같은 질문이냐는 얼굴들이다. 군축령 고갯마루에 세워져 있던 시비는 국토 포장 계획에 의한 터널 굴착 공사로 그 옆 골짜기로 피난을 가 있다. (이 시비는 1998년 합강공원으로 이전, 건립되었다.) 비양에 〈세월이 가면〉이 새겨져 있고 비음에 짧은 시인의 약력이 새겨져 있다. 군축령 고갯마루에 서니 군부대의 장갑차와 포신들이 내다보이고, 문득 "비 내리는 사경의 십자가와 / 아메리카 공병이 / 나에게 손짓을" 하는 것 같다.

한용운
사랑의 시인, 민족의 시인, 구원의 시인

남들은 자유를 사랑한다지마는, 나는 복종을 좋아하여요.
자유를 모르는 것은 아니지만, 당신에게는 복종만 하고 싶어요.
복종하고 싶은데 복종하는 것은 아름다운 자유보다 달금합니다,
그것이 나의 행복입니다.

그러나 당신이 나더러 다른 사람을 복종하라면 그것만은 복종할 수가 없습니다.
다른 사람을 복종하려면, 당신에게 복종할 수가 없는 까닭입니다.

― 〈복종〉

紫藤挂云木……病……
知得鳥方流水練生
君笑風蟬聲
樹勢斜陽
韓子滄書

3·1 운동에 민족 대표 33인의 한 사람으로 참여하고 〈조선독립 이유서〉를 쓰는 등 일제에 대항해 싸운 독립투사, 서른다섯의 젊은 나이에 8백 쪽에 이르는 불교 사상의 요약인 《불교대전佛敎大典》을 완성한 불교학의 석학, 《불교유신론佛敎維新論》을 쓰고 불교의 개혁을 주창하고 실천한 진보적인 승려, 시집 《님의 침묵》으로 우리 민족 문화에 크게 공헌한 시인!

불문학자이며 시인이었던 송욱 교수는 만해를 "사상, 행동, 예술, 이 모든 면에서 절세의 천재라고 말할 수밖에 없다. 세계에서 그와 비슷한 인물이 있는 것일까? 간디가 그와 같은가? 간디는 독립투사였지만 시인은 아니었다. 타고르가 그와 비슷한가? 타고르는 시인이지만 독립투사는 아니다. 그러면 만해는 간디와 타고르를 합쳐 놓은 것과 비슷한 인물인가? 설령 간디와 타고르를 합쳐 보아도 《불교대전》의 저자와 같은 석학이 나오지 않음은 어쩔 수 없는 노릇이다(《한용운 전집 1》)"라고 격찬했다. 실제로 그는 큰 산과 같고 온갖 것을 고루 갖추고 있어, 섣불리 그를 말하다가는 장님 코끼리 만지는 격을 면하기 어렵다. 만해 시를 제대로 읽자면 그의 불교 사상과 독립사상을 이해해야 한다고 말하는 것도 그래서이다.

그러나 아무런 종교적 철학적 기초 없이도 쉽게 다가갈 수 있는 것이 만해 시다. 어찌 보면 아무 기교도 없이 술술 하고 싶은 얘기를 써 나간 것 같은 느낌을 주는 것이 그의 시다. 그래서 평이하고 소박하다. 이미지가 어떻고 메타포가 어떻고 하는 소리는 그의 시에는 맞지 않는다. 그러면서도 만해 시, 특히 《님의 침묵》 속의 시들은 거의 수준 높은 사랑의 시로 읽어도 큰 울림을 준다. 《님의 침묵》이 김소월의 《진달래》, 윤동주의 《하늘과 바람과 별과 시》 등 고전이 된 시집들과 함께 오랜 세월을 두고 스테디셀러의 지위를 누리고 있는 것도 여기에 연유할 터이다. 시집 《님의 침묵》의 표제가 되고 있는 〈님의 침묵〉부터 읽어 보자.

> 님은 갔습니다. 아아 사랑하는 나의 님은 갔습니다.
> 푸른 산빛을 깨치고 단풍나무 숲을 향하여 난 작은 길을 걸어서 차마 떨치고 갔습니다.
> 황금의 꽃같이 굳고 빛나던 옛 맹세는 차디찬 티끌이 되어서, 한숨의 미풍에 날아갔습니다.
> 날카로운 첫 키스의 추억은 나의, 운명의 지침을 돌려놓고, 뒷걸음쳐서, 사라졌습니다.
> 나는 향기로운 님의 말소리에 귀먹고, 꽃다운 님의 얼굴에 눈멀었습니다.
> 사랑도 사람의 일이라, 만날 때에 미리 떠날 것을 염려하고 경계하지 아니한 것은 아니지만, 이별은 뜻밖의 일이 되고 놀란 가슴은 새로운 슬픔에 터집니다.
> 그러나 이별을 쓸데없는 눈물의 원천으로 만들고 마는 것은 스스로 사랑을 깨치는 것인 줄 아는 까닭에, 걷잡을 수 없는 슬픔의 힘을 옮겨서 새 희망의 정수박이에 들어 부었습니다.

우리는 만날 때에 떠날 것을 염려하는 것과 같이, 떠날 때에 다시 만 날 것을 믿습니다.
아아 님은 갔지마는 나는 님을 보내지 아니하였습니다.
제 곡조를 못 이기는 사랑의 노래는 님의 침묵을 휩싸고 돕니다.

― 〈님의 침묵〉 전문

편의상 1~6행, 7~8행, 9행의 세 단락으로 끊어서 읽어 보자. 첫 단락은 님은 갔다는 화두로 시작된다. 그 님과의 이별은 "푸른 산빛"이 "단풍"이 되는 것 같은, "황금의 꽃"이 "차디찬 티끌"이 되는 것 같은 충격이다. "날카로운 첫 키스"는 "나"의 운명의 바늘을 돌려 놓은 것이었지만, 그것도 이제 뒷걸음쳐 사라졌다. 이별은 "향기로운 님의 말소리에 귀먹고 꽃다운 님의 얼굴에 눈멀었"던 자신을 새삼스럽게 일깨운다. 사랑하면 언젠가는 헤어지리라 걱정하고 두려워하지 않은 것은 아니지만, 그 걱정과 두려움이 현실이 되는 순간 가슴은 "새로운 슬픔"으로 터진다.

둘째 단락은 사뭇 어조가 다르다. 님이 떠났다 해서 눈물만 흘리고 있는 것은 스스로 사랑을 깨뜨리는 것인 줄 아는 까닭에 슬픔을 새로운 희망의 원천으로 삼겠다는 뜻이 담겨 있다. 또한 한 번 만나면 언젠가는 헤어지듯이 일단 헤어지면 다시 만나리라는 철저한 믿음도 피력하고 있다.

셋째 단락에서는 비록 님은 갔지만 영원히 마음속에 남아 있다고 말한다. 그 님은 "없"기 때문에 침묵할 수밖에 없지만, 그 "님의 침묵"으로 인하여 "나"는 "사랑의 노래"를 부르게 된다는 것이 이 시의 결구이다. 이렇게 분석할 때, 이 시를 떠난 님을 그리워하는, 이별의 슬픔을 노래하는 빼어난 연애시로 읽는대서 큰 잘못은 없을 것이다. 교과서에 실리는 등 〈님의 침묵〉 못지않게 널리 알려진 시 한 편을 더 읽어 보자.

남들은 자유를 사랑한다지마는, 나는 복종을 좋아하여요.
자유를 모르는 것은 아니지만, 당신에게는 복종만 하고 싶어요.
복종하고 싶은데 복종하는 것은 아름다운 자유보다 달금합니다. 그것이 나의 행복입니다.

그러나 당신이 나더러 다른 사람을 복종하라면 그것만은 복종할 수가 없습니다.
다른 사람을 복종하려면, 당신에게 복종할 수가 없는 까닭입니다.

―〈복종〉 전문

이 시가 주는 감동은 우선 그 역설적인 표현에서 온다. 그가 일본의 지배에서 벗어나기 위해 일관되게 싸워 온 점은 제쳐 놓고 감옥에서 쓴 〈조선독립 이유서〉에서 "인간 생활의 목적은 참된 자유에 있는 것으로서 자유가 없는 생활에 무슨 취미가 있겠으며 무슨 즐거움이 있겠는가. 자유를 위해서는 어떤 대가도 아까워할 것이 없으니 곧 생명을 바쳐도 좋을 것이다"라 한 것을 보더라도 첫 행이 강조를 위한 역설임은 분명하다. 말하자면 참자유를 사랑하기 때문에 복종을 좋아한다는 뜻으로 읽힌다. 따라서 이 시는 〈님의 침묵〉보다도 더 직접적으로 "당신"이 단순한 "당신" 이상의 뜻을 내포하고 있음을 암시하고 있지만, 사랑의 시로 읽어도 역시 빗나가지 않는다는 느낌이다.

백담사 내 화엄실(사진 왼쪽 건물). 이곳은 만해가 기거하며 《님의 침묵》을 탈고한 곳이다. 그런데 이곳은 전직 대통령의 유배지로 해서 오히려 더 유명해졌다.

사랑은 상대에게 복종하는 데서 얻어지며, 사랑의 자유 또한 복종하는 데서 더 크게 성취될 수 있다는 소박한 에피그램도 귀에 선 것이 아니기 때문이다.

사랑의 고백의 수단으로 편지가 아직도 보편화되어 있던 1950~60년대에 청소년 시절을 보낸 사람 가운데는 이 시를 패러디해서 메시지를 보낸 추억을 가진 사람도 적지 않을 것이다.

나는 나룻배
당신은 행인.

당신은 흙발로 나를 짓밟습니다.
나는 당신을 안고 물을 건너갑니다.
나는 당신을 안으면 깊으나 얕으나 급한 여울이나 건너갑니다.

만일 당신이 아니 오시면 나는 바람을 쐬고 눈비를 맞으며 밤에서 낮까지 당신을 기다리고 있습니다.
당신은 물만 건너가면 나를 돌아보지도 않고 가십니다그려.
그러나 당신이 언제든지 오실 줄만은 알아요.
나는 당신을 기다리면서 날마다날마다 낡아갑니다.

나는 나룻배
당신은 행인.

─ 〈나룻배와 행인〉 전문

"흙발로 나를 짓밟"는 "당신", "물만 건너가면" "돌아보지도 않고 가"는 "당신", 그리하여 "행인"일 뿐인 "당신"을 안고 물을 건너고, 오지 않으면 눈비를 맞으며 밤낮으로 기다리고, 언제든지 올 줄을 굳게 믿으면서 날마다 낡아 간다는 내용의 이 시 역시 사랑의 시로 읽어 무리가 없다. 나룻배와 행인의 비유는 독창적인 것은 못 되지만 이 희생적 사랑이야말로 동양적 아름다움의 최고의 형태이어서 그 나름의 호소력을 갖는다.

그러나 여기서 한 번 "당신"을 조국이나 겨레로 바꾸어 읽으면, 이 시는 이내 빼앗긴 조국, 가 버린 겨레를 안타까운 마음으로 기다리는 치열한 민족시, 애국시로 변신을 한다. 깊으나 얕으나 급한 여울이나 안고 건너고, 눈비를 맞으며 밤낮으로 기다리고, 기다리며 날마다 낡아 가는 것이 사랑의 대상에서 조국 또는 겨레로 확대되는 것이다. 〈님의 침묵〉이나 〈복종〉도 마찬가지로, 〈님의 침묵〉은 조국 또는 겨레에 대한 사랑과 그 상실에 따른 슬픔, 그 슬픔을 새 희망의 원천으로 삼겠다는 새로운 의지, 조국 또는 겨레를 다시 찾게 되리라는 굳건한 믿음으로 축약될 수 있으며, 〈복종〉은 복종할 수 없는 복종에 대한 거부, 참다운 자유에 대한 갈망의 역설적 표현으로 이해될 수 있을 것이다.

번거로운 대로 〈복종〉을 다시 한 번 뜯어 읽어 보면, 나는 자유가 좋다는 것을 모르지는 않지만 복종을 더 좋아한다, 그러나 그 복종은 당신에게 하는 복종이어야 한다, 따라서 당신이 하라는 복종이라 해도 남에게 하라고 하면 따르지 않겠다, 당신에게 진실로 복종하자면 남에게 복종해서는 안 되는 까닭이다, 라는 내용이 되겠다. 일제가 온갖 수단 방법을 동원하여 복종을 강요하던 시대 상황을 생각하면 이 시에 대한 이해는 더 깊어질 것이다. 어쩌면 만해가 진정으로 하고 싶었던 말은 다음과 같은 것이었는지도 모른다.

나는 자유를 좋아하지만 당신에게만은 복종을 하고 싶어요.

여기서 "당신"은 "조국" 또는 "겨레"로서 만해 시가 사랑의 노래로서 읽히는 측면과 민족시로서의 요소라는 양면을 다 갖추고 있음을 알겠는데, 이는 만해 시의 중심 개념이 되고 있는 "님"이 곧 사랑의 대상이기도 하고 조국 또는 겨레일 수도 있음을 뜻한다. 그러나 이것만으로 만해 시를 전부 이해했다고 말하기는 어렵다. 그가 진보적인 승려라는 점을 고려할 때 만해 시에서 종교적인 요소를 제외한다는 것은 말이 되지 않는다. 그는 1926년에 나온 《님의 침묵》의 서문 격인 〈군말〉에서도 말하고 있다.

'님'만 '님'이 아니라 기룬 것은 다 님이다. 중생이 석가의 님이라면, 철학은 칸트의 님이다. 장미화의 님이 봄비라면 마치니의 님은 이태리다. 님은 내가 사랑할 뿐 아니라 나를 사랑하느니라.

그렇다면 〈님의 침묵〉의 '님'과 〈복종〉과 〈나룻배와 행인〉의 '당신'을 종교적 절대자 즉 '부처'로 바꾸어 놓고 읽으면 어떻게 될까. 이 시들은 그 어느 한 구석도 어색한 데 없는, 부처의 부재不在의 슬픔과 부처에 대한 복종과 복종의 자유로움과 부처에 대한 기다림을 노래한 구원의 시로 되는 바, 이 점 염무웅 교수는 "젊은이에게는 사랑의 노래로서, 종교인에게는 구원의 언어로서, 민족주의자에게는 민족 해방의 염원을 주고받는 암호로서 읽혀질 수 있"(〈만해 한용운론〉, 《민중시대의 문학》)다고 아주 적절히 정의하였다. 만해 시 가운데

홍성 읍내에 있는 만해선사상.

서 명편으로 꼽히는 〈알 수 없어요〉 한 편을 더 읽는 것도 만해 시 이해의 지름길이 될 것이다.

바람도 없는 공중에 수직의 파문을 내이며, 고요히 떨어지는 오동잎은 누구의 발자취입니까.
지리한 장마 끝에 서풍에 몰려가는 무서운 검은 구름의 터진 틈으로, 언뜻언뜻 보이는 푸른 하늘은 누구의 얼굴입니까.
꽃도 없는 깊은 나무에 푸른 이끼를 거쳐서, 옛 탑 위의 고요한 하늘을 스치는 알 수 없는 향기는 누구의 입김입니까.
근원은 알지도 못할 곳에서 나서, 돌부리를 울리고 가늘게 흐르는 작은 시내는 굽이굽이 누구의 노래입니까.
연꽃 같은 발꿈치로 가이없는 바다를 밟고, 옥 같은 손으로 끝없는 하늘을 만지면서, 떨어지는 날을 곱게 단장하는 저녁놀은 누구의 시입니까.
타고 남은 재가 다시 기름이 됩니다. 그칠 줄을 모르고 타는 나의 가슴은 누구의 밤을 지키는 약한 등불입니까.

―〈알 수 없어요〉 전문

"……입니까"라는 의문형으로 다섯 행을 돌아가다가 "……됩니다"로 한 음절 쉰 다음 다시 의문형으로 맺은 특이한 형태를 취하고 있는데, 앞의 의문형의 다섯 행이 급한 호흡인 데 반하여 뒤의 한 행이 차분하게 가라앉아 있는 점이 눈에 띈다. 또 주목되는 것은 앞의 다섯 행이 낮인 데 비하여 뒤의 한 행은 밤인 것이다. 그리고 앞의 다섯 행에는 "님(누구)"이 있지만 뒤의 한 행에는 그 "님"이 없다. 따라서 이 시는 앞의 다섯 행과 뒤의 한 행으로 나눌 수가 있을 것이다.

앞의 다섯 행에서 수사를 빼고 골격만 남겨 보면 "떨어지는 오동잎은 누구의 발자취인가", "푸른 하늘은 누구의 얼굴인가"가 된다. 말하자면 "님"은 발자취와 얼굴과 입김과 노래와 시로 나에게 존재하는 것이다. 이 앞 대목은 낮부터 해질녘의 저녁까지로서, 그 낮 동안 "님"은 위의 것들로서 나에게 존재한다. 그리고 "님"이 존재하는 동안 세상은 밝고 환하다. 그러나 "타고 남은 재가 다시 기름이 됩니다"를 축으로 낮이 밤으로 바뀌면서 "님"은 사라지고 나만 홀로 어둠 속에 남겨진다. 앞의 대목과는 대조적으로 이 한 구절은 어둡고 처연하다.

   타고 남은 재가 다시 기름이 됩니다. 그칠 줄을 모르고 타는 나의 가슴은 누구의 밤을 지키는 약한 등불입니까.

이 대목이야말로 만해 시의 현실 인식의 바탕이 된다. 말하자면 만해는 그가 살고 있는 시대를 님이 없는 밤으로 인식했으며 스스로 그 "밤을 지키는 약한 등불"을 자임했던 것이다. 하지만 "타고 남은 재가 다시 기름"이 된다는 진술에서는 불굴의 의지 같은 것을 읽을 수 있고, 바로 이것이 만해 시의 힘이기도 하다.

《님의 침묵》이 나올 무렵 우리나라에는 외국의 문예사조가 일본을 통하여 물밀듯 들어오고 있었다. 낭만주의다 상징주의다 퇴폐주의다 이런 것이 판을 치고, 우리 근대문학의 선구자들은 아무 거리낌없이 이러한 것을 받아들여 흉내 내고 본떠 시를 썼다.

그때까지 만해는 불교 개혁을 부르짖는 진보적인 승려요, 적극적인 항일 투쟁을 외치는 민족주의자로, 말하자면 문단의 아웃사이더였다. 이것이 그로 하여금 외국 문예사조의 홍수에 빠지는 것을 막아 주었고, 불교적 사색어와 민중적 생활어에 의한 그의 시 작업을 보다 창조적인 것이 되게 할 수 있었는지도 모른다. 문단과는 아무런 관계도 없는 승려요 혁명가가 우리 문학사에 길이 남을 시집을 냈다는 사실, 문학의 발전에 오히려 저해 요인이 되고 있다고 지적되는 오늘의 우리 문단에도 적잖은 교훈을 준다.

항일 투쟁으로 일관한 만해의 생애는 너무 알려져 있으므로 중언부언 췌담을 덧붙일 필요는 없을 것이다. 다만 3·1 독립선언문을 서명도 하지 않은 육당이 쓰는 것에 반대, 직접 쓰겠다고 했다가 시간 관계로 공약公約 3장만을 첨기했다든가, 3월 1일 태화관에서 33인을 대표해서 그가 축사를 했다든가, 만세삼창을 그의 선창으로 불렀다는 사실 등을 다시 한 번 상기할 필요는 있을 것이다. 만해의 고향인 홍성읍내에는 만해선사상과 시비가 세워져 있고 시비에는 〈님의 침묵〉과 시집의 끝말인 〈독자에게〉가 새겨져 있다.

결성면의 생가터에는 두 칸 집의 생가가 복원되어 있고, 그 옆에는 그 얼을 기리는 만해사萬海祠가 1995년에 준공되어 이미 여러 차례의 만해제가 열리기도 했다. 홍성 읍성의 성벽 아래에도 만해의 팔 없는 브론즈가 서 있는데, 이는 홍성 사람들이 얼마나 만해를 자랑스럽게 아는가를 말해 주는 증좌다. 전두환이 한때 쫓겨가 있던 백담사는 만해가 1925년 가을 《님의 침묵》을 탈고한 곳, 그 화엄실은 잘 보존돼 있고 최근에는 만해당도 준공되어 있다. 그리고 동국대에는 만해시비와 함께 만해광장이 만들어져 학생들의 자유로운 행사장이 되고 있으며, 만해를 기려 후학을 기르는 만해문학상, 만해상이 생긴 지도 오래다. 최근에는 만해사상실천선양회가 만들어져 만해사상 실천 운동에 나서고 있다.

백석

눈을 맞고 선 굳고 정한 갈매나무

눈은 푹푹 나리고
나는 나타샤를 생각하고
나타샤가 아니 올 리 없다
언제 벌써 내 속에 고조곤히 와 이야기한다
산골로 가는 것은 세상한테 지는 것이 아니다
세상 같은 건 더러워 버리는 것이다

눈은 푹푹 나리고
아름다운 나타샤는 나를 사랑하고
어데서 흰 당나귀도 오늘밤이 좋아서 응앙응앙 울 것이다

— 〈나와 나타샤와 흰 당나귀〉 부분

雜誌女性編輯者

미스터 白石이
프로필이다、
미스터 白石은 바루
내 오른쪽 옆프에서
深刻한 表情으로
寫眞을 오리기도하고
와리쓰게도 하고있다、 그래서 나는 밤낫
미스터 白石의 深刻한 프로필만 보게된다
미스터 白石의 프로필은 剛毅라고 갑 바름답다
미스터 白石은 西班牙사람도 같고 필립핀사람도같다
미스터 白石도 그림의 女子를 좋아 하는 것 같다
미스터 白石은 西班牙鬪牛사를 입으면
꼭 어울일것이라고 생각한다 以下略...

내가 백석 시인을 알게 된 것은 중학교 시절 정기 구독하고 있던 한 월간지에 박목월 시인이 연재하고 있던 시 창작 강좌를 통해서이다. 거기 백석 시인의 〈오리 망아지 토끼〉와 〈여우난골〉, 그리고 〈비〉가 소개되어 있었는데, 나는 단박에 백석이 좋아졌다. 지금 생각하니 내가 시를 좋아하게 된 것도 실은 백석 시인으로 인해서였는지도 모르겠다.

나는 그 강좌에 소개된 시집 《사슴》을 구하려고 노력했지만 시골시 구할 길은 없었다. 그 얼마 뒤에 책방에서 《학풍》이라는 새로 나온 잡지를 뒤적이다가 거기 그의 〈남신의주 유동 박시봉방 南新義州 柳洞 朴時逢方〉이라는 시가 실려 있는 것을 보았다. 그 자리에 서서 읽고 나는 너무 놀랐다. '시란 이런 것이로구나.' 아마 이런 생각을 하지 않았던가 싶다. 나는 그 시 한 편을 다시 읽기 위해서 그 시 말고는 단 한 쪽도 읽을 수 없으리만큼 어려운 그 잡지를 사서 한집에서 학교를 다니던 당숙들이며 족형들을 어리둥절하게 했다.

《사슴》을 손에 넣은 것은 대학으로 진학해 서울로 올라와서다. 막 전쟁이 끝나 세상은 여전히 뒤숭숭하고 먹고살기가 크게 어려운 때였다. 나는 동대문과 청계천 일대의 고서점을 도는 것이 일과처럼 되어 있었는데, 그곳에는 서재에서 빠져나온 장서 도장이 찍힌 귀한 책들이 산더미처럼 쌓여 있었다. 《사슴》도 그 책더미 속에 묻혀 있었다. 책의 뒷장과 속표지에 붉은 장서인이 찍힌 것 말고는 말짱했지만, 주인은 가치를 모르고 참고서 한 권 값밖에 받지 않았다.

나는 아직도 《사슴》을 처음 읽던 흥분을 잊지 못하고 있다. 실린 시는 40편이 못 되었지만 그 감동은 열 권의 장편소설을 읽은 것보다도 더 컸다는 느낌이다. 나는 읽고 또 읽었다. 저녁밥도 반 사발밖에 먹지 못했으며 밤도 꼬박 새웠다. 그 뒤 《사슴》을 가방에 넣고 다니며 틈나는 대로 꺼내 읽고는 했으니, 실상 그것이 내가 시를 공부하는 데 교과서가 되었던 셈이다. 이렇게 애지중지하던 책을 1961년에 잃어버렸다. 하찮은 사건으로 가택 수색을 당해 압수당한 50여 권의 책 속에 그의 시집도 끼어 있었던 것이다. 홍명희의 《임꺽정》, 이태준의 《복덕방》, 김남천의 《대하》, 오장환의 《성벽》, 이용악의 《오랑캐꽃》 등이 이때 빼앗긴 책들인데, 《사슴》을 빼앗긴 일이 가장 억울했다. 다행히 《사슴》의 시들은 거의 외고 있었지만, 이 일로 나는 얼마 동안 시를 읽는 흥미도 시집을 사는 재미도 잃었다. 생각해 보니 1960년대 후반 내가 다시 시를 쓰기 시작하기까지 나는 단 한 권의 시집도 사지 않았던 것 같다. 지금도 서슴없이 내 시의 스승으로 먼저 백석 시인을 댄다.

　　호박잎에 싸오는 붕어곰은 언제나 맛있었다

　　부엌에는 빨갛게 질들은 팔모알 상이 그 상 우엔 새파란 싸리를 그린 눈알만한 잔이 뵈였다

　　아들아이는 범이라고 장고기를 잘 잡는 앞니가 뻐드러진 나와 동갑

이었다

울파주 밖에는 장꾼들을 따라와서 엄지의 젖을 빠는 망아지도 있었다

―〈주막酒幕〉 전문

이 시는 우리 머리에 세 개의 그림을 그리게 한다. 첫째로, 호박잎에다 붕어곰을 싸 오는 주막집 아들아이다. 그 아들아이는 이름이 범이고, 장고기를 잘 잡고, 앞니가 뻐드러졌고, 또 나와 동갑이다. 말하자면 "장고기를 잘 잡는 앞니가 뻐드러진"은 생략된 관계대명사를 고리로 "아들아이"를 수식하고 있는 것이다. 두 번째는 "새파란 싸리를 그린 눈알만한 잔"이 놓여 있는 "빨갛게 질(길)들은 팔모알 상" 하나만으로 극히 인상적으로 그린 주막집 부엌의 모습이다. 빨갛게 길든 팔모알 상과 그 위에 놓여 있는 "새파란 싸리를 그린 눈알만한 잔"이라는 소품이 그 주막이 그리 막돼먹지 않았음을 암시하는 효과도 가진다. 세 번째는 주막 밖 풍경이다. 주막 울파주(울바자) 밖에는 어미 말이 매여 있고 망아지가 그 젖을 빨고 있다. 장짐을 지고 장꾼을 따라온 말이다.

앞니가 뻐드러진 고기를 잘 잡는 주막집 아들아이, 해장국 끓는 냄새, 지짐개 냄새가 자욱한 주막집 부엌, 왁자지껄 떠들어 대는 장꾼들, 울파주 밖의 질척거리는 길과 말똥 냄새······. 서도의 장날 풍경을 언어로 그린 한 폭의 풍속화다. 이 시는 서도 사투리를 골간으로 하는 아름다운 우리말이 직조하는 토속적 조선 정조를 기초로 하고 있다. 또한 이 시는 우리를 한 세대 이전의 옛 삶의 모습, 인정과 풍

속의 세계로 데려가 준다. 그러나 그 표현 양식은 토속적이거나 재래적이 아니다. 우리말에 없는 관계대명사며 도치법 등 서구적 표현 방식을 과감히 채용하고 있다는 점에서, 또 명확한 이미지를 제공하고 집중을 중시한 점에 있어 그는 모더니스트요 이미지스트이기도 하다.

    오리치를 놓으려 아배는 논으로 나려간 지 오래다
    오리는 동비탈에 그림자를 떨어트리며 날아가고 나는 동말랭이에서 강아지처럼 아배를 부르며 울다가
    시악이 나서는 등뒤 개울물에 아배의 신짝과 버선목과 대님오리를 모두 던져 버린다

    장날 아침에 앞 행길로 엄지 따라 지나가는 망아지를 내라고 나는 조르면
    아배는 행길을 향해서 크다란 소리로
    ―― 매지야 오나라
    ―― 매지야 오나라

    새하려 가는 아배의 지게에 지워 나는 산으로 가며 토끼를 잡으리라고 생각한다.
    맞구멍난 토끼굴을 아배와 내가 막어서면 언제나 토끼새끼는 내 다리 아래로 달어났다.
    나는 서글퍼서 서글퍼서 울상을 한다

    ―〈오리 망아지 토끼〉 전문

이 시 역시 백석 시인의 다른 시나 마찬가지로 서도 사투리에 대한 약간의 예비지식을 필요로 하는 시. "오리치"는 오리 창애로 오리를 꾀어 잡는 틀, "아배"는 아버지, "동비탈"은 둑 비탈, "동말랭이"는 둑마루, "시악"은 고약한 심술, "엄지"는 어미 말, "매지"는 망아지, "새하려"는 나무하러로 읽으면 된다. 세 연 중 첫 연은 오리가 주제요 논이 무대다. 오리(들오리)를 잡는 창애를 놓기 위해 아버지는 논으로 내려가서는 영 올라오지 않는데 오리는 날아가 버리고, 화자는 둑 위에서 아버지를 찾다가 심술이 나서 아버지의 신이며 버선이며 대님을 개울물로 던져 버린다. 두 번째 연은 논과 둑 대신 행길이 무대다. 장 보러 가는 장꾼과 장짐을 실은 어미 말과 어미 말을 따라가는 망아지, 그리고 그것을 보고 망아지를 사 내라고 생떼를 쓰는 화자, 망아지를 향해 건성으로 "매지야 오나라" 하고 소리치는 아버지가 인상적이다. 셋째 연에서는 다시 장면이 바뀌어 이번에는 산이 된다. 나무하러 가는 아버지의 지게에 지워진 어린 화자, 맞구멍난 토끼굴을 막아서는 아버지와 화자의 숨결 등이 그림처럼 떠오른다. 시인의 유년 시대의 기억을 토대로 한 것일 터이지만, 동화적 시각 없이는 불가능한 시이다. 색깔을 엷게 칠한 담채화 같은 기법에도 주목할 필요가 있다.

산뽕잎에 빗방울이 친다
멧비둘기가 난다
나무등걸에서 자벌기가 고개를 들었다 멧비둘기 켠을 본다

― 〈산山비〉 전문

나는 〈청시〉, 〈비〉, 〈흰 밤〉, 〈노루〉 등 3, 4행밖에 되지 않는 그의 짧은 시들도 다 좋아하지만 특히 위의 시가 좋다. 이 시를 읽으면 빗방울이 후둑후둑 떨어지기 시작하는 산비탈 밭이 떠오른다. 산과 들이 새파랗게 물든 초여름날 저녁 나절, 멀리 내려다보이는 마을에서 저녁 먹으라고 아이를 부르는 소리도 들리고, 산비에 묻어 오는 싱싱하고 비릿한 풀냄새도 난다. 산뽕에 빗방울이 치고, 멧비둘기가 일어나 날고, 자벌레가 나뭇등걸에서 고개를 들어, 멧비둘기 편을 보고 하는, 아주 간단한 내용이면서도 이 시는 산골살이의 많은 이야기를 내포하고 있다. 이야기를 이끌어 내는 재미, 이것이 백석 시를 읽는 또 하나의 재미로, 시를 읽으면서 낯선 서도의 한 세대 이전의 삶을 상상하는 것도 즐거운 일이다. 그의 시가 얼마나 많은 이야기를 안고 있는가는 2행밖에 안되는 짧은 시 〈노루〉 한 편만 더 읽어 보아도 금세 알 수 있다.

산골에서는 집터를 츠고 달궤를 닦고
보름달 아래서 노루고기를 먹었다

— 〈노루〉 전문

산골에서는 집터를 치고(츠고) 달구질(달궤)을 하고 보름달 아래서 노루고기를 먹었다는 것이 내용의 전부이지만 웬만한 독자면 다 이 시에서 "어허야 달구" 하는 달구질 소리, 노루고기와 술에 취한 장정들이 시끌벅적 떠드는 소리, 아낙네들의 수다까지 들을 수 있을 것이다. 〈성외城外〉도 그 시 속에 들어 있는 이야기가 구성지고 애처롭다.

영어 교사 백석. 그는 스물다섯 되던 해에 함흥 영생여고보에서 영어 교사로 교편을 잡았다.

어두워 오는 성문 밖의 거리
도야지를 몰고 가는 사람이 있다

엿방 앞에 엿궤가 없다

양철통을 쩔렁거리며 달구지는 거리 끝에서 강원도로 간다는 길로 든다
술집 문창에 그느슥한 그림자는 머리를 얹혔다

―〈성외城外〉 전문

성문 밖은 어두워 오고, 한 사람이 장에서 도야지를 사서 몰고 간다 …… 엿을 받으러 온 사람들도 다 돌아가 엿궤 하나가 없는 엿도가 앞, 그곳 강원도로 가는 길로 달구지가 양철통을 쩔렁거리며 밤길을 재촉한다 …… 그 양철통 속에는 양잿물이나 간수가 들어 있겠지 …… 그 성문 밖에 있는 술집, 며칠 전까지만 해도 머리를 땋아 내렸던, 창문에 어리는 야윈(그느슥한) 그림자는 머리를 얹혔다 …… 머리를 얹는다는 것은 기생이 몸을 허락함을 뜻하니 돈 많은 스폰서라도 얻었나 보다 …… 산문으로 풀면 이렇게 되는 터로서, "양철통을 쩔렁거리며" 강원도로 가는 길로 든 달구지와 머리를 얹힌 "술집 문창에 그느슥한 그림자"를 선명하게 대비시켜 그려 낸 개화기 이후의 우리 산읍의 풍속도이다.

평북 정주에서 출생(1912년), 오산고보를 나와 일본에 유학한 후 《조선일보》 기자 생활도 하고 함흥으로 내려가 영생여고보에서 교직

생활도 하다가, 일제 말기 만주로 건너가 생활을 위해 측량 서기도 하고 세관 업무에 종사도 했다는 백석 시인의 연보는 해방 후 귀국해서 신의주에 머물렀었다는 것 외에는 자세히 밝혀지지 않고 있었다. 1940년대 초까지는 작품 활동도 왕성하게 했지만, 해방 뒤에는 기껏 세 편을 발표, 그것도 친구인 화가 허준이 소장하고 있던 것이었다. 북쪽에서도 별말이 없는 것으로 보아 활동을 거의 멈추고 있는 것이 분명했지만, 그 뒤 북쪽에서 발표한 〈공무여인숙〉 등 10여 편의 시와 동화시 〈집게네 네형제〉, 그리고 〈동화문학의 발전을 위하여〉 등의 작품이 발굴되었다. 남한의 정보 당국은 그를 월북 작가로 분류, 시집을 금서 속에 포함시켰다. 눈앞에 보이지 않으니까 월북한 불순 시인으로 치부해 버리는 것이 손쉬워서였다. 그가 본디 프롤레타리아 시와는 거리가 먼 시인이었던 만큼 숙청당했을 가능성이 있다고 의심해 보거나 판단할 만한 지혜도 성실성도 없는 것이 남한의 정보기관이었던 것이다. 6·25 당시 국군이 평양까지 올라갔을 때 군수를 했다는 둥 강제수용소에 갇혀 있다는 둥 소문이 돌기도 했으나 모두 확인할 길 없는 뜬소문일 뿐이었다.

　그 뒤 제6공화국 아래서 약간의 융통성이 생기면서 그의 시집은 해금이 되어 햇빛을 보게 되었고, 이동순 시인이 엮은 《백석 시선집》의 발간(1987년)이 계기가 되어 김자야라는 익명의 여성이 나타나 《내 사랑 백석》이라는 에세이집을 내어(1995년) 백석 시인과의 숨은 사랑의 이야기를 털어놓기에 이르렀다. 대원각의 주인 김영한 할머니로 밝혀진 자야는, 그 자야라는 이름도 백석 시인이 수자리 간 낭군을 그리는 여인의 심회를 읊은 이태백의 시 〈자야오가子夜吳歌〉에서 따서 지어 주었다고 고백하면서, "당신은 학교의 일과가 끝나기가 무섭게 도망치듯 나의 하숙으로 바람같이 달려왔다. 우리는 새삼 그

영생여고보 재직 시 지육부(학교문예반)에서 교지 《영생》 편집 중인 백석. 오른쪽에 있는 이가 시집 《파초》 등을 낸 김동명.

립고 반가운 마음에 두 손을 담쑥 잡았다. 꽁꽁 언 손을 품속에 데워서 녹이려 할 양이면 난폭한 정열의 힘찬 포옹, 당신은 좀처럼 풀어줄 줄을 몰라했다"고 백석 시인이 잠시 내려가 있던 함흥에서의 로맨스를 털어놓았다. 그녀의 고백에 따르면 눈과 흰 당나귀와 나타샤라는 순백의 이미지의 아름다운 시 〈나와 나타샤와 흰 당나귀〉는 바로 그녀에게 바쳐진 것이다.

가난한 내가
아름다운 나타샤를 사랑해서
오늘밤은 푹푹 눈이 나린다

나타샤를 사랑은 하고
눈은 푹푹 날리고
나는 혼자 쓸쓸히 앉아 소주를 마신다
소주를 마시며 생각한다
나타샤와 나는
눈이 푹푹 쌓이는 밤 흰 당나귀 타고
산골로 가자 출출이 우는 깊은 산골로 가 마가리에 살자

눈은 푹푹 나리고
나는 나타샤를 생각하고
나타샤가 아니 올 리 없다
언제 벌써 내 속에 고조곤히 와 이야기한다
산골로 가는 것은 세상한테 지는 것이 아니다
세상 같은 건 더러워 버리는 것이다

눈은 푹푹 나리고
아름다운 나타샤는 나를 사랑하고
어데서 흰 당나귀도 오늘밤이 좋아서 응앙응앙 울을 것이다

— 〈나와 나타샤와 흰 당나귀〉 전문

나타샤는 톨스토이의 장편《전쟁과 평화》의 여주인공 이름이지만 북국 소녀의 보통명사라는 성격이 더 짙은 듯, 흰 당나귀는 프랑스의 시인 프랑시스 잠이 좋아하던 터로서 백석, 윤동주 시인이 다 같이 좋아하던 이미지로, "— 하늘이 이 세상을 내일 적에 그가 가장 귀해하고 사랑하는 것들은 모두 / 가난하고 외롭고 높고 쓸쓸하니 그리고 언제나 넘치는 사랑과 슬픔 속에 살도록 만드신 것이다 / 초생달과 바구지꽃과 짝새와 당나귀가 그러하듯이 / 그리고 또 '프랑시스 잠'과 도연명과 '라이너 마리아 릴케'가 그러하듯이"하고 백석 시인의 다른 시 〈흰 바람벽이 있어〉에도 나온다. "출출이"는 뱁새, "마가리"는 오막살이. 이 정도의 예비지식만 가지면 누구나 아름다운 사랑의 시로 읽을 수 있으리라.

하지만 아무래도 백석 시를 얘기하면서 〈남신의주 유동 박시봉방 南新義州 柳洞 朴時逢方〉을 빼놓을 수는 없을 것 같다. 어렵던 시절 내게 더없는 힘이 되었던 시다.

어느 사이에 나는 아내도 없어지고, 또,
아내와 같이 살던 집도 없어지고,
그리고 살뜰한 부모며 동생들과도 멀리 떨어져서,

그 어느 바람 세인 쓸쓸한 거리 끝에 헤매이었다.

바로 날도 저물어서,

바람은 더욱 세게 불고, 추위는 점점 더해 오는데,

나는 어느 목수네 집 헌 삿을 깐,

한 방에 들어서 쥔을 붙이었다.

이리하여 나는 이 습내 나는 춥고, 누긋한 방에서,

낮이나 밤이나 나는 나 혼자도 너무 많은 것같이 생각하며,

딜옹배기에 북덕불이라도 담겨 오면,

이것을 안고 손을 쬐며 재 우에 뜻없이 글자를 쓰기도 하며,

또 문밖에 나가지두 않구 자리에 누워서,

머리에 손깍지베개를 하고 굴기도 하면서,

나는 내 슬픔이며 어리석음이며를 소처럼 연하게 쌔김질하는 것이었다.

내 가슴이 꽉 메어올 적이며,

내 눈에 뜨거운 것이 핑 괴일 적이며,

또 내 스스로 화끈 낯이 붉도록 부끄러울 적이며,

나는 내 슬픔과 어리석음에 눌리어 죽을 수밖에 없는 것을 느끼는 것이었다.

그러나 잠시 뒤에 나는 고개를 들어,

허연 문창을 바라보든가 또 눈을 떠서 높은 천정을 쳐다보는 것인데,

이때 나는 내 뜻이며 힘으로, 나를 이끌어 가는 것이 힘든 일인 것을 생각하고,

이것들보다 더 크고, 높은 것이 있어서, 나를 마음대로 굴려 가는 것을 생각하는 것인데,

이렇게 하여 여러 날이 지나는 동안에,

내 어지러운 마음에는 슬픔이며, 한탄이며, 가라앉을 것은 차츰 앙

금이 되어 가라앉고,

　외로운 생각만이 드는 때쯤 해서는,

　더러 나줏손에 쌀랑쌀랑 싸락눈이 와서 문창을 치기도 하는 때도 있는데,

　나는 이런 저녁에는 화로를 더욱 다가 끼며, 무릎을 꿇어 보며,

　어느 먼 산 뒷옆에 바우섶에 따로 외로이 서서,

　어두워 오는데 하이야니 눈을 맞을, 그 마른 잎새에는,

　쌀랑쌀랑 소리도 나며 눈을 맞을,

　그 드물다는 굳고 정한 갈매나무라는 나무를 생각하는 것이었다.

— 〈남신의주 유동 박시봉방 南新義州 柳洞 朴時逢方〉 전문

　아내도 집도 부모도 형제도 없어지고 혼자 쓸쓸한 거리 끝을 헤매던 화자는 목수네 집 헌 삿을 깐 방을 얻어 쥔을 붙인다. 그러고는 문 밖엔 나가지도 않고 누워 뒹굴거나 일어나 앉아 딜옹배기 북덕불에 손을 쬐기도 하고 뜻없이 글씨를 쓰기도 하면서 슬픔과 어리석음에 눌려 죽을 수밖에 없는 것을 생각한다. 그러다가 문득 이 세상은 뜻대로 살아지는 것이 아니라 더 크고 높은 것이 있어 자기를 마음대로 굴려 간다는 생각을 하게 된다. 그리하여 슬픔이며 한탄 따위는 앙금이 되어 가라앉고 외로움만이 남게 되는데, 그때쯤 해서는 싸락눈이 와서 문창을 치기도 하고, 화자는 화로를 더욱 가까이 끼고 무릎을 꿇어 보기도 한다. 그리고 생각하는 것이다. 어두워 오는 저녁 바위섶에 외로이 서서 마른 잎새에 쌀랑쌀랑 소리를 내며 하야니 눈을 맞는 굳고 정한 갈매나무를! 이 갈매나무야말로 백석 시의 모든 시에 관통하는 이미지이기도 하다.

신동문
삶을 통한 시의 완성

내 노동으로
오늘도 살자고
결심을 한 것이 언제인가
머슴살이하듯이
바친 청춘은
다 무엇인가.
돌이킬 수 없는
젊은 날의 실수들은
다 무엇인가.
그 여자의 입술을
꾀던 내 거짓말들은
다 무엇인가.
그 눈물을 달래던
내 어릿광대 표정은
다 무엇인가.
……

— 〈내 노동으로〉 부분

수백 명의 순결한 목숨을 바쳐 얻어 내고도 군사독재에게 날치기 당한 4·19 혁명도 이제 40년이 가까운 옛이야기가 되고 말았다(개정 작업을 진행하는 현재 4·19는 50주년을 앞두고 있다). 하지만 지금도 숭고하고도 뜨거운 그날의 현장을 생생하게 되살리는 시가 한 편 있으니, 신동문 시인의 〈아! 신화같이 다비데군#들〉이 그것이다.

　　서울도
　　해솟는 곳
　　동쪽에서부터
　　이어서 서 남 북
　　거리거리 길마다
　　손아귀에
　　돌 벽돌알 부릅쥔 채
　　떼지어 나온 젊은 대열
　　아! 신화같이
　　나타난 다비데군들

　　혼자서만

야망 태우는
목동이 아니었다.
열씩
백씩
천씩 만씩
어깨 맞잡고
팔짱 맞끼고
공동의 희망을
태양처럼 불태우는
아! 새로운 신화 같은
젊은 다비데군들

고리아테 아닌
거인
살인전제殺人專制 바리케이드
그 간악한 조직의 교두보
무차별 총구 앞에
빈 몸에 맨주먹
돌알로써 대결하는
아! 신화같이
기이한 다비데군들

빗살 치는
총알 총알
총알 총알 총알 앞에

돌 돌

돌 돌 돌

주먹 맨주먹 주먹으로

피비린 정오의

포도鋪道에 포복하며

아! 신화같이

육박하는 다비데군들

제마다의

가슴

젊은 염통을

전체의 방패 삼아

관혁貫革으로 내밀며

쓰러지고

쌓이면서

한 발씩 다가가는

아! 신화같이

용맹한 다비데군들

충천하는

아우성

혀를 깨문

안간힘의

요동치는 근육

뒤틀리는 사지

요동하는 육체
조형의 극치를 이루며
아! 신화같이
싸우는 다비데군들

마지막 발악하는
총구의 몸부림
광무狂舞하는 칼날에도
일사불란
해일처럼 해일처럼
밀고 가는 스크럼
승리의 기를 꽂을
악의 심장 급소를 향하여
아! 신화같이
전진하는 다비데군들

내흔드는
깃발은
쓰러진 전우의
피묻은 옷자락
허영도 멋도 아닌
목숨의 대가를
절규로
내흔들며
아! 신화같이

승리할 다비데군들
멍든 가슴을 풀라
피맺힌 마음을 풀라
막혔던 숨통을 풀라
짓눌린 몸뚱일 풀라
포박된 정신을 풀라고
싸우라
싸우라
싸우라고
이기라
이기라
이기라고

아! 다비데여 다비데들이여
승리하는 다비데여
싸우는 다비네여
쓰러진 데비데여
누가 우는가
너희들을 너희들을
누가 우는가
눈물 아닌 핏방울로
누가 우는가
역사가 우는가
세계가 우는가
신이 우는가

우리도
아! 신화같이
우리도
운다

— 〈아! 신화같이 다비데군## 들〉 전문

다비데는 다윗 혹은 다비드로 알려져 있는 고대 이스라엘 임금의 히브리 이름. 용감한 베들레헴의 양치기 소년 다비데가 이스라엘 민족을 괴롭히는 블레셋 민족의 거인 고리아테(골리앗)를 돌팔매로 쳐 죽이고 사울왕의 신임을 얻어 왕이 된다는 얘기는 구약성서 〈사무엘서〉에 나온다. 이 시는 4·19 혁명에 앞장을 선 어린 소년들을 양치기 소년 다비데에, 그 타도의 대상이 된 자유당 전제 정권을 고리아테에 비유하는 데 모티프를 두고 있다. 10여으로 이루어진 시가 데모 현장을 진행에 따라 열 개의 장면으로 시각적으로 구성 편집해 놓은 점에 주목할 필요가 있다.

서장이 되는 첫 연은 데모의 시작이다. "거리거리 길마다 / 손아귀에" 돌과 벽돌을 부르쥐고 떼 지어 달려나온 젊은 대열이 신화 속의 다비데 떼 같다는 데서 시는 시작된다. "돌 벽돌알 부릅쥔"이라는 표현은 새겨 읽을 필요가 있다. "부릅쥔"은 "눈을 부릅뜬"과 "손을 부르쥔"의 합성어의 성격이 짙다. 이 표현에서 독자들은 눈을 부릅뜨고 돌과 벽돌알을 손에 부르쥐고 떼 지어 달려 나오는 젊은 대열을 쉽게 연상할 것이다. 돌 - 벽돌알 - 젊은 대열 - 다비데 떼의 이미지의 연결도 교묘하다.

두 번째 연에서는 "혼자서만 / 야망 태우는 / 목동이 아니"라면서

신동문 시인이 글을 쓰던 곳. 충북 단양군 적성면 애곡리에 있는 그의 농장에는 그가 애지중지하던 과수들이 돌보는 이 없어 스산하고, 많은 사람들을 먹이고 재우면서 침을 놓던 집은 폐가가 되어 서 있다.

혼자서 고리아테를 물리친 신화 속의 다비데와 여럿이 함께 독재와 싸우는 젊은 다비데 떼를 도덕적으로 차별한다. 열에서 백으로, 다시 천으로 점점 커지는 데모대가 독재의 아성을 향해 달려가는 모습이 마치 화면처럼 선명한 대복이다. 우리 시에서 찾아보기 힘든 뛰어난 군집 묘사群集描寫도 무심히 넘겨서는 안 된다.

셋째 연에서 젊은 다비데 떼들은 "무차별 총구 앞에 / 빈 몸에 맨주먹 / 돌알로써" 마주 선다. 넷째 연에서 여섯째 연까지는 싸움이 절정을 이루면서 시의 리듬도 급박해진다. "돌 돌 돌 / 주먹 맨주먹 주먹으로 / 피비린 정오의 / 포도에 포복하며" 달려드는 다비데 떼들, "쓰러지고 / 쌓이면서 / 한 발씩 다가가는" 다비데 떼들, "요동치는 근육 / 뒤틀리는 사지 / 요동하는 육체"로 싸우는 다비데 떼들! 젊은이들이 치열하게 싸우는 모습이 박진감 넘치게 그려져 있다. 특히 넷째 연의 "총알 총알……돌 돌……주먹 맨주먹 주먹"의 반복에 의해서 얻어지는 힘찬 리듬을 주의해 읽자.

일곱째 연과 여덟째 연은 이 시의 하이라이트, "승리의 기를 꽂을 / 악의 심장 급소를 향하여", "해일처럼 / 밀고 가는 스크럼"의 일곱째 연에서 승리의 여명이 비치다가, 여덟째 연에서 "쓰러진 전우의 / 피묻은 옷자락"을 깃발로 내혼들면서 승리는 쟁취되는 것이다. 이 연의 표현이 주는 상쾌감도 시를 빛낸다.

아홉째 연에 이르러 "아! 신화같이 다비데군들"의 후렴도 없어지면서 가락은 크게 바뀐다. 호흡도 늦고 장중해지고 차분해진다. "싸우라", "이기라"가 없는 것은 아니면서도 몰아치는 대신 다독거리고 정리하는 느낌이다.

마지막 연은 앞의 아홉 연이 가진 전체의 무게만큼의 무게를 가진 것으로 읽힌다. 이 연에서 앞의 아홉 연의 의미가 모두어지고 풀어지고 있는 것이다. 또 이 연에서 작중 화자는 비로소 얼굴을 내밀면서 젊은 다비데 떼들이 세계와 역사와 신 속에서 갖는 의미가 모색된다. 또한 이 시를 이끌고 있는 빠르고 힘찬 리듬이 시에 생명력을 주고 있는 점과 함께, "신화같이"의 되풀이에 연마다 "나타난 다비데군들", "젊은 다비데군들", "기이한 다비데군들", "육박하는 다비데군들", "용맹한 다비데군들", "싸우는 다비데군들", "전진하는 다비데군들", "승리하는 다비데군들"로 변화를 줌으로써 이미지가 다양하게 바뀌고 있다는 점도 눈여겨볼 만하다.

많은 독자들이 이 시를 쓴 신동문 시인에 대해서 궁금해할 것이다. 이름조차 처음 듣는다는 독자도 없지 않을 것이다. 시집이라고는 《풍선과 제3포복》한 권뿐인데, 그것도 까마득한 옛날(1956년)에 지방(청주)에서 출판한 것인 데다, 1956년 《조선일보》 신춘문예를 통해 문단에 나온 뒤 1960년대 초까지 시를 썼을 뿐 작고하던 1993년까지 완전히 붓을 놓았었으니 당연한 일이다.

그러나 그는 〈아! 신화같이 다비데군群들〉을 비롯 〈비닐 우산〉, 〈내 노동으로〉, 〈송가, 1961년〉 등 우리 시사에 길이 기억될 뛰어난 작품들을 남김으로써, 〈해바라기의 비명〉을 쓴 함형수 시인과 함께 수백 편을 쓰고도 단 한 편 독자에게 기억되는 시가 없는 시인이 허다한 우리 시단에 많이 쓰는 것만이 장땡이 아니라는 교훈을 남겼다. 그의 개인사를 간략하게 더듬어 보는 것도 그의 시를 이해하는 데 도움이 될 것이다.

4·19 때 그는 30대 중반이었다. 당시 청주에서 신문에 사설 등을 쓰고 있던 그는 서울에서 학생 데모가 확대되자 청주에서도 학생들이 반정부 데모를 하게끔 도왔다. 말하자면 청주의 4·19 데모의 배후 인물이 된 것이다. 그 일로 그는 청주에서 살 수 없게 되었고, 쫓

기듯 상경하여 그대로 서울에 눌러앉았다. 〈아! 신화같이 다비데군들〉이 다른 시인들이 청탁에 의해서 의례적으로 쓴 4·19 시와는 본질적으로 다른 혼과 정서를 가진 것은 이래서이다.

그는 한때 《경향신문》에서 특집 부장으로 일을 했다. 1960년대 초 엄청나게 쌀값이 오른 일이 있었다. 그가 맡고 있는 특집란에 이를 비판한 독자의 글이 실렸는데, 이렇게 쌀값이 올라가지고는 도저히 살 길이 없으니 쌀이 남는다는 북한에서(그때만 해도 이것이 사실이었다) 수입이라도 하는 것이 좋지 않겠느냐는 내용이었다. 이 일로 그는 중앙정보부에 끌려가 혹독하게 고문을 당했고 신문사에서 쫓겨났다. 이후 그의 글은 지상에서 자취를 감추었다(시 말고도 《새벽》, 《세대》 등 잡지에 그는 날카로운 시평을 썼었다).

1970년대 초에 그는 충북 단양에 농장을 마련하여 내려가 농사를 짓는 한편 침술을 배워 의료 혜택을 받지 못하는 농민들을 치료했다. 물론 무료였고, 멀리서 찾아오는 환자에게는 잠도 재워 주고 밥도 먹여 주어, 마침내 신바이처라는 별명을 얻었다. 아프리카에 가서 의료 봉사를 한 슈바이처에 성을 바꾸어 넣은 별명이었다. 이런 생활은 작고하기까지 20년 이상 이어졌다. 끝끝내 다시 시를 쓰지 않았지만 그 내력은 아무한테도, 아주 가까운 사람한테도 얘기하지 않았다. 하지만 그를 잘 아는 사람들은 그 원인을 대개 두 가지로 짐작을 한다. 첫째, 그는 결벽한 사람이다. 시고 잡문이고 번역이고 완벽한 것이 아니면 안 하는 사람이다. 완벽한 것이 되지 않으니까 아예 글을 쓰지 않게 되었다는 것이다.

둘째, 《경향신문》 사건 때 그는 정보부에 끌려가 혹독하게 고문을 당한 끝에 밖에 나가면 다시는 글을 쓰지 않겠다는 각서를 썼다. 강요된 각서니까 지킬 의무는 없다. 그러나 그는 그 각서를 쓴 일을 몹시 부끄러워했다. 정말 글을 쓰는 사람이라면 죽어도 그 따위 각서는 쓰지 않았어야 옳다고 생각했다. 그것을 쓴 자신에 대한 자학으로, 그는 그 각서를 지켜 글을 쓰지 않았다는 것이다. 그의 결벽성의 표현이기는 이 역시 같다. 나는 그의 병에 가까운 결벽과 고집을 아는지라 대놓고 왜 글을 쓰지 않느냐고 물어본 일은 없다. 다만 무슨 얘기 끝에 "침술도 시야. 앓는 사람한테 침을 놓아 낫는 것을 볼 때 좋은 시를 썼을 때의 그 기쁨 몇 배의 기쁨을 느끼거든" 하던 그의 말은 지금도 기억하고 있다.

그의 시 중 또 한 편의 절창이 〈내 노동으로〉이다.

내 노동으로
오늘도 살자고
결심을 한 것이 언제인가
머슴살이하듯이
바친 청춘은
다 무엇인가.
돌이킬 수 없는
젊은 날의 실수들은
다 무엇인가.
그 여자의 입술을
꾀던 내 거짓말들은
다 무엇인가.
그 눈물을 달래던
내 어릿광대 표정은

다 무엇인가.
이 야위고 흰
손가락은
다 무엇인가.
제 맛도 모르면서
밤 새워 마시는
이 술버릇은
다 무엇인가.
그리고
친구여
모두가 모두
창백한 얼굴로 명동에
모이는 친구여
당신들을 만나는
쓸쓸한 이 습성은
다 무엇인가.
절반을 더 살고도
절반을 다 못 깨친
이 답답한 목숨의 미련
미련을 되씹는
이 어리석음은
다 무엇인가.
내 노동으로
오늘을 살자
내 노동으로

오늘을 살자고
결심했던 것이 언제인데.

— 〈내 노동으로〉 전문

　노동으로 오늘을 살자고 결심은 하면서도, 머슴살이하듯 비굴하게 청춘을 보내고, 돌이킬 수 없는 실수들을 하고, 여자를 꾀고, 어릿광대 표정으로 그 눈물을 달래고, 야위고 흰 손가락을 하고서, 밤새워 술이나 마시고, 창백한 얼굴로 명동에나 모이고, 절반을 살고도 세상 이치의 절반도 깨닫지 못하면서도 목숨에 대한 미련을 버리지 못하는, 어리석고 소심한 지식인의 고뇌와 자괴를 이만큼 갈무리한 시가 우리 시에 또 따로 있을까.
　전후인 1950년대의 혼란을 산 지식인에게 이 시는 더욱 울림이 크겠지만, 지식인이 "너희들의 손이 너무 희구나"(김기진, 〈백수의 탄식〉)나 "남달리 손이 희어서 슬프구나"(정지용, 〈카페 프란스〉)의 정서에서 본질적으로 자유로울 수 없는 만큼, 이 시의 감동은 한시적인 것일 수만은 없다.
　〈비닐 우산〉은 싸고도 금세 망가지는 비닐 우산에 빗대어 미국 등 제국주의 나라들의 제멋대로의 식민 정책과 제3세계의 불안정한 정권을 야유한 경쾌한 리듬의 시다.

비닐 우산,
받고는 다녀도
바람이 불면
이내 뒤집힌다.

대통령도
베트남의 대통령.

비닐 우산,
싸기도 하지만
잊기도 잘하고
버리기도 잘한다.
대통령도
콩고의 대통령.

비닐 우산,
잘도 째지지만
어깨가 젖는다,
믿을 수가 없다.
대통령도
브라질의 대통령.

비닐 우산,
흔하기도 하지만
날마다 갈아도
또 생긴다.
대통령도
시리아의 대통령.

비닐 우산,

아깝지도 않지만
잠깐 빌려 쓰곤
아무나 줘버린다.
대통령도
알젠틴 대통령.

— 〈비닐 우산〉 전문

　바람이 불면 이내 뒤집히고, 싸구려여서 잊어버려도 그만이고 버려도 그만이고, 일쑤 잘 째져서 어깨가 젖고, 흔해 빠져 날마다 없애도 또 생기고, 아까울 것이 없어 잠깐 빌려 쓰고는 아무나 줘 버리는 비닐 우산, 이 비닐 우산의 속성이야말로 일 년이 멀다 하고 바뀌는 후진국의 대통령을 그대로 닮은 것이다.
　이 시를 이해하기 위해 꼭 필요한 것은 아니지만 여기 나오는 당시의 제3세계의 대통령들을 들어 보면, 먼저 미국의 꼭두각시 베트남의 대통령은 고딘디엠이었다. 미국에 의해 어거지로 대통령 자리에 앉은 그는 무능과 부패의 상징으로 온갖 바보짓을 다하면서 호지명이 이끄는 베트남사회주의공화국과 베트콩(남베트남 민족해방전선)에 패전에 패전을 거듭하다가 군부에 의해 피살되지만, 그를 이은 대통령들은 1년을 넘기지들을 못하고 피살되거나 도망을 간다. 물론 미국의 조종 없이는 불가능한 일이다. 콩고에는 당시 루뭄바라는 민족주의자가 지도자가 되어 서구 열강을 내모는 데 앞장서며 제3세계의 희망으로 떠올랐으나, 그는 곧 모부투라는 군인 깡패에게 비참한 죽임을 당하고 콩고는 지리멸렬한 내전에 휩싸인다. 브라질은 군부에 맞서 자유선거로 집권을 한 쿠비체크가 CIA가 조종한 군부에게 내쫓

기고 그 군부는 브랑코에게 선거에 패배하는 등 혼미를 거듭한다. 알젠틴(아르헨티나)은 노동자의 지지로 대통령이 된 페론이 군부와 가톨릭 세력에 의해 축출되고 군부 지도자들이 번갈아 가면서 대통령 자리를 차지한다. 역시 미국의 장난인 것은 말할 것도 없다.

하지만 이 시에서 작자가 가장 호소하고 싶었던 것은 4월 혁명으로 집권한 장면 정권이 채 1년도 버티지 못하고 군부에 의해 뒤집힌 데 대한 아쉬움이었을 것이다. 그는 다른 시에서 "조용한 후방 / 따사로운 마음길을 / 전쟁도 적도 없이 / 한밤중을 짓밟는 지나가는 / 군화의 발굽소리가 / 너는 두렵지 않느냐 / 내 조국아 // 더더구나 밤낮없이 / '앞으로 갓' / '뒤로 갓' / 사슬보다 무거운/ 호령이 뒤바뀌는데 / 너는 답답치도 않느냐 / 내 조국아 // 그리고 / 죄도 벌도 없는 / 우리의 입 귀 눈을 막고 / 후렴이나 부르며 / 따라나오는데 / 너는 분하지도 않느냐 / 내 조국아"(〈아아 내 조국〉) 하고 노래하기도 했다.

스스로 수천 명의 병을 침으로 고쳐 주던 그 자신이 췌장암에 걸린 것을 안 것은 1993년 봄, 그 가을에 그는 세상을 떴다. 그가 남긴 유언은 쓸모가 있는 장기가 남아 있으면 모두 기증할 것, 화장을 하여 농장에 뿌리고 무덤은 쓰지 말 것, 이 둘이었다. 그는 그가 죽은 뒤 시집이 만들어지기도 원치 않았다. 병석에서도 시집 얘기만 나오면 "쓰레기만 하나 더할 뿐"이라면서 사양했다. 그래도 평소 그가 자주 찾던 단양 남한강변의 언덕 근린공원에는 평소 단양인으로 자처한 그를 따르던 단양 사람들과 동료·후배들의 성금으로 만든 시비가 세워져 있다. 역시 남한강변인 단양군 적성면 애곡리 그의 농장에는 그가 애지중지하던 과수들이 돌보는 이 없어 스산하고, 많은 사람들을 먹이고 재우면서 침을 놓던 집은 폐가가 되어 서 있다.

유치환
남성적 그리움과 호방한 울부짖음

세상의 고달픈 바람결에 시달리고 나부끼어
너울너 의지 삼고 빼어 헝클어진 인생의 꽃밭에서
너와 나의 애틋한 연분도
한 방울 연연한 진홍빛 양귀비꽃인지도 모른다

—— 사랑하는 것은
사랑을 받느니보다 행복하나니라
오늘도 나는 너에게 편지를 쓰나니

—— 그리운 이여 그러면 안녕
설령 이것이 이 세상 마지막 인사가 될지라도
사랑하였으므로 진정 나는 행복하였네라

—〈행복〉부분

청마 유치환 시인은 흔히 인생파 또는 생명파로 불리고 있지만, 그의 시적 특성을 한두 마디로 말하기는 쉽지 않다. 옛날 시인으로는 드물게 시집이 10여 권이나 되고 작품도 1천여 편이 넘는 데다 시적 관심도 여러 갈래이기 때문이다. 하지만 첫 시집 《청마시초》에 실려 있는 〈깃발〉을 그의 시를 읽는 첫걸음으로 택하는 데 주저할 필요는 없을 것 같다. 이 시야말로 그의 많은 시에 일관하는 흐름의 한 가닥을 집약하고 있다고 볼 수 있다.

    이것은 소리없는 아우성
    저 푸른 해원海原을 향하여 흔드는
    영원한 노스탤지어의 손수건
    순정은 물결같이 바람에 나부끼고
    오로지 맑고 곧은 이념의 푯대 끝에
    애수는 백로처럼 날개를 펴다.
    아아 누구던가
    이렇게 슬프고도 애달픈 마음을
    맨 처음 공중에 달 줄을 안 그는

— 〈깃발〉 전문

　시는 메타포에 생명이 있다고 하지만, 이 시는 깃발을 "소리없는 아우성"으로 은유한 도입부부터가 녹자를 사로잡는다. 시각적인 이미지의 깃발을 "아우성"이라는 청각적인 이미지로 바꾼 듯하지만, 그 "아우성"은 "소리없는"이라는 모순된 수식에 의해서 다시 시각적인 이미지로 되돌아가면서 깃발의 모습을 머릿속에 강력하게 각인시키는 것이다. 아마 이 대목에서 군중들이 모여 아우성치는 무성영화 속의 한 장면을 떠올리는 독자도 없지 않을 것이다. 이어 깃발은 "소리없는 아우성"의 남성적 이미지가 "영원한 노스탤지어의 손수건"이라는 여성적 이미지를 동반하면서 그것이 가진 힘과 그리움의 양면을 돋움새긴다. 다음 대목에서 깃발은 다시 바람에 나부끼는 "순정"과 날개를 펴는 "애수"로 정의되는데, 자칫 관념적일 수도 있는 이 표현이 "물결같이"와 "배로처럼"의 직유로 얼마나 생생하게 실아나는가 눈여겨 읽을 필요가 있다.

　여기서 한숨 돌려 호흡이 다른 마지막 세 행을 읽는 것이 이 시의 바른 독법일 터이다. 이 세 행은 물론 깃발을 처음 공중에 단 사람에 대한 찬탄의 꼴을 취하고 있지만, "소리없는 아우성", "영원한 노스탤지어의 손수건", 바람에 나부끼는 "순정", 날개를 편 "애수"가 "슬프고도 애달픈 마음"으로 모두어진 점이 더 중요하다. 깃발을 마지막으로 "슬프고도 애달픈 마음"으로 정리하면서 깃발에서 미지를 향한 혹은 이상을 향한 인간의 충족될 수 없는 그리움을 찾아 보여 주기 때문이다. "오로지 맑고 곧은 이념의 푯대"를 어째서 인간의 의지의 메타포로 읽을 수 있는가도 여기 와서 알게 된다.

　그러나 이 시가 독자를 사로잡는 것은 이 시가 그리움이나 의지 등

인간 존재의 실상을 보여 주고 있어서만은 아니다. 이 시에는 작은 표현 따위에 구애받지 않는 호방함이 있고 인간 본연의 울부짖음이 있다. 그리고 노래가 있다. 물론 노래는 소월에게도 있고 파인에게도 있고 목월에게도 있다. 하지만 이들의 노래가 여성적이어서 가늘고 해맑은 데 비하여 〈깃발〉의 노래는 남성적이어서 굵고 탁하다. 이 점, 유치환 시가 가진 더 큰 미덕임을 간과해서는 안 될 것이다.

같은 시집에 실린 시로 〈깃발〉과 짝을 이루면서 그를 그리움의 시인으로 부르게 만든 또 한 편의 시가 바로 〈그리움〉이다.

> 오늘은 바람이 불고
> 나의 마음은 울고 있다
> 일찍이 너와 거닐고 바라보던 그 하늘 아래 거리언마는
> 아무리 찾으려도 없는 얼굴이여
> 바람 센 오늘은 더욱 너 그리워
> 진종일 헛되이 나의 마음은
> 공중의 깃발처럼 울고만 있나니
> 오오 너는 어드메 꽃같이 숨었느뇨

—〈그리움〉 전문

〈깃발〉이 깃발 속에서 인간 존재의 실상을 구한 데 반해서 분석이 거추장스러울 만큼 단순한 내용의 이 시는 가 버린 사람을 그리워하는 화자를 깃발의 이미지로 바꾸어 놓고 있다. "꽃같이 숨었느뇨"의 조금은 세련되지 못한 듯한 비유도 오히려 이 시에 남성적 분위기를 부여한다. 한편 바람 센 거리에서 없는 얼굴을 헛되이 찾으려는 화자

와 공중에서 울고 있는 깃발의 대비. 이 간절한 그리움은 그로부터 꼭 10년 뒤에 나온 시집 《청령일기》 속에서 같은 제목으로 되풀이된다.

  파도야 어쩌란 말이냐
  파도야 어쩌란 말이냐
  임은 뭍같이 까딱 않는데
  파도야 어쩌란 말이냐
  날 어쩌란 말이냐

  ―〈그리움〉 전문

 앞에서 말했듯 유치환 시인의 시적 관심은 다기다양해서 내면의 세계와 마찬가지로 바깥의 세계에도 깊이 천착하여 그때그때의 사회 현실에 대하여 시를 가지고 노골적이고 직접적으로 발언하기를 서슴지 않았다. 가령 제1공화국의 부산 피난 정부 시절 이승만의 재집권을 막으려는 의도의 의회 측의 내각책임제 안과 재집권을 노리는 정부 측의 대통령 직선제 안이 대립하다가 정치 파동을 유발, 마침내 무장경찰이 포위한 가운데 심야 국회에서 기립으로 통과된 이른바 발췌개헌안을 놓고 씌어진 다음과 같은 시가 있다. 혼탁한 정치판을 이렇게 질타하고 호령한 시는 아마 우리 시에 이 시뿐일 것이다.

  진실이란 이렇게 멀고도 어려운 것인가
  사방 개헌을 에워 분분한 이 시시비비는
  그네들의 주장대로 서로가 제각기 진실이라면은
  진실에의 길은 오직 하나일뿐!

어찌 진실에 두 길이 있겠느냐

그러므로 우리는 여기 있어
그중 어느 하나이 진실 아니거나
불연이면 다 같이 진실 아님을 알겠거니
그러므로 또한 우리는 의심한다
그들 가운데는 정권이나 편당에의 사심을
그럴 듯이 대의로서 가장하고
인민의 무지를 기화로
뿌리없는 여론을 조작하지 않는가를

오늘 쌀값은 인민의 모가지를 천정에 달아매고
나라의 앞길은 안팎으로 어둡기만 하나니

먼 후일 오직 역사만이
너희의 곡직을 단죄할 것이라 치더라도
쓸개 있거든 듣거라
이 오탁과 도탄의 시궁창에서
끝끝내 인민만 우롱할 것이냐

— 〈개헌안 시비〉 전문

　〈그래서 너는 시를 쓴다?〉, 〈칼을 갈라!〉 등의 사회시도 거의 같은 시기의 시들이다. 한 대목씩만 읽어 보자.

서울 상도동 산번지를 나는 안다
　　그 근처엔 내 딸년이 사는 곳

　　들은 대로 상도동행 버스를 타고 한강 인도교를 지나 영등포 가도를 곧장 가다가 왼편으로 꺾어지는 데서 세 번째 정류소에 내려 그 정류소 바로 앞골목 언덕빼기 길을 길바닥에 가마니거적을 깔고 옆에서 우는 갓난아기를 구박하고 앉아 있는 한 중년 사나이 곁을 지나 올라가니 막바지 상도동 K교회당 앞에 낡은 판자로 엉성히 둘러 가리운 뜰안에 몇 가구가 사는지 그 한편 마루 앞 내 셋째딸년의 되는 대로 걸쳐 입은 뒷모습

　　—— 이 새끼 또 밥 달라고 성화할 테냐 죽여버린다
　　—— 엄마 다시는 밥 안 달라께 살려줘

　　그 상도동 산번지 어디에서 한 굶주린 젊은 어미가 밥 달라고 보채는 어린 것을 독기에 받쳐 목을 졸라 죽였다고

　　—— 이 새끼 또 밥 달라고 성화할 테냐 죽여버린다
　　—— 엄마 다시는 밥 안 달라께 살려줘

　　그러나 그것은 내 딸자식이요 손주가 아니라서 너는 오늘도 아무런 죄스러우나 노여움 없이 삼시 세 끼를 챙겨 먹고서 양복바지에 줄을 세워 입고는 모자를 얹고 나설 수 있는 것인가 그리고는 어쩌면 네가 말할 수 없이 값지다고 믿는 예술이나 인생을 골똘히 생각하는 것인가

유치환의 시집《청렴일기》와 수상집《예루살렘의 닭》. 유치환은 우리 시문학사상 호방한 남성적 어조를 지닌 드문 시인이다.

그러나 이 순간에도 굶주림에 개같이 지쳐 늘어진 무수한 인간들이 제 새끼를 목 졸라 죽일 만큼 독기에 질린 인간들이 그리고도 한 마디 항변조차 있을 수 없이 꺼져가는 한겨레라는 이름의 인간들이 영락없이 무수히 무수히 있을 텐데도 그 숫자나마 너는 파적거리로라도 염두에 올려 본 적이 있는가

― 〈그래서 너는 시를 쓴다?〉 부분

고열과 자신의 탐욕에
여지없이 건조 풍화한 넝마의 거리
모두가 허기 걸린 게사니 같이 붐벼나는 속을
―― 칼 가시오!
―― 칼 가시오!
한 사나이 있어 칼을 갈라 외치며 간다.

그렇다.
너희 정녕 칼들을 갈라.
시퍼렇게 칼을 갈아 들고들 나서라.
그러나 여기
선이 사기하는 거리에선
윤리가 폭행하는 거리에선
칼은 깍두기를 써는 것밖에는 몰라

― 〈칼을 갈라!〉 부분

앞의 시는 굶주린 젊은 어미가 밥 달라고 보채는 아기를 독기에 받쳐 목졸라 죽이는 이런 가난 속에서 저만 굶지 않는다고 지식인 행세하면서 시나 끄적거리는 일이 과연 옳은 일인가라는 질문의 시요, 뒤의 시는 선이라는 이름으로 사기를 치고 윤리의 베일 아래 폭행이 횡행하는 이 넝마의 거리에 왜 칼을 가는 사람이 나오지 않느냐는 항의의 시다.

이런 정의감과 사회 인식이 있었기 때문에 뒷날 그는 대구에서 고교의 교장으로 있으면서도 학생들의 4·19 데모를 선동했고, 그로 해서 좌천을 당하는 신분상의 불이익을 감수해야 했던 것이다. "칼을 갈라!"라는 화두의 상징성과는 달리 그가 법과 질서와 개인과의 관계를 어떻게 인식하고 있었던가를 알게 하는 시에 일제 말 만주에 이주해 살던 때에 쓴 것으로 추정되는 〈수首〉가 있다.

십이월의 북만北滿 눈도 안오고
오직 만물을 가각하는 흑룡강 말라빠진 바람에 헐벗은
이 적은 가성街城 네거리에
비적匪賊의 머리 두 개 높이 내걸려 있나니
그 검푸른 얼굴은 말라 소년같이 적고
반쯤 뜬 눈은
먼 한천에 모호히 잠들은 삭북의 산하를 바라고 있도다
너희 죽어 율律의 처단의 어떠함을 알았느뇨
이는 사악이 아니라
질서를 보전하려면 인명도 계구鷄狗와 같을 수 있도다
혹은 너의 삶은 즉시
나의 죽음의 위협을 의미함이었으리니

힘으로써 힘을 제함은 또한

　　먼 원시에서 온 피의 법도로다

　　내 이 각박한 거리를 가며

　　다시금 생명의 험렬함과 그 결의를 깨닫노니

　　끝내 다스릴 수 없던 무뢰한 넋이여 명목瞑目하라!

　　아아 이 불모한 사변의 풍경 위에

　　하늘이여 은혜하여 눈이라도 함빡 내리고지고

　　— 〈수首〉 전문

　효수당한 비적의 머리 두 개를 소재로 하고 있는 이 시는 이형기 시인이 "팔구십 년의 현대시사를 통틀어 이처럼 효수 광경에 표현을 부여한 작품은 청마의 이 시가 유일"(《한국 현대시의 고전》,《시와 언어》)하다고 말했늣 소재부터가 특이한, 삶과 죽음의 처절하고 치열한 대결이라는 구도를 가진 명편이다.

　도입부는 배경과 모티프. 때는 십이월, 곳은 북만주, 만물을 더 을씨년스럽고 삭막하게 만드는 말라빠진 바람이 몰아치는 작은 도시 네거리에 효수당한 비적의 머리 두 개가 덜렁 걸려 있다. 얼굴은 말라 소년같이 작고 반쯤 뜬 눈은 추운 하늘에 어둠이 덮쳐오는 북쪽의 산과 강을 향하고 있다.

　여기서 화자는 효수당한 비적의 머리를 보며 말한다. 너희는 죽어서 비로소 법의 엄정함을 알았으리라. 국가가 너희를 잘못 다스렸다고 알아서는 안 된다. 질서를 지키자면 국가는 사람도 닭이나 개같이 죽일 수밖에 없는 일, 너희가 안 죽었으면 내가 죽음의 위협을 받지 않으리라 어찌 장담하랴. 힘으로써 힘을 누름은 태곳적부터 이어 온

남망산에서 굽어본 통영 앞바다. 파랗게 열린 바다를 보며 〈깃발〉을 읊는 맛이 새롭다.

법도가 아니냐. 화자는 이 각박한 거리에서 새삼 생명의 험하고 매움을 깨달으며 끝내 법으로 다스릴 수밖에 없었던 무뢰한 넋들의 명복을 빈다. 이 살벌하고 을씨년스러운 풍경 위에 하늘이여 은혜를 베풀어 눈이라도 함빡 내려 달라면서. 효수된 비적의 머리 두 개를 통해서 시인은 삶의 준열함과 비정함을 얘기하려 했을 것이다.

하지만 배경이 북만주라는 점에서 읽기에 따라 효수된 머리는 단순한 비적의 그것이 아니라 독립군의 그것이라고 상상할 수도 있다. 이때 이 시의 뜻은 크게 달라지며, 유치환 시인이 가진 역사 및 사회 인식이 무엇인가 하는 의심도 있게 된다.

그러나 유치환 시인의 시가 한결같이 치열하고 준엄한 것만은 아니다. 실제로 더 많은 시들은 앞에 든 〈그리움〉처럼 따슷하고 부드럽고 아름다워 독자들을 편하게 해 주며 누구나 쉽게 접근할 수 있고, 바로 이 점이 유치환 시가 많은 독자를 가지고 있는 진짜 이유이기도 하다.

> 진정 마음 외로운 날은
> 여기나 와서 기다리자
> 너 아닌 숱한 얼굴들이 드나는 유리문 밖으로
> 연보라빛 갯바람이 할일 없이 지나가고
> 노상 파아란 하늘만이 열려 있는데
>
> ―〈우편국에서〉 전문

바닷가 한 소도시의 작은 우체국, 유리문 밖으로는 많은 사람들이 드나들고, 갯비린내를 묻힌 바닷바람이 유리문이 여닫힐 때마다 들어오고, 하늘은 새파랗게 열려 있고……. 이 시만큼 읽는 사람을 경쾌한 감정으로 유도하는 시가 우리 시에 또 따로 있을까. 그러고 보니 그는 우체국의 이런 분위기를 꽤나 좋아했던 모양이다. 그의 대표작에 반드시 들어가는 〈행복〉도 우체국이 배경이다.

> ── 사랑하는 것은
> 사랑을 받느니보다 행복하나니라
> 오늘도 나는
> 에메랄드빛 하늘이 환히 내다뵈는
> 우체국 창문 앞에 와서 너에게 편지를 쓴다

행길을 향한 문으로 숱한 사람들이
제각기 한 가지씩 생각에 족한 얼굴로 와선
총총히 우표를 사고 전보지를 받고
먼 고향으로 또는 그리운 사람께로
슬프고 즐겁고 다정한 사연들을 보내나니

세상의 고달픈 바람결에 시달리고 나부끼어
더욱더 의지 삼고 피어 헝클어진 인정의 꽃밭에서
너와 나의 애틋한 연분도
한 망울 연연한 진홍빛 양귀비꽃인지도 모른다

—— 사랑하는 것은
사랑을 받느니보다 행복하나니라
오늘도 나는 너에게 편지를 쓰나니

—— 그리운 이여 그러면 안녕
설령 이것이 이 세상 마지막 인사가 될지라도
사랑하였으므로 진정 나는 행복하였네라

— 〈행복〉 전문

    유치환 시인은 젊어 한때 만주에 가 살기도 하고 귀국 후에는 중고교의 교장으로 경남북 일대를 전전했지만, 그의 흔적이 가장 많이 남아 있는 곳은 그가 나서 자랐고 또 교직에 있으면서 후진을 기르기도 했던 경남 통영이다.

그가 살던 태평동 집은 신발 가게로 바뀌었지만 중앙시장 안 그의 부친이 약국을 경영하던 집은 지금 건강원이 되어 인연을 잇고 있다. 그가 외로운 날이면 와서 기다리거나 그 창문 앞에서 사랑하는 사람에게 편지를 썼을 우체국은 현대식 건물로 탈바꿈을 했어도 작은 항구도시의 우체국답게 한산하다. 만주서 귀국해서 살림을 차렸다는 집도 그냥 있고, 그의 아내가 보모로 일했던, 통영에서 제일 먼저 생겼다는 문화유치원도 옛 이름을 그대로 가지고 있다.

통영여고에는 그가 교사 시절 작사를 하고 동료 교사이던 작곡가 윤이상이 작곡을 한 교가가 남아서 불리고 있으며, 시비는 윤이상과 자주 올랐다는 남망산 중턱에 세워져 작고 큰 배로 가득한 강구안을 굽어보고 있다. "밤낮으로 나를 불러 말지 않는 먼 사랑의 달래움이여. / 내 비록 잘못되어 육신은 동산에 누웠을지라도 영혼은 거기 있을 어머님이여."(〈바다〉, 《예루살렘의 닭》) 하고 바다를 노래한 것을 생각할 때 이 자리야말로 그가 바라던 자리이리라. 역시 유치환 시인의 흔적을 밟기는 봄이 제격인 듯, 동백꽃, 진달래, 벚꽃, 개나리로 뒤덮인 남망산에서 파랗게 열린 바다를 바라보면서 "이것은 소리없는 아우성 / 저 푸른 해원을 향하여 흔드는 / 영원한 노스탤지어의 손수건" 하고 시비에 새겨진 〈깃발〉의 한 대목을 읊는 맛은 새롭다. 통영에 와서 유치환 시인의 체취에 젖으면서 그의 시들 특히 두 편의 〈그리움〉 같이 따숩하고 감미로운 시로 들어가는 또 다른 문을 발견하는 느낌이다.

박목월
자연, 생활, 향토

.....
너는
어디로 갔느냐
그 어질고 안쓰럽고 다정한 눈짓을 하고.
형님!
부르는 목소리는 들리는데
내 목소리는 미치지 못하는.
다만 여기는
열매가 떨어지면
툭하는 소리가 들리는 세상.

― 〈하관下棺〉 부분

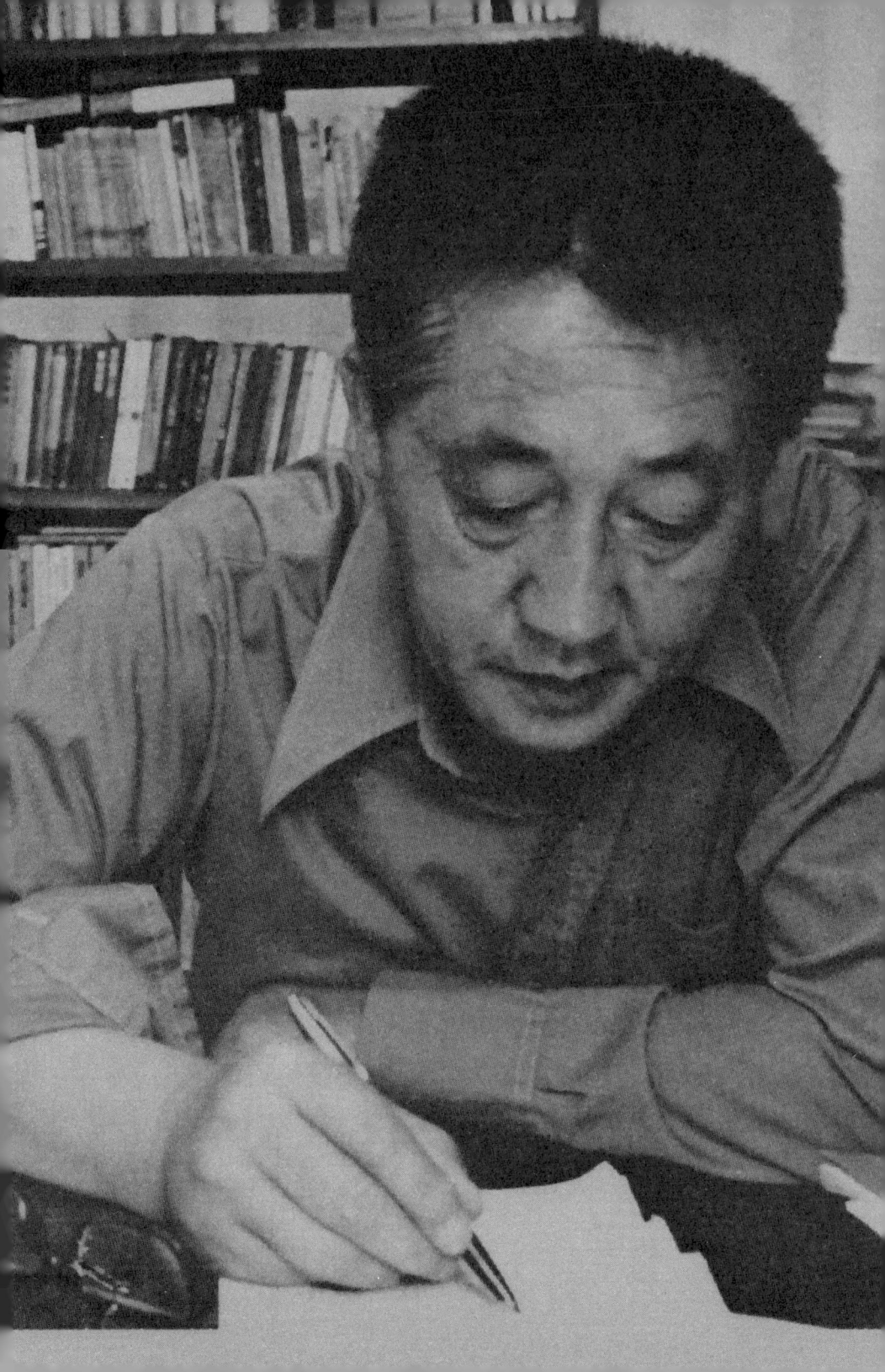

도화가지
반쯤 가리고
달이 가네.

경주군 외동면
혹은 내동면
불국사 터를 잡은
그 언저리로

도화가지
반쯤 가리고
달이 가네.

―〈달〉전문

    경주의 보문단지 내 호반의 시비에 새겨져 있는 이 시는 목월의 시치고는 널리 알려져 있는 시는 아니고 더구나 대표작은 아니다. 그러나 이 시에는 목월 시에 등장하는 상징이 고루 들어 있어 과연 그의 고향에 세운 시비에 새겨 넣기에 적절한 시다. 《청록집》의 연장선상에 있는 이 시에는 도화가 있고(《산도화》 등 시집에는 도화 가지가 배꽃 가지로 나와 있고 외동면과 내동면의 앞뒤가 바뀌어 있다. 1972년이라는 창작 연대도 출처 불명이다) 달이 있고 불국사가 있다. 그리고 달은 도화 가지를 "반쯤 가리고", "불국사 터를 잡은 / 그 언저리로" 간다. 그가 즐겨 동원하는 고향을 무대로, 대표작 〈나그네〉의 "구름에 달 가듯이"의 "달"과 "간다"의 이미지가 꼴을 달리하여 나타난 대목이다.

조지훈, 박두진과의 3인 합동 시집 《청록집》이 나왔을 때 김동리는 한마디로 "박목월이 발견하는 자연의 육체는 향토성에서 온다"라고 지적했지만, 목월의 자연은 그의 말대로 경주에서 출발하고 있다. "머언 산 청운사 / 낡은 기와집 // 산은 자하산 / 봄눈 녹으면"(〈청노루〉)의 그 푸른 구름에 싸인 절의 이미지를 가진 "청운사"나 보랏빛 안개가 자욱한 산의 뜻을 가진 "자하산"은 평자들에 의해서 흔히 실재하지 않는 이상의 절이요, 산이라고 말해지지만 경주가 그 모델이다. 경주 일대에 옛부터 있는 "보랏빛 치마를 입은 신선들이 청운사에 산다"는 전설을 상기할 필요가 있을 것이다. 따라서 그의 시를 경주로부터 찾아 들어가는 것은 옳은 발걸음이리라. 기실 경주에는 여러 곳에 그의 체취가 남아 있으니, 우선 수만 그루의 늙은 소나무와 참나무, 떡갈나무가 서서 시민들에게 쉼터를 제공해 주고 있는 황성공원에 노래비가 있어, 그가 시인임과 동시에 박영종이라는 이름으로 빼어난 동요를 쓴 동시인임을 일깨워 준다. 실제로 그는 정지용의 추천으로 《문장》을 통해 문단에 나오기 훨씬 이전인 대구의 계성중학 재학 시절 〈통딱딱 통딱딱〉과 〈제비맞이〉가 《어린이》와 《신가정》에 각각 당선한 조숙한 동시인으로 문학을 시작했다. "송아지 송아지 얼룩 송아지 엄마 소가 얼룩소 엄마 닮았네"가 새겨져 있는 노래비는

1968년 어린이날 새싹회 후원으로 세워진 것으로, 높다란 언덕의 김유신 장군의 동상에 가려 초라하지만, 황성공원에 놀러 온 시민 누구를 붙잡고 물어도 쉽게 찾을 수 있다. 다음으로 〈달〉이 새겨진 보문단지 내의 시비. 1991년에 세워진 것으로 앞으로는 호수를 내려다보고 뒤로는 여러 그루의 복사꽃을 등지고 서서 "도화가지 / 반쯤 가리고"에 실감을 더하고 있다. "흰달빛 / 자하문 // 달안개 / 물소리 // 대웅전 / 큰보살 // 바람소리 / 솔소리" 하고 동사를 일절 배제한 채 간명하고도 인상적인 명사만 가지고 노래한 〈불국사〉도 그리 멀지 않은 곳에 있다. 그러나 목월의 숨결이 느껴지는 곳은 이렇게 목월의 모습이 직접적으로 남아 있는 곳만이 아니다. 논 한가운데 또는 마을 어귀 아무 데서나 쉽게 탑이나 향교문 또는 고분과 만날 수 있는 시내나 교외 모두이다.

여기는 경주
신라 처녀……
타는 노을

아지랑이 아른대는
머언 길을
봄 하루 더딘 날
꿈을 따라 가면은

석탑 한 채 돌아서
향교 문 하나
단청이 낡은 대로

박목월 시의 모태 경주. 어디를 가도 역사의 숨결이 느껴진다.

닫혀 있었다

　　―〈춘일〉 전문

　목월이 나서 자란 곳은 시내에서 대구 쪽으로 30여 리 떨어진 건천읍 모량이라는 1백여 호 가까운, 앞으로는 고속도로가 지나지만 가까이 고분군이 있는 예스러운 마을이다. 마을 앞으로 한참을 가면 법흥사라는 신라 시대의 고찰도 나온다. 집집마다 모란이 탐스러운 마을에는 다른 마을과는 달리 젊은이와 어린이가 많고 활기가 가득한데, 머지않아 놓일 경부고속철도의 경주 역사가 부근에 들어서기 때문이리라. 마을 남쪽 끝에 있는 목월이 살던 집은 양옥으로 바뀌었고 담가로 붉은 모란이 소담스럽게 피어 있는 좁은 마당에는 트럭과 승용차가 세워져 있다. 1960년대에 이 집을 사 든 지금의 주인은 목월에 대해서는 아는 게 별로 없다. 가끔 학생들이 찾아와 비로소 이 집의 내력을 알게 되었다면서 말한다. "옛날에는 아주 살기 좋던 곳이라카대요." 마을 앞뒤의 멀고 가까운 야산은 소나무로 덮였고 노란 송화가 한창이어서 바람이라도 불면 금세 송홧가루가 날아올 것 같다.

　　송화가루 날리는
　　외딴 봉우리

　　윤사월 해 길다
　　꾀꼬리 울면

산지기 외딴 집
눈먼 처녀사

문설주에 귀 대이고
엿듣고 있다

— 〈윤사월〉 전문

목월이 어려서 떠난 마을을 그 뒤 그는 몇 번이나 다녀갔을까? 스물에 시집와서 60년을 넘게 이 마을에 살았다는 한 할머니는 한 번도 본 일이 없다고 말한다. "온 일이 없다 싶지." 대답에 자신이 없다. 하지만 경주까지는 자주 왔던 것 같다. 포항에 사는 소설가이자 아동문학가인 손춘익은 행사 때뿐 아니라 평소에도 경주 시내에서 자주 그와 마주쳤다고 말한다. 경주에 대한 사랑이 남달랐다는 말도 한다. 과연 〈고향에서〉라는 시에 이런 대목이 있다.

팔목 시계를 풀어놓듯
며칠 고향에서 지냈다
……
진정 인생이란 무엇일까
……
고향에 돌아와서
비로소 나의 인생을 뉘우쳐 보았다.

— 〈고향에서〉 부분

초기 목월의 자연은 너무 아름다워, 우리가 꿈꾸는 자연일 뿐이지 실재하는 자연은 아니라는 느낌이다. "방초봉芳草峰 한나절 / 고운 암노루 // 아랫마을 골짝에 / 홀로 와서 // …… // 흐르는 구름에 / 눈을 씻고 // 하얗게 떠가는 / 달을 보네"(〈삼월〉)나 "안개는 피어서 / 강으로 흐르고 // 잠꼬대 구구대는 / 밤 비둘기"(〈갑사댕기〉)나 "산은 구강산九江山 / 보랏빛 석산石山 // 산도화山桃花 / 두어 송이 / 송이 버는데"(〈산도화山桃花 1〉)나 "선도산仙桃山 / 수정 그늘 / 어려 보랏빛 // 모란꽃 해으름 청모시 옷고름"(〈모란여정牡丹餘情〉) 모두 신선도로서, 우리가 그 속에서 땀 흘려 일하는 그런 자연이기는 고사하고 잠시 물에 발을 담그고 쉬면서 즐길 자연도 아니다. 그 자연 속에는 사람도 없고 생활도 없다. 혹 그는 이때 시인을 맑은 눈에 구름을 이고서 "느릅나무 / 속잎 피어나는 열두 구비"(〈청노루〉)를 서성거리는 '청노루' 같은 존재로 인식하고 있었던 것은 아닐까.

중년에 접어들자 목월 시는 이 신선도에서 벗어나 현실 또는 생활 쪽으로 그 중심을 옮겨 가는데, 이는 생활에 시달리면서 시인이 결코 청노루 같은 존재일 수 없음을 깨달은 결과일지도 모른다. 가령 시인에 대한 새로운 인식의 표백으로도 들리는 다음 같은 표현은 그의 시적 변화의 동기가 어디에 연유하는가를 암시한다.

'시인' 이라는 말은
내 성명 위에 늘 붙는 관사.
이 낡은 모자를 쓰고
나는
비 오는 거리로 헤매었다.
이것은 전신을 가리기에는

너무나 어줍잖은 것
또한 나만 쳐다보는
어린 것들을 덮기에도
너무나 어처구니 없는 것.

―〈모일某日〉 부분

　말하자면 시인도 먹고살고 자식새끼 먹여 살려야 하는 생활인인데 그 생활인으로서 시인이라는 존재가 얼마나 무능하고 무력한가라는 탄식이 이 시의 출발점이 되고 있으며, 중기 생활시의 전체적 모티프이기도 하다.
　한편 이 무렵의 시에 대해서 목월 스스로 생활을 시에다 끌어다 붙이는 것이 아니라 시를 생활 쪽으로 끌어다가 시와 생활을 일원화한다는 뜻의 말을 한 바도 있지만, 이때도 그는 언어를 절제하고 이미지를 단순화함으로써 미적 긴장을 극대화하는 장인으로서의 솜씨를 유감없이 발휘, 이전의 시적 완성이 소재 덕만이 아니었음을 증명해 보였다. 여기서 흥미 있는 것은 그의 생활에 대한 인식이 철저하게 가족 중심이거나 적어도 사적, 개인적이었다는 점으로서, 중기시의 대표작으로 꼽히는 〈가정〉에 그것이 가장 잘 드러나 있다.

지상에는
아홉 켤레의 신발.
아니 현관에는 아니 들깐에는
아니 어느 시인의 가정에는
알전등이 켜질 무렵을

문수文數가 다른 아홉 켤레의 신발을.

내 신발은
십구문반.
눈과 얼음의 길을 걸어,
그들 옆에 벗으면
육문삼의 코가 납짝한
귀염둥아 귀염둥아
우리 막내둥아.
미소하는
내 얼굴을 보아라.
얼음과 눈으로 벽을 짜올린
여기는
지상.
연민한 삶의 길이여.
내 신발은 십구문반.

아랫목에 모인
아홉 마리의 강아지야
강아지 같은 것들아.
굴욕과 굶주림과 추운 길을 걸어
내가 왔다.
아버지가 왔다.
아니 십구문반의 신발이 왔다.
아니 지상에는

아버지라는 어설픈 것이
존재한다.
미소하는
내 얼굴을 보아라.

— 〈가정〉 전문

작중 화자는 "아홉 켤레의 신발"로 상징되는 가족의 가장, 그들이 사는 곳은 "얼음과 눈으로 벽을 짜올린" 지상이다. 화자가 "굴욕과 굶주림과 추운 길을 걸어" 그 "아홉 켤레의 신발"을 찾아가는 것이 이 시의 모티프가 되겠는데, 그가 그 "굴욕과 굶주림과 추운 길을" 걷는 것은 오로지 이 "아홉 켤레의 신발"을 위해서다. 그들을 보호할 책임과 의무가 그에게는 있기 때문이다. 화자는 스스로의 삶을 "연민한 삶의 길이여"로 규정하면서, "아버지라는 어설픈 것이 / 존재한다"고 자신의 무능과 무력을 고백한다. 그러나 "아홉 켤레의 신발"을 안심시켜야 하는 화자는 미소한다. 셋째 연과 시의 마지막 대목에 되풀이되는 "미소하는 / 내 얼굴을 보아라"가 이 시에 얼마나 훈훈한 입김을 불어넣고 있는가도 간과해서는 안 될 것이다. 한편 시가 될 것 같지도 않은 소재의 과감한 채용, 적당한 반복에 따른 리듬의 활용, 은유와 직유의 교묘한 배합, 한문투 관념어의 적절한 사용 등 이 시에는 장인으로서의 목월의 면모가 여실히 드러나 있지만, 더 주목할 대목은 시인이 생활을 가족 또는 가정을 중점으로 해서 인식하고 있다는 점이다. 이 점은 "나는 우리 신규信奎가 / 젤 예뻐. / 아암, 문규文奎도 예쁘지. / 밥 많이 먹는 애가 / 아버진 젤 예뻐."로 시작되는 〈밥상 앞에서〉나 "어린것들 옆에 / 잠자리를 펴고 / 나는 하룻밤을 지낸다."의 〈일박—泊〉 같은 시에도 나타나 있는데, 물론 사회의 가장 기초가 되는 단위인 가족에 집착했다 해서 시비할 수는 없겠으나, 이 것이 실생활에도 그대로 나타나 (거꾸로 시가 실생활의 반영일 수도 있 으리라) 권력과 돈에 얽힌 많은 스캔들을 일으키면서 일부 후학들이 그의 시를 폄하하거나 기피하는 빌미를 만들었다는 사실은 그의 시 를 위해서 크게 불행한 일이다.

그러나 목월의 시는 여전히 우리 시에 있어 빛나는 별이다. 한 포 기 난을 기른다는 비유를 주조로 내세우면서 이상적인 삶을 추구한, 어쩌면 기법상 완벽한 시의 전범으로 내세워도 좋을 〈난蘭〉을 읽어 보자.

이쯤에서 그만 하직하고 싶다.
좀 여유가 있는 지금, 양손을 들고
나머지 허락받은 것을 돌려보냈으면.
여유 있는 하직은
얼마나 아름다우랴.
한 포기 난을 기르듯
애석하게 버린 것에서
조용히 살아가고,
가지를 뻗고,
그리고 그 섭섭한 뜻이
스스로 꽃망울을 이루어
아아
먼 곳에서 그윽히 향기를
머금고 싶다.

—〈난蘭〉 전문

　　말기에 이르러 목월의 시는 다시 한 번 바뀐다. 먼저 향토 회귀 경향의 시라 말할 수 있겠는데, 고향을 노래하는 시가 부쩍 많아진다. 경상도 사투리가 많이 등장하는 것도 이 시기의 특색이다. 자연도 많이 노래하게 되지만 이때의 자연은 초기의 그것과 달리 사람이 살고 있는 퀴퀴한 땅 냄새에 전 구수하고 넉넉한 자연이다. 같은 시기 죽음의 문제에도 크게 집착하는데 다 "이쯤에서 그만 하직하고 싶다 / 좀 여유가 있는 지금, 양손을 들고 / 나머지 허락받은 것을 돌려보냈으면"이라는 마음가짐에 따른 것일 터이다.

　　　　수질 좋은 경상도에,
　　　　연한 푸성귀
　　　　나와
　　　　나의 형제와
　　　　마디 고운 수너리반죽.
　　　　사람 사는 세상에
　　　　완전악사야 있으랴마는
　　　　목기 같은 사투리에
　　　　푸짐한 시루떡.
　　　　처녀애.
　　　　처녀애.
　　　　통하는 처녀애.
　　　　니 마음의 잔물결과
　　　　햇살싸라기.

― 〈푸성귀〉 전문

고모요,
고모집 울타리에
유달리 기름진 경상도의 뽕잎,
그 뽕잎에 달빛.
가난이 죄라지만
육십 평생을,
삼십 리 밖을 모르고
살림에만 쪼들린.

― 〈노래〉 부분

낸들 아나.
목숨이 뭔지
이랑 짧은 돌밭머리
모진 뽕나무
아베요
어매요
받들어 모시고
피지皮紙 같은 얼굴들이
히죽히죽 웃는
경상남북도 가로질러
물을 모아 흐르는 낙동강.

―〈피지皮紙〉 전문

목월이 고향과 고향 사람들을 얼마나 사랑했는가를 알게 하는 시들이다. 초기의 이상향으로서의 자연 속에 텁텁한 땅 냄새와 투박한 사투리가 들어가 비로소 진짜 자연이 되었다는 느낌마저 든다. 말기 시의 또 하나의 특색은 앞에 말한 죽음의 문제를 많이 다루고 있다는 점이다.

뭐락카노, 저편 강기슭에서
니 뭐락카노, 바람에 불려서

이승 아니믄 저승으로 떠나는 뱃머리에서
나의 목소리도 바람에 날려서

뭐락카노 뭐락카노
썩어서 동아밧줄은 삭아내리는데

하직을 말자 하직 말자
인연은 갈밭을 건너는 바람

뭐락카노 뭐락카노 뭐락카노
니 흰 옷자라기만 펄럭거리고……

오냐. 오냐. 오냐.
이승 아니믄 저승에서라도……

이승 아니믄 저승에서라도
인연은 갈밭을 건너는 바람

뭐락카노, 저편 강기슭에서
니 음성은 바람에 불려서

오냐. 오냐. 오냐.
나의 목소리도 바람에 날려서.

— 〈이별가〉 전문

지금 시의 화자는 저승으로 떠나는 뱃머리에 서서 스스로 그것을 의식하고 있다. 그리고 "니"는 저편 강기슭에서 무슨 말인가를 하고 있다. 그는 "니"가 하는 말을 들으려고 애쓰지만 "니"가 하는 소리도 "내"가 하려는 말도 바람에 날려 들리지 않는다. 그는 하직을 말자 생각하지만 마침내 하직이 불가피함을 깨닫고, "인연은 갈밭을 긴너는 바람"이라며 "오냐. 오냐. 오냐" 그것을 받아들인다. 이에는 갈밭을 건너는 바람 같은 인연의 삶에 대한 허무가 있고 반드시 찾아오는 죽음을 받아들이는 달관이 있다. 그것이 경상도 사투리와 교묘히 배합되어 절창을 이룬다. 친지의 죽음을 동기로 삶과 죽음의 경계와 격절을 다룬 〈하관下棺〉도 말기 시의 절창 중 한 편이다.

관이 내렸다.
깊은 가슴 안에 밧줄로 달아내리듯.
주여.

용납하옵소서.
머리맡에 성경을 얹어주고
나는 옷자락에 흙을 받아
좌르르 하직했다.

......
너는
어디로 갔느냐
그 어질고 안쓰럽고 다정한 눈짓을 하고.
형님!
부르는 목소리는 들리는데
내 목소리는 미치지 못하는.
다만 여기는
열매가 떨어지면
툭하는 소리가 들리는 세상.

— 〈하관〉 부분

지용이 《문장》에 추천하면서 "북에는 소월, 남에는 목월"이라 격찬했던 목월의 시를 따라 경주를 더듬고 다시 시를 통독하고 나니 목월의 절창들은 경상도, 특히 경주라는 향토적 배경 없이는 태어날 수 없었다는 생각이 더욱 굳어진다.

김수영
앞을 향하여 달리는 살아 있는 정신

……

풀이 눕는다
바람보다도 더 빨리 눕는다
바람보다도 더 빨리 울고
바람보다 먼저 일어난다

날이 흐리고 풀이 눕는다
발목까지
발밑까지 눕는다
바람보다 늦게 누워도
바람보다 먼저 일어나고
바람보다 늦게 울어도
바람보다 먼저 웃는다
날이 흐리고 풀뿌리가 눕는다

—〈풀〉부분

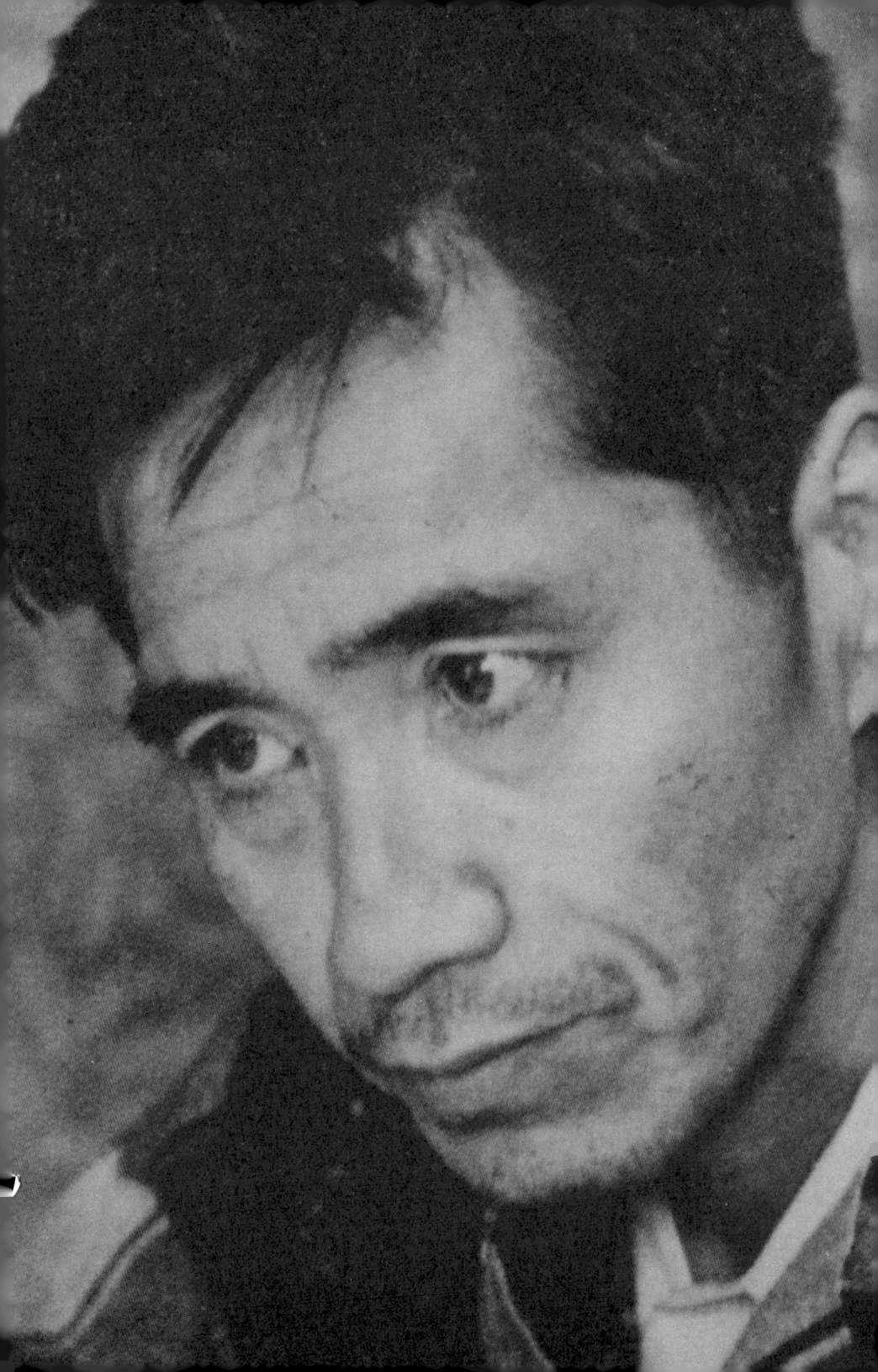

김수영 시인을 한두 마디로 말하기는 어렵다. 김영무 교수가 지적했듯 그는 "어떤 고정된 실체가 따로 있어서 사람들이 그것을 찾아내기만 하면 그의 모습이 그대로 드러나는 것이 아니라, 그의 정체는 사람들에 의해 끊임없이 새롭게 이해되고 만들어"지는 터로, "김수영에 대한 많은 비평적 논의가 어느 정도 일치된 이해에 다다르고 있는 것이 사실이기는 하지만, 어느 두 사람 또는 다른 두 세대가 기억하고 중요하게 문제 삼는 것이 똑같은 김수영일 수는 없다. 어떤 안목은 그에게서 난해한 모더니스트 시의 모범적 실천자를 볼 것이고, 다른 안목은 철저한 소시민적 자학과 청교도적인 자기 비판과 도덕적 순결성을, 또 다른 안목은 언론자유의 실천자와 과격한 우상파괴자를, 또 다른 안목은 열렬한 참여파 시인, 반전통주의자, 반시론자反詩論者, 정직한 양심의 예술가를 볼 것"(《김수영의 영향》,《시의 언어와 삶의 언어》)이다.

　또한 그는 "서정주와 더불어 오늘까지 한국시문학사에 가장 만만치 않은 영향을 남기고 있는 시인"(같은 책)이기도 한데, "김수영 사후의 정말 살아 있는 시의 흐름이, 김수영의 모더니스트적 체질에 친숙하기 때문에 그의 문학을 한결 거침없이 칭송하고 얼핏 보기에 그와 닮은 시를 써 온 사람들보다, '민족문학'의 이름으로 모더니즘을 극복한 작품을 쓰고자 한 사람들에 의해 이어져 왔다"(김수영 시선집 《사랑의 변주곡》의 발문 〈살아 있는 김수영〉)고 파악한 백낙청 교수의 말은 현대시와 민족시 양쪽 모두에 김수영의 영향이 얼마나 컸는가를 잘 말해 준다. 그러나 그의 시는 염무웅 교수가 "4·19 직후에 발표된 서너 편을 제외하면 언제나 선명한 발언과 거리가 멀다"(〈김수영론〉, 《민중시대의 문학》)고 말했을 만큼 한결같이 어렵고 모호하다. 물론 시의 어렵다 쉽다가 좋은 시 나쁜 시의 기준이 되지는 않는다. 시는 실험 정신과 전위성만 가지고 따질 것도 못 되며, 반면 명료한 의미만으로 구축되는 것도 아니기 때문이다. 실험 정신과 전위성을 빙자하여 독자를 기만하는 난해시가 있는가 하면, 쉬운 시가 상징이나 비유의 관습성 또는 안이한 시정신에 기인하는 경우도 적지 않다. 난해시의 경우 모호한 의미는 때로 리듬으로 보완되어 더 분명하고 확고한 내용을 이루며, 모호한 대로 독자의 상상력 속에서 새롭게 짜여져 생명을 얻기도 하는데, 김수영 시의 경우가 대개 그렇다. 경계하는 것은 결코 난해해야 할 이유가 없는, 독자를 현혹시키기 위한 사이비 난해시로서, 김수영 시인 자신이 이 점을 늘 지적해 온 터이다. 그러나 나는 '이 시인은 이러한 경향의 시인이다' 라는 전제를 깔고 시를 읽는 데 반대한다. 가령 김수영 시를 읽으며 억지로 모범적인 모더니즘 시의 실천자의 모습을 찾기 위해 이리저리 꿰맞추며 안간힘을 다 할 것도 없으며, 굳이 열렬한 참여의 메시지를 들으려 아전인수로 애쓸 것도 없다는 얘기다. 난해한 시에서는 난해한 대로 그 울림과 느낌을 받는 것으로 족할 것이며, 선명한 발언의 시에서는 그 의도를 정확하게 읽으면 될 것이다. 그러면서 충분히 즐길 수 있는 시가 바로 난해시와 선명한 시 모두를 포함한 김수영 시로서, 실제로 나는 그의 시를 그렇게 읽었다.

내가 처음 읽은 김수영 시는 갓 문단에 나온 1956년, 《문학예술》이라는 잡지에 실린 〈눈〉이다.

눈은 살아 있다
떨어진 눈은 살아 있다
마당 위에 떨어진 눈은 살아 있다

기침을 하자
젊은 시인이여 기침을 하자
눈 위에 대고 기침을 하자
눈더러 보라고 마음놓고 마음놓고
기침을 하자

눈은 살아 있다
죽음을 잊어버린 영혼과 육체를 위하여
눈은 새벽이 지나도록 살아 있다

기침을 하자
젊은 시인이여 기침을 하자
눈을 바라보며
밤새도록 고인 가슴의 가래라도
마음껏 뱉자

— 〈눈〉 전문

1933년경. 부친과 동생들과 함께. 소년단 복장이 김수영 시인.

고백하건대 나는 이 시의 정확한 내용도 메시지도 파악하지 못했다. 그러나 이 시를 읽는 순간 나는 이 시에 사로잡혔다. 꾸밈이 없는 직정적인 언어가 우선 나를 사로잡았을 것이다. 어쨌든 빙수를 한 대접 마신 것처럼 시원하고 술 마신 뒤 메스꺼운 것들을 토해 냈을 때처럼 속이 후련했던 일을 아직도 나는 잊지 않고 있다. 깨끗한 것을 지향하는 시인의 강인한 정신 — 아마 내가 이 시에서 느꼈던 것은 그런 것이었는지도 모른다. 지금도 내가 가장 좋아하는 김수영 시 중의 하나인 이 시의 내용은 때묻지 않고 새벽까지 살아 있는 눈을 향해 기침을 하자는 젊은 시인에의 권유가 전부이다. 살아 있는 눈을 향해 기침을 한다는 것은 유종호 교수의 해석처럼 "살아 있다는 신호의 전달"(《시의 자유와 관습의 굴레》, 《동시대의 시와 진실》)일는지도 모른다. "밤새도록 고인 가슴의 가래라도 / 마음껏 뱉자"는 말은 일상의 너절함을 다 토해 내고 눈처럼 깨끗한 것, 살아 있는 것이 되라는 메시지일 수도 있다. 그러나 이 시의 재미는 눈이라는 살아 있는 것과 기침과 가래라는 죽어 있는 것의 선명하고도 극적인 대비에서 찾을 수도 있으며, 이 대비만으로 이 시는 충분히 살아 있는 시가 되고 있다.

〈눈〉 이후 그의 시를 읽을 기회가 없다가 1960년대 후반 《한국전후문제시집》이라는 시선집에서 〈푸른 하늘을〉을 비롯 10여 편의 시를 읽은 것이 그의 시를 접한 두 번째가 된다. 두 번째 접하는 그의 시에 내가 단박에 사로잡힌 것은 그 10여 편 중 4·19 혁명을 예찬한 것으로 읽히는 여러 편의 시가 있었기 때문이기도 했다. 가령 "시를 쓰는 마음으로 / 꽃을 꺾는 마음으로 / 자는 아이의 고운 숨소리를 듣는 마음으로 / 죽은 옛 연인을 찾는 마음으로 / 잊어버린 길을 다시 찾은 반가운 마음으로 / 우리가 찾은 혁명을 마지막까지 이룩하자"(〈기도〉) 같은 대목은 그를 열렬한 민주주의자, 혁명 예찬론자로 보이게 했다. 4·19 혁명을 전후하여 그는 염무웅 교수의 말마따나 "강렬한 사회의식의 소유자가 되었고 특히 이 시대의 정치적 상황에 대한 날카로운 관심의 소유자가 되었"(앞의 책)던 것이다. 말하자면 그의 시가 선명한 발언을 가지기 시작한 것이다. 그 가운데서도 압축과 언어의 절제를 통한 긴장미를 획득하고 있는 그의 대부분의 시와는 달리 장황한 느낌마저 주는 〈하……그림자가 없다〉는 시적 완성과는 관계없이 현실적으로 내게 많은 깨달음마저 주었다.

    우리들의 적은 늠름하지 않다
    우리들의 적은 카크 다글라스나 리챠드 위드마크 모양으로 사나웁지도 않다
    그들은 조금도 사나운 악한이 아니다
    그들은 선량하기까지도 하다
    그들은 민주주의자를 가장하고
    자기들이 양민이라고도 하고
    자기들이 선량이라고도 하고
    자기들이 회사원이라고도 하고
    전차를 타고 자동차를 타고
    요리집엘 들어가고
    술을 마시고 웃고 잡담하고
    동정하고 진지한 얼굴을 하고
    바쁘다고 서두르면서 일도 하고
    원고도 쓰고 치부도 하고
    시골에도 있고 해변가에도 있고

서울에도 있고 산보도 하고

영화관에도 가고

애교도 있다

그들은 말하자면 우리들의 곁에 있다

우리들의 전선은 눈에 보이지 않는다

그것이 우리들의 싸움을 이다지도 어려운 것으로 만든다

우리들의 전선은 당게르크도 놀만디도 연희고지도 아니다

우리들의 전선은 지도책 속에는 없다

그것은 우리들의 집안 안인 경우도 있고

우리들의 직장인 경우도 있고

우리들의 동리인 경우도 있지만……

보이지는 않는다

우리들이 싸움의 모습은 초토작전이나

〈건 힐의 혈투〉 모양으로 활발하지도 않고 보기 좋은 것도 아니다

그러나 우리들은 언제나 싸우고 있다

아침에도 낮에도 밤에도 밥을 먹을 때에도

거리를 걸을 때도 환담을 할 때도

장사를 할 때도 토목공사를 할 때도

여행을 할 때도 울 때도 웃을 때도

풋나물을 먹을 때도

시장에 가서 비린 생선냄새를 맡을 때도

배가 부를 때도 목이 마를 때도

연애를 할 때도 졸음이 올 때도 꿈속에서도

깨어나서도 또 깨어나서도 또 깨어나서도……
수업을 할 때도 퇴근시에도
싸일렌 소리에 시계를 맞출 때도 구두를 닦을 때도……
우리들의 싸움은 쉬지 않는다

우리들의 싸움은 하늘과 땅 사이에 가득차 있다
민주주의의 싸움이니까 싸우는 방법도 민주주의식으로 싸워야 한다
하늘에 그림자가 없듯이 민주주의 싸움에도 그림자가 없다
하……그림자가 없다

하……그렇다……
하……그렇지……
아암 그렇구 말구……그렇지 그래……
응응……응……뭐?
아 그래…… 그래 그래.

—〈하……그림자가 없다〉 전문

 적은 바로 우리들의 곁에 있고, 전선은 눈에 보이지 않고, 우리들의 싸움은 쉴 시간이 없고……. 어쩌면 우리가 이미 알고 있는 내용들일 수도 있다. 그러나 그 알고 있는 내용들이 시인의 리듬과 비유를 통하여 새로운 힘을 얻고 있다. 이것이 감동적이었던 것은 그 무렵 군사독재의 그늘이 짙어지면서 내가 더 큰 실의에 빠져 있었기 때문인지도 모른다. 제작 연대가 앞서는 〈폭포〉를 읽은 것도 이 시선집에서다. "금잔화도 인가도 보이지 않는 밤이 되면 / 폭포는 곧은 소

리를 내며 떨어진다 // 곧은 소리는 소리이다 / 곧은 소리는 곧은 / 소리를 부른다 // 번개와 같이 떨어지는 물방울은 / 취할 순간조차 마음에 주지 않고 / 나타(懶惰)와 안정을 뒤집어놓은 듯이 / 높이도 폭도 없이 / 떨어진다"라고 한 이 시를 읽으며 나는 전통과 인습을 거부하고 낡은 기성의 틀을 깨기 위해 앞장서서 싸우는 치열한 정신을 보았다. 폭포는 통쾌하고 시원한 행동이나 삶의 메타포로 읽혔다. 일체의 시적인 언어나 그런 분위기를 거부하는 시학도 나를 취하게 만들었다. 김수영 시인의 죽음을 애도하여 김준태 시인이 〈김수영〉이란 시에서 "얼마 남지 않은 저항의 여유를 / 통째로 안고 / 언제나 젊음과 싸운다. / 젊음을 갖기 위하여 젊은 애들과 싸운다. / 오오 폭포여 / 군중의 바다로 흘러간 / 폭포여!"라고 한 것을 보면 이 시에 취한 것은 나만이 아니었던 모양이다.

이어 어떤 월간지에서 읽은 시가 〈어느 날 고궁을 나오면서〉이다.

왜 나는 조그마한 일에만 분개하는가
저 왕궁 대신에 왕궁의 음탕 대신에
오십원짜리 갈비가 기름덩어리만 나왔다고 분개하고
옹졸하게 분개하고 설렁탕집 돼지 같은 주인년한테 욕을 하고 옹졸하게 욕을 하고

한번 정정당당하게
붙잡혀간 소설가를 위해서
언론의 자유를 요구하고 월남파병에 반대하는
자유를 이행하지 못하고
이십원을 받으러 세번씩 네번씩

찾아오는 야경꾼들만 증오하고 있는가
옹졸한 나의 전통은 유구하고 이제 내 앞에 정서로
가로놓여 있다
이를테면 이런 일이 있었다
부산에 포로수용소의 제14야전병원에 있을 때
정보원이 너어스들과 스폰지를 만들고 거즈를
개키고 있는 나를 보고 포로경찰이 되지 않는다고
남자가 뭐 이런 일을 하고 있느냐고 놀린 일이 있었다
너어스들 옆에서

지금도 내가 반항하고 있는 것은 이 스폰지 만들기와
거즈 접고 있는 일과 조금도 다름없다
개의 울음소리를 듣고 그 비명에 지고
머리에 피도 안 마른 애놈의 투정에 진다
떨어지는 은행나무잎도 내가 밟고 가는 가시밭

아무래도 나는 비켜서 있다 절정 위에는 서 있지
않고 암만해도 조금쯤 옆으로 비켜서 있다
그리고 조금쯤 옆에 서 있는 것이 조금쯤
비겁한 것이라고 알고 있다!

그러니까 이렇게 옹졸하게 반항한다
이발쟁이에게
땅주인에게는 못하고 이발쟁이에게
구청직원에게는 못하고 동회직원에게도 못하고

야경꾼에게 이십원 때문에 십원 때문에 일원 때문에
우습지 않으냐 일원 때문에

모래야 나는 얼마큼 적으냐
바람아 먼지야 풀아 나는 얼마큼 적으냐
정말 얼마큼 적으냐······

— 〈어느 날 고궁을 나오면서〉 전문

　지금도 나는 김수영 시에서 가장 좋아하는 시를 고르라면 서슴없이 이 한 편을 댄다. 이 시는 그의 시 가운데 언어 경제와 압축에 의한 절제가 결여된, 어찌 보면 장황하고 군소리가 많은 시에 속한다. 그러나 이것은 우연은 아닌 것 같다. 앞서의 〈하······그림자가 없다〉와 〈기도〉, 〈거대한 뿌리〉, 〈이 한국문학사〉 등과 함께 이런 방법의 시의 경우 메시지기 강하다는 특징을 갖는데, 그렇다면 강한 메시지의 유혹을 느낄 때 그가 의도적으로 선택하는 방법이 이것이 아닐까, 극도의 언어 경제와 압축을 가지고는 메시지의 충분한 전달이 불가능하니까 말이다. 한마디로 이 시는 도덕적 순결성을 지향하는 소시민의 갈등과 고뇌의 청교도적 표백으로 읽을 수 있을 터로서, 이 시가 호소력을 가지는 것은 "한번 정정당당하게 / 붙잡혀간 소설가를 위해서 / 언론의 자유를 요구하고 월남파병에 반대하는 / 자유를 이행하지 못하고 / 이십원을 받으러 세번씩 네번씩 / 찾아오는 야경꾼들만 증오하고", "조금쯤 옆에 서 있는 것이 조금쯤 / 비겁한 것이라 알고 있"으면서 "조금쯤 옆으로 비켜서" 있는 것은 비단 그만이 아니기 때문이다. 본질적으로 시는 세상을 평균적으로 살아가는 사람들

1953년 경 군산으로 문학 강연 갔을 때의 모습. 앞줄 맨 왼쪽이 김수영. 그 옆으로 이병기, 신석정, 맨 뒷줄 오른쪽 끝이 고은이다.

의 것이지 세상살이로부터 초연하거나 뛰어난, 말하자면 특별한 사람들의 것은 아니다. 이 시의 감동의 원천은 그런 보통사람들의 갈등과 고뇌를 대변했다는 데 있다고 하겠다. 이 시에 내재하는 리듬도 시를 빛내 주는 요인의 하나로서, 낮은 톤과 느린 리듬으로 시작해서 클라이맥스에서 높은 톤과 급박한 리듬으로 끊는 방법은 이 시가 얼마나 면밀하게 계산된 시법 아래서 만들어졌는가를 말해 준다.

이 시의 감동은 나로 하여금 마침내 그의 첫 시집 《달나라의 장난》과 함께, "시는 온몸으로, 바로 온몸으로 밀고 나가는 것"(〈시여 침을 뱉어라〉)이라든가 "시인의 스승은 현실"(〈모더니티의 문제〉) 등 충격적인 내용이 담긴 산문도 찾아 읽게 만들었으나, 내가 김수영 시에 더 친숙해지기 전에 그는 교통사고로 세상을 떠났다.

〈풀〉은 같은 해(1968년) 《창작과비평》 가을 호에서 읽었다. '고 김수영 특집'에 유고로 나와 있었다.

풀이 눕는다
비를 몰아오는 동풍에 나부껴
풀은 눕고
드디어 울었다
날이 흐려서 더 울다가
다시 누웠다

풀이 눕는다
바람보다도 더 빨리 눕는다
바람보다도 더 빨리 울고
바람보다 먼저 일어난다

날이 흐리고 풀이 눕는다
발목까지
발밑까지 눕는다
바람보다 늦게 누워도
바람보다 먼저 일어나고
바람보다 늦게 울어도
바람보다 먼저 웃는다
날이 흐리고 풀뿌리가 눕는다

— 〈풀〉 전문

이 시에서 주어는 풀과 바람 단 둘뿐이지만 바람은 비교를 위한 종 개념인 만큼 하나인 셈이다. 그 풀이 눕고, 울고, 울다가 눕고, 눕고, 울고, 일어나고, 눕고, 일어나고, 웃고, 눕고가 내용의 전부이다. 이것이 바람과의 관계 속에서 조금씩 다르게 바뀔 뿐이다. 첫 연에서 풀은 바람(동풍)에 나부껴 눕고 그리고 운다. 둘째 연에서는 풀은 눕지만 바람보다도 빨리 눕고 빨리 울고 먼저 일어난다. 셋째 연에서는 첫 연, 둘째 연의 내용이 바람과의 관계를 통하여 다시금 강조된다. 모든 잔가지를 쳐낸 압축된 풀의 이미지가 되풀이에 의해 더 선명하게 부각되면서, 풀의 풋풋하고 끈질긴 생명력이 독자를 압도하는 점, 주목할 필요가 있을 것이다. 여기서 풀을 민중의 알레고리로 해석하는 독법이 판을 치게 되었고, 1970~80년대의 상황과 맞물리면서 마침내 풀은 민중시의 가장 보편적인 화두가 되었다. 그러나 풀은 어디까지나 풀로 읽어야지 관습화된 상징으로 읽을 때 시는 자칫 속화된다.

김수영 시인은 결코 이런 관습적 상투적, 그래서 맥빠진 상징을 가지고 시를 쓸 시인이 아니다. 하지만 이 시의 풀에서 끈질긴 생명력을 가진 민중을 연역한다면 그것은, 역시 이 시의 풀에서 1960년대 말 박정희의 영구 집권을 노리는 삼선개헌을 둘러싸고 기회주의적인 지식인들이 보인 행태를 연역해 내는 것과 마찬가지로, 독자의 자유이다.

천 상 병
순진무구한 어린아이의 마음과 눈

나 하늘로 돌아가리라.
새벽빛 와 닿으면 스러지는
이슬 더불어 손에 손을 잡고,

나 하늘로 돌아가리라.
노을빛 함께 단 둘이서
기슭에서 놀다가 구름 손짓하며는,

나 하늘로 돌아가리라.
아름다운 이 세상 소풍 끝내는 날,
가서, 아름다웠더라고 말하리라……

― 〈귀천〉

歸天

수채화아카데미전

새로운 형태의 한국적 서사극!!
천상시인의 노래

평생 숱한 화제를 만들다가 수년 전에 세상을 떠난 시인 천상병을 세상에서는 흔히 기인奇人이라고 말한다. 그를 다룬 글이 대개 그렇고, 어쩌다 텔레비전에 나오는 모습에서도 그는 그런 측면으로 더욱 과장된다. 과연 그는 끝까지 기인다워 그의 죽음을 애도하여 모인 조의금조차 버리고 빈손으로 저세상으로 갔다. 3백만 원이 넘는 큰돈을 둘 곳을 몰라 쩔쩔매던 장모가 아궁이에 숨겨 둔 것을 모르고 그곳에 연탄불을 넣었던 것이다.

이런 그의 기행들은 그에게 득도 되고 실도 된다. 우선 사람들의 관심을 모을 수 있다는 것이 득이다. 그의 저서들이 계속 스테디셀러가 되는 데는 이 점에 힘입는 바 적지 않을 것이다. 사람들이 그의 시작詩作을 기행의 연장으로 보는 것은 사실이다. 사람들의 심리란 묘해서 기인 하면 그 작품을 진지하게 대하기보다 기행의 꼬투리를 찾는다. 그래서 김우창 교수가 그를 우리 시대 최후의 서정시인이라고까지 규정했을 만큼 순수한 서정시라 할 그의 시들이 기행과 같은 동기에서 나온 발언으로 오해되기도 하는 터이다. 물론 그는 상식인들과 같은 생활을 거부했다는 대목에 있어 기인이다. 그러나 그가 꼭 기인이기만 할까. 다음과 같은 그의 말은 이 점 다시 생각하게 만든다.

"…… 내 육십 년을 돌아보면 나도 별나게 제멋대로 인생을 살아왔다. 이십대에 문인이 되어 음악을 논하고 문학을 논하며 많은 술도 마셨다. 그로 인하여 몇 번의 병원 신세도 졌다. 그리고 다정한 친구로 인해 동백림 사건에 걸려들어 심한 전기 고문을 세 번 받았고 그로 인해 정신병원에도 갔고 아이를 낳지 못하는 몸이 되었지만 나는 지금의 좋은 아내를 얻었다.

고문은 받았지만 진실과 고통은 어느 쪽이 강자인가를 나타내 주었기 때문에 나는 진실 앞에 당당히 설 수 있었던 것이다. 남들은 내가 술로 인해 몸이 망가졌다고 말하지만 잘 모르는 사람들의 추측일 뿐이다."

― 〈외할머니와 손잡고 걷던 바닷가〉,《천상병 전집》

20대 초 문단에 갓 나와서부터 그와 알고 지내던 내 기억에 따르더라도 그는 애초부터 기인은 아니었다. 기인이기는커녕 처음에는 독설로 선배 문인들을 곧잘 골탕 먹이는 날카로운 신예 비평가였다. 한때 일정한 직장이며 숙소도 없이 동가식서가숙東家食西家宿하며 무위도식한 것은 사실이다. 그러나 그보다 기간이 짧기는 했으나 그렇게 지낸 것은 그만이 아니다. 그러는 동안 그는 시도 쓰고 평문도 쓰고 산문도 쓰고 짧은 번역도 해서 더러는 친구들 밥값이며 술값을 내기도 했다. 다만 그는 주머니가 비었을 때 상대를 가리지 않고 돈을 뜯어냈으며, 염치를 모르는 점이 남들과 크게 달랐다. 그는 돈을 뜯고도 대놓고 말했다. "너는 내한테 돈 주었다고 좋다 카겠지만, 니같이 시도 못 쓰는 놈은 돈 좀 내놔도 된다." 말하자면 시인 행세하는 값으로 세금을 받겠다는 투였다. 이렇게 당당할 뿐 아니라 말도 잘하고 순발력과 기지도 뛰어나서 얻어먹는 자리에서도 늘 그는 주인 행세를 했다. 몸도 튼튼해서 아무리 술을 마셔도 탈이 없었고 어느 때 어느 자리에서고 밥을 남기는 법 없이 긁어 먹었다. 매일처럼 술을 마시고 아무 데나 묻어가 자면서도 쓸 글은 다 쓰는 그를 두고 친구들은 "저 친구의 속은 쇠로 된 모양이야"라며 혀를 내둘렀다. 하지만 이것은 그가 1967년 동백림 사건에 연루되어 잡혀 가기 이전의 모습이다.

동백림 사건이란 베를린 유학생들이 동베를린에 간 사건으로 이응로 화백과 윤이상 선생이 걸렸던 바로 그 사건이다. 유학생들 여럿이 같은 베를린에 사는 동포의 주선으로 동베를린을 구경했는데 그 배후에 북한의 조종이 있었다는 것이 말하자면 혐의의 전부로서, '북괴의 돈을 받고 적성 국가엘 들어갔으니 반공법(지금의 국가보안법)을 위반한 것'이 되고 만 터였다. 사건이 터지자 중앙정보부(이하 정보부, 지금의 국가정보원)는 기관원들을 보내어 연루자 전원을 현지에서 체포 송환하는 무리를 범했는데, 단지 호기심으로 베를린을 구경한 유학생에게 사형, 무기, 20년의 엄청난 벌이 내려진 이 사건에 엉뚱하게도 천상병 시인이 연루되었던 것이다. 앞의 그의 말 그대로 나젇한 친구로 인해서였다. 베를린 유학에서 돌아와 대학에서 강의를 하고 있는 대학 동기가 그 주모자의 하나였던 것이다. 그 무렵 나와 자주 만나던 천상병 시인은 정보부에서 일하는 친구도 있는 술자리에서 가끔 신기한 듯 말했다. "독일에서 공부하는 아이들은 동독도 드나들고 한대!" 그러면 정보부에서 일하는 친구는 대수롭지 않게 받아넘겼다. "우리나라니까 이렇게 오도 가도 못하게 하지 외국에서는 왔다갔다 하는 거 일도 아냐!" 이 허술한 정보부원은 이 사건이 터진 뒤 알고도 신고하지 않았다는 죄로 파면을 당하는 수난을 겪었다.

정보부에서 한 3개월, 교도소에서 또 3개월, 그렇게 고생을 하다가

선고유예로 나온 그는 몸이 극도로 쇠약해져 있었지만, 정보부에서 당한 얘기는 하지 않았다. 전기 고문을 세 번 당하고 아이도 그래서 낳지 못하게 되었다는 고백도 20년이 넘어서 한 것을 보면, 나가서 아무한테도 정보부 안에서 있었던 일을 얘기하지 않겠다는 각서를 썼던 모양이다. 그 일을 얘기하면 다시 잡아들이겠다는 엄포가 얼마나 무서운 것인가를 정보부에 끌려가 본 사람은 다 안다. 그러나 사람을 고문 끝에 죽여 내보내도 아무렇지도 않던 박정희, 김종필이 만든 군사독재하의 정보부였던 만큼 아무 얘기 안 해도 우리는 그가 당한 일을 짐작하고 남았다. 그래도 그는 그 몇 해 뒤 다음과 같은 시 한 편을 써 그가 겪은 고통을 문학사에 새겨 넣었다.

    이젠 몇 년이었는가
    아이론 밑 와이셔츠같이
    당한 그날은……

    이젠 몇 년이었는가
    무서운 집 뒷창가에 여름 곤충 한 마리
    땀 흘리는 나에게 악수를 청한 그날은……

    내 살과 뼈는 알고 있다.
    진실과 고통
    그 어느 쪽이 강자인가를……

    내 마음 하늘
    한편 가에서

서울 인사동에는 부인(목순옥 씨)이 경영하는 카페 '귀천歸天'이 있다. 귀천歸天에서 시인 부부 모습.

새는 소스라치게 날개 편다.

—⟨그날은 — 새⟩ 전문

이 회상조가 결코 회상을 위해서가 아님은 말할 것도 없다. "아이론 밑 와이셔츠같이 / 당한"이라는 직유는 인간이 당할 수 있는 그 극한을 표현했다고 보아도 좋을 것이다. "무서운 집"은 그가 그렇게 당한 집. 그곳에서 땀 흘리는 그에게 악수를 청하는 것은 여름 곤충 한 마리밖에 없다. 이 시에서 화자가 그 고통을 통해서 진실을 알게 되었다는 메시지를 읽을 수 없는 바는 아니지만, 이는 또한 그가 오늘날 기인의 이미지로 남게 되는 데도 한몫을 했다. 얼마 뒤 시름시름 앓다가 자취를 감추어 죽은 것으로 간주되었다가 1년여 뒤에 다시 나타난 그는 이미 옛날의 그 재기발랄하고 거칠 것이 없는 천상병은 아니었으니까 말이다. 행려병자로 시립 병원에 입원돼 있다가 나온 그는 극도로 기운이 쇠락, 손놀림이며 걸음이 불편했고 귀가 멀었으며 말이 어둔해져 있었다. 이제 그 날카로운 독설도 들을 수 없게 된 천상병 시인이었지만, 다행히 그 어린애처럼 순진무구하고 티없는 시심은 그대로 남아 있어 불편한 몸과 어눌한 말투를 가지고도 술자리에 끼면 늘 사람들을 즐겁게 만들었으니 역시 그는 천상 시인이었던가 보다.

내가 처음 천상병의 시를 대한 것은 고등학교 시절, 《문예》라는 월간 문예지에 실린 ⟨강물⟩이라는 시였다. 신인의 추천시로 나와 있었는데, 동년배의 시라서였는지는 모르겠으나, 같은 잡지에 실린 기성의 어떤 시보다도 더 재미있게 읽혔다.

강물이 모두 바다로 흐르는 그 까닭은
언덕에 서서
내가
온종일 울었다는 그 까닭만은 아니다.

밤새
언덕에 서서
해바라기처럼 그리움에 피던
그 까닭만은 아니다.

언덕에 서서
내가
짐승처럼 서러움에 울고 있는 그 까닭은
강물이 모두 바다로만 흐르는 그 까닭만은 아니다.

― 〈강물〉 전문

　바다로 흐르는 강물, 언덕에 서서 우는 나, 그리움에 피던 해바라기, 서러움에 울고 있는 짐승, 이 네 개의 이미지가 서로 뒤엉켜 아름다운 바다의 모습을 내 머리에 떠오르게 했다. 그러나 천상병 시를 정말로 좋아하게 된 것은 그 몇 달 뒤에 같은 잡지에 역시 추천 작품으로 실린 〈갈매기〉를 보고서였다.

그대로의 그리움이
갈매기로 하여금

구름이 되게 하였다.

기꺼운 듯
푸른 바다의 이름으로
흰 날개를 하늘에 묻어 보내어

이제 파도도
빛나는 가슴도
구름을 따라 먼 나라로 흘렀다.

그리하여 몇 번이고
몇 번이고
날아 오르는 자랑이었다.

아름다운 마음이었다.

— 〈갈매기〉 전문

그리움이 갈매기로 하여금 구름이 되게 하다니 얼마나 빛나는 상상력인가. 게다가 갈매기가 하늘로 사라지는 것을 "기꺼운 듯 / 푸른 바다의 이름으로 / 흰 날개를 하늘로 묻어 보"낸다고 추상화한 것도 그럴싸했다. 당시 《문예》를 뒤덮고 있던 외래어투성이나 알쏭달쏭한 퀴즈 같은 시, 케케묵은 낡은 서정시 판에 그의 시는 여간만 참신하지 않았다. 이후 그는 내가 가장 좋아하는 동년배 시인이 되었다. 그러나 그의 시를 자주 볼 수 없더니 얼마 아니해서 평론을 가지고 추천을 마쳤는데, 그 평론이란 것이 재기발랄하기는 하나 명쾌하다는 느낌은 주지 않아, 평론에 관한 한 김동석에 한참 빠져 있던 때여서, 시처럼 호감을 주지 못했다. 그리고 나도 상경하여 문단에 나갔고, '르네상스'라는 고전음악을 틀어 주는 음악실에 출입하게 되었고, 거기서 황명걸 시인 등과 함께 천상병 시인을 만났다. 금방 우리가 친해질 수 없었던 것은 몇 번 얘기 끝에 시에 대해서 그가 가지고 있는 견해가 서로 너무 다르다는 것을 확인했기 때문이다. 그래도 술자리에서는 자주 어울렸는데 주로 술을 사는 황명걸 시인과는 둘 다 친해서였다. 그는 특히 바흐를 좋아해서 몇 잔 술이 얼근하면 콧소리로 '브란덴부르크'를 흥얼거렸다.

그 뒤 내가 시골로 내려오는 바람에 10여 년 넘게 만나지 못하다가 다시 만났을 때 나는 그 무렵 읽은 그의 〈새〉 얘기를 했다. 흡족한 것은 아니었지만 그 사이 읽은 그의 시 중에서는 가장 마음에 들었던 시다. 그는 "아, 신경림이가 시를 볼 줄 아는구나" 하고 좋아했고, 이후 우리는 자주 술을 마시는 사이가 되었다. 그가 종종 드나드는 김관식 시인과 내가 이웃해 살고 있던 점, 그가 스스로 존경한다고 말하던, 거리의 철학자로 불리던 민병산 선생과 내가 늘 만나고 있던 점 등이 우리를 더욱 그런 사이로 만들었다. 그가 동백림 사건으로 옥살이를 한 것도 바로 그때이다.

그러나 내가 천상병 시를 다시 발견한 것은 그로부터도 몇 해 뒤, 《창작과비평》에 발표된 〈귀천歸天〉을 통해서다.

나 하늘로 돌아가리라.
새벽빛 와 닿으면 스러지는

이슬 더불어 손에 손을 잡고,

나 하늘로 돌아가리라.
노을빛 함께 단 둘이서
기슭에서 놀다가 구름 손짓하며는,

나 하늘로 돌아가리라.
아름다운 이 세상 소풍 끝내는 날,
가서, 아름다웠더라고 말하리라……

―〈귀천〉 전문

나는 그 얼마 뒤 이 시에 대해서 이렇게 얘기한 일이 있다.

…… 죽음을 얘기하면 당연히 음울하고 처절해야 할 터인데, 이 시에서는 마치 죽음에의 길이 아름다운 것으로 연상될 만큼, 맑고 곱기만 한 가락이다. 더구나 노을빛과 단 둘이서 놀다가 구름이 손짓하면은, 이슬과 손에 손을 잡고 하늘나라로 돌아간다는 것이다. 아름다운 색깔로 채색된, 나이브하기 그지없는 소년이 그린 환상적인 동화童畵를 보는 듯한 감흥을 불러일으키고 있다고 말한대도 조금도 지나치지 않을 것이다. …… 이 시인은 이 세상에 태어난 것을 소풍 나온 것쯤으로 비유하고 있다. 하늘나라로 돌아간다는 것은 소풍 나왔다가 집으로 돌아가는 것이라는 발상 자체가 아름답기는 한 것이지만, 그 발상의 밑바닥에는 삶에 지친 눈물과 한숨이 배어 있다. 그러나 그 한숨과 눈물을 곧장 눈물과 한숨으로 표현하지 않은 데 이 시의 미덕이 있다.

— 신경림·정희성 공저, 《한국 현대시의 이해》

천상병 시인은 뒤에 이 글을 보고, 자신은 독실한 가톨릭 신자로서 이 시는 바로 독실한 신앙심의 표현이라고 말했지만, 나는 지금도 이 시를 삶의 페이소스를 쉬운 말과 평이한 형식에 담은 가장 아름다운 우리 시의 하나로 읽고 있다.

그 직후에 읽은 〈소릉조小陵調〉란 시도 그가 타고난 빼어난 서정 시인임을 다시금 확인시켜 주었다.

아버지 어머니는
고향 산소에 있고

외톨배기 나는
서울에 있고

형과 누이들은
부산에 있는데

여비가 없으니
가지 못한다.

저승 가는 데도
여비가 든다면

나는 영영

카페 '귀천' 앞에서 이선관 시인과 함께. 마산으로 고향이 같은 이선관 시인은 서울에 가게 되면 꼭 천상병 시인 부인이 운영하는 이곳에 들렀다고 한다. 이선관 시인 사진 제공.

가지도 못하나?

생각느니, 아,
인생은 얼마나 깊은 것인가.

―〈소릉조小陵調〉 전문

소릉은 두보杜甫의 호로서 소릉조란 말하자면 두보로부터 운을 빌린다는 뜻이다. 이 시가 나를 감동시킨 것은 먼저 그 티 하나 없이 맑고 깨끗한 시상 때문이었다. 그러면서도 사람 사는 일의 외로움, 고달픔, 설움 같은 것이 솟구쳐 올랐다. 이 시의 절창은 역시 마지막 연 "생각느니, 아 / 인생은 얼마나 깊은 것인가"이다. 그러나 나는 이 구절에서 그가 인생을 깊은 것으로 말하고 있다고만 받아들일 수가 없었다. 오히려 설움, 답답함, 괴로움, 외로움, 쓸쓸함 등의 많은 뉘앙스를 함축하고 있는 것으로 읽혔다.

흡족하지 못했다고 했지만 〈새〉 역시 내가 좋아하는 그의 시이다.

가지에서 가지로
나무에서 나무로
저 하늘에서
이 하늘로,

아니 저승에서 이승으로

새들은 즐거이 날아 오른다.

맑은 날이나 궂은 날이나
대자대비大慈大悲처럼
가지 끝에서
하늘 끝에서……

저것 보아라,
오늘 따라
이승에서 저승으로
한 마리 새가 날아 간다.

― 〈새〉 전문

    가지에서 가지로 날아오르는 새에서 "저승에서 이승으로"를 이끌어 낸다는 것은 예삿일이 아니다. 그렇다면 '새'란 그의 상상 속에서 멸하지 않는 영혼을 상징한 것은 아닐까. 그가 얼마나 새의 이미지에 집착했던가는 새를 소재로 해서 쓴 시만도 10여 편에 가깝다는 사실과, 앞에 든 〈그날은〉이라는 시에 부제로 "새"를 붙인 것만 보아도 알 수 있는 일이다.
    이제 천상병 시인이 기인의 이미지보다는 천의무봉의 순진무구한 어린이의 마음과 눈을 가진, 공자가 논어 '위정편爲政篇'에서《시경詩經》의 시 3백 편을 한마디로 요약한 그 '사무사思無邪'의 시 정신을 가진 서정시인의 이미지로 남아 주었으면 싶다.